Hang Nguyen, Jamal Qaiser

Hoffentlich nie!

Der Dritte Weltkrieg

Das Undenkbare denken

„How to avoid World War III“ (Deutsche Ausgabe)

Ein Plädoyer für den Frieden

Hang Nguyen, Jamal Qaiser

Hoffentlich nie!
Der Dritte Weltkrieg

Das Undenkbare denken

„How to avoid World War III“
(Deutsche Ausgabe)

Ein Plädoyer für den Frieden

Diplomatic Council Publishing

1. Auflage 2021

Bibliografische Informationen der Deutschen Nationalbibliothek

Die Deutsche Nationalbibliothek verzeichnet diese Publikation in der Deutschen Nationalbibliografie; detaillierte bibliografische Daten sind im Internet über http://dnb.d-nb.de abrufbar.

Printed in the Federal Republic of Germany.

Gestaltung, Cover und Satz: IMS International Media Services, Wiesbaden

Gedruckt auf säurefreiem Papier.

Print ISBN: 978-3-947818-67-9

E-Book ISBN: 978-3-947818-68-6

Plädoyer für den Frieden

Die Autoren dieses Buches haben bewusst einen provokanten Titel gewählt, um wachzurütteln. Doch tatsächlich stellt das vorliegende Werk ein Plädoyer für den Frieden dar. Es geht darum, alles zu tun, um das Undenkbare, den Dritten Weltkrieg, zu verhindern. Dabei mahnen die Autoren eine stärkere Rolle der Vereinten Nationen an, eine bessere UNO, die stärker friedensstiftend wirkt als es ihr bislang gelingt.

Die Autoren treten vorbehaltlos für die Vereinten Nationen ein. Um es mit den Worten des einstigen UNO-Generalsekretärs Kofi Annan zu sagen: „Wir müssen die Vereinten Nationen zu dem wirksamen Instrument zur Konfliktverhütung machen, als das sie schon immer gedacht waren.“ Die Autoren begrüßen die unermüdlichen Bemühungen der Vereinten Nationen, unsere Welt zu verbessern, und sie unterstützen alle diesbezüglichen UNO-Resolutionen. Aber um noch einmal Kofi Annan zu zitieren: „Doch solche Erklärungen klingen hohl, wenn sie nicht umgesetzt werden. Versprechungen sind bedeutungslos, wenn nicht danach gehandelt wird.“

In diesem Sinne ist das vorliegende Werk eine Aufforderung an die Vereinten Nationen zum Handeln und zugleich ein Appell an die Staatengemeinschaft, der UNO die Macht zu verleihen, im Sinne der Menschheit wirksam zu handeln. Um Kofi Annan ein letztes Mal zu bemühen: „Die Welt muss von der Phase der Rechtssetzung zur Phase der Durchführung übergehen!“

Das Diplomatic Council, in dessen Verlag dieses Buch erscheint, gehört zum engsten Beraterkreis der Vereinten Nationen. Ausdrücklich unterstützt das Diplomatic Council das Konzept des Multilateralismus, also des gemeinsamen Handelns der Völker zum Wohle der Menschheit.

Der nachfolgenden Generation gewidmet

Dieses Werk ist unseren Kindern, Neffen und Nichten gewidmet.

Sie alle repräsentieren die nächstfolgende Generation. Mögen sie in Frieden und Freiheit aufwachsen und als Erwachsene dafür Sorge tragen, dass die ihnen nachfolgende Generation ebenfalls in Frieden und Freiheit gedeihen kann.

Hang Nguyen, Jamal Qaiser

Inhalt

Inhalt 7

Vorwort 13

Erster und Zweiter Weltkrieg 15

Die vielen Toten 15

Die vielen Kriege 17

Das Recht der Völker auf Frieden 21

Das Scheitern des Völkerbundes 22

Die Anfänge der UNO 25

Grundlage für eine bessere Welt 28

Randnotiz: Deutschland ist ein Feindstaat 30

Das UNO-Hauptquartier in New York 30

Sicherheitsrat: Zaudern und Zögern 33

Der Sicherheitsrat 33

Die Vetofalle 34

Die Generalversammlung 36

Der Krieg der UNO 36

Kein Thema ohne UNO 38

Das Sekretariat 40

Hinterzimmer-Diplomatie 41

Der Internationale Gerichtshof 43

Nur für Staaten 43

USA ignorieren Weltgericht 45

IGH und ICC 48

Urteile für Menschenrechte 49

USA lassen internationale Richter verfolgen 50

Grundrecht auf Wohlbefinden **53**
Die Erfolge der UNO 54
Erfolge ohne Frieden 56

Die Kriege der UNO **59**
Nagelprobe Koreakrieg 59
Der gemeinsame US/UNO-Krieg 64
China versus US/UNO-Pakt 69
Der längste Krieg auf Erden 72
Auf Korea folgte Vietnam 74
UNO verbietet biologische und chemische Waffen 77
Die Neuordnung im Sicherheitsrat 78

Friedenstruppen: Die Blauhelme **83**
UNO-Einsätze zwischen Erfolg und Desaster 84
Blauhelme unter Beschuss 85
Zweifelhafter Ruf der Blauhelme 86
Blauhelme und Frauenhandel 88

Die Atomkontrolle **91**
Kubakrise – die Welt am Abgrund 91
Ausstieg aus der Abrüstung 93
Die Vernichtung der Erde 95
Der Missbrauch der UNO 98
Die Ohnmacht internationaler Organisationen 100
China schließt atomaren Erstschlag nicht mehr aus 103

Globale Machtzentren **105**
Das Ende des Multilateralismus 106
Abkehr der USA von internationalen Organisationen 108
Die neue Weltordnung der Angela Merkel 111
Die neue Seidenstraße 112
China bleibt den Idealen von Karl Marx treu 113
Russland zwischen den Stühlen 115
US-Soldaten erwarten baldigen Krieg 117
USA fallen militärisch zurück 118

Hypothetischer Angriff auf Europa ... 119

Der Wirtschaftskrieg ist längst in vollem Gang ... 120

Cyber War – der Krieg im Internet ... 123

Warnung an die digitale Gesellschaft ... 125

Geheimdienste machen die Cyberwelt unsicher ... 126

Angriff auf die Impfstoffe ... 127

Biologische Waffen ... 129

WHO-Experten in China ... 130

China ist verantwortlich ... 132

Das US-Militär ist verantwortlich ... 132

Genetisch manipuliertes Virus ... 134

Perfekte Waffe für gewaltbereite Gruppen ... 135

Kriegspropaganda und Asoziale Medien ... 139

Wilhelm Tell, Che Guevara und Jesus Christus ... 139

Kann es einen guten Diktator geben? ... 141

Opfer und Täter tauschen ihre Rollen ... 144

Kritisches Lesen erwünscht ... 145

Russland und die Achse des Bösen ... 147

Der Dritte Weltkrieg beginnt in den Sozialen Medien ... 148

Sternstunde der Storyteller ... 149

Dunning-Kruger und Social Bots ... 151

„Mit eigenen Augen gesehen“ ... 152

Syrien – der kleine Weltkrieg ... 155

Vier Jahrzehnte Assad ... 155

Der Plan der UNO ... 156

Der neue Stellvertreterkrieg ... 159

Private Söldner auf dem Vormarsch ... 162

Das Dilemma der UNO ... 163

Die Ukraine – der neue Kalte Krieg ... 165

Kein Tag ohne Besorgnis ... 165

Annäherung an die EU scheitert ... 166

Die UNO schaltet die OSZE ein – vergebens ... 168
Krim gehörte zu Russland seit Katharina der Großen ... 170

Nordkorea und Nazi-Deutschland ... 171
Die Entstehungsgeschichte Nordkoreas ... 171
Der Koreakrieg ... 175
Nordkorea heute ... 176
Wie gefährlich ist Nordkorea wirklich? ... 179
USA versus Nordkorea ... 182
Die Konfliktspirale dreht sich weiter ... 184
Drohung mit der Wasserstoffbombe ... 185
Ein überraschender Klimawandel ... 188
Die nächste Eiszeit ... 189
Sanktionen wirken selten ... 190
Versailler Vertrag: Krieg statt Frieden ... 192
Sanktionen als Keimzelle für neue Kriege ... 194

Das Versagen in Afghanistan ... 199
Nine-Eleven ... 199
War on Terror ... 201
Bedingungslose Kapitulation ... 205
Afghanistan 2021 war wie Saigon 1975 ... 206
USA als größter Waffenlieferant der Terroristen ... 209
Russland und China erklären sich zu Afghanistan ... 211
Neue Flüchtlingsströme nach Europa ... 213

Der Dritte Weltkrieg ... 215
Das Kriegstriumvirat ... 215
Die Falle des Thukydides ... 217
Europa versus Amerika ... 218
Die NATO schlingert ... 220
Nine Eleven – der erste Bündnisfall ... 226
Europäische Armee vor gewaltigen Hürden ... 228
Das arabische Atom ... 230
Die Welt rüstet auf ... 235

Flash War – die Killerroboter kommen 236
Wettrüsten im Weltraum 239

Wege zum Frieden 243
Kleiner Weltkrieg, neuer Weltkrieg, Kalter Krieg 2.0 243
Glücklicher Ort und Nichtort Utopia 245

Über die Autoren 247
Hang Nguyen 247
Jamal Qaiser 248

Bücher im DC Verlag 249

Über das Diplomatic Council 253

Quellenangaben und Anmerkungen 255

Vorwort

Nach dem Ersten Weltkrieg mit 20 Millionen Toten gründet die internationale Staatengemeinschaft den Völkerbund mit einem einzigen Ziel: den Zweiten Weltkrieg zu verhindern. Der Völkerbund versagt. Rund 20 Jahre später beginnen die Vorbereitungen für den Zweiten Weltkrieg, der weit über 60 Millionen Menschenleben kostet. Die Organisation der Vereinten Nationen (United Nations Organisation) wird ins Leben gerufen, um einen Dritten Weltkrieg zu verhindern. Ist ihr das bislang gelungen? Darüber mag man streiten. Tatsächlich hat bisher niemand einen Dritten Weltkrieg ausgerufen.

Aber der Krieg ist schon seit Jahren längst nicht nur im Gange, sondern schlimmer noch auf dem Vormarsch. Heute toben weltweit mehr Kriege als je zuvor. Auf fünf von sieben Kontinenten herrscht Krieg. Die weltweite Zahl der militärischen Konflikte steigt seit Jahren stetig an, ebenso wie die Zahl der Opfer und der Flüchtlinge, die den Kriegen entkommen und ihr Leben retten wollen. Selbst in der bislang größten globalen Katastrophe des 21. Jahrhunderts, der weltweiten Ausbreitung des Coronavirus, ist es der UNO über mehrere Monate hinweg nicht gelungen, auch nur eine verbindliche Resolution über einen weltweiten Waffenstillstand zu verabschieden; von dem häufig kritisierten Vorgehen der zur UNO gehörenden Weltgesundheitsorganisation WHO angesichts der Pandemie ganz zu Schweigen. So steht die Idee des Multilateralismus, also das abgestimmte gemeinsame Handeln der Staatengemeinschaft, seit Beginn der 2020er Jahre stärker in Frage als zu Zeiten des Kalten Krieges.

Drücken wir alle die Daumen, dass es der UNO gelingt, dauerhaft den Weltfrieden zu sichern. Aber nach allem, was wir beim Eintritt in die 2020er Jahre sehen, werden die Vereinten Nationen ebenso wie ihre Vorgängerorganisation versagen. Die nächste Katastrophe oder gar der Dritte Weltkrieg scheinen unvermeidbar. Angesichts von 500 Kriegstoten pro Tag (!) muss man sich die Frage stellen, ob er nicht im Grunde schon längst ausgebrochen ist, auch wenn ihn keiner verkündet hat.

Wer daraus die Schlussfolgerung zieht, die Vereinten Nationen seien verzichtbar oder gar überflüssig, der irrt allerdings gewaltig. So schwach die UNO in vieler Hinsicht in ihrem politischen Wirken auch ist, so stark ist ihre Hilfe für Menschen in Not. Millionen von Menschen in vielen Teilen der Erde sind nur deswegen noch am Leben, weil sie vom Flüchtlings- oder vom Kinderhilfswerk, vom Welternährungsprogramm oder von der Weltgesundheitsorganisation der Vereinten Nationen Hilfe erhalten haben.

Es mag sein, dass die UNO dabei versagt, die Welt zu retten, aber für diejenigen Menschen, denen Rettung zuteil wird, ist es die Welt. Deshalb sind die Vereinten Nationen unverzichtbar, trotz all ihrer Schwächen und selbst dann, wenn sie die nächste Katastrophe oder gar den Dritten Weltkrieg nicht verhindern können.

Hang Nguyen, Jamal Qaiser

Erster und Zweiter Weltkrieg

Kriege gibt es seit Menschengedenken. Aber noch nie starben so viele Menschen in so kurzer Zeit wie im Ersten und im Zweiten Weltkrieg. Es ist wohl nicht zuletzt das Grauen davor, dass in einem Dritten Weltkrieg noch mehr Menschen in noch kürzerer Zeit ihr Leben lassen müssten, das Friedensaktivisten ebenso wie verantwortliche Politiker überall auf der Welt umtreibt, die dritte Wiederholung zu verhindern.

Die vielen Toten

Knapp 20 Millionen Menschen verloren im Ersten Weltkrieg ihr Leben, darunter circa 9,7 Millionen Soldaten und etwa 10 Millionen Zivilisten. Die Verluste waren aus sehr vielen Ländern zu beklagen: Australien (61.900 Tote), Belgien (104.900), Bulgarien (187.500), Deutsches Reich (2,46 Millionen), Dänemark (720), Kanada (66.900), Republik Frankreich (1,697 Millionen), Königreich Griechenland (176.000), Vereintes Königreich (994.100), Britisch-Indien (74.000), Königreich von Italien (1,24 Millionen), Japan (415), Montenegro (3.000), Österreich-Ungarn (1,567 Millionen), Osmanisches Reich (5 Millionen), Neuseeland (18.000), Neufundland (1.200), Norwegen (1890), Portugal (89. 200), Königreich Rumänien (680.000), Russisches Kaiserreich (3,311 Millionen), Königreich von Serbien (725.000), Schweden (870), Südafrikanische Union (9.400), Vereinigte Staaten von Amerika (117.400). Hinzu kamen geschätzt 21 Millionen Verletzte, die Folgen aus dem Krieg davongetragen haben.[1]

Im Zweiten Weltkrieg wurde alles noch schlimmer, viel schlimmer. Die Kampfhandlungen begannen, abgesehen von einzelnen Scharmützeln an der deutsch-polnischen Grenze, am 1. September 1939, als das Linienschiff „Schleswig-Holstein" das Feuer auf die Westerplatte bei Danzig eröffnete, und endeten am 8. Mai 1945 um 23.01 Uhr. Das sind 2077 Tage oder 49.842 Stunden und 16 Minuten. In dieser Zeitspanne starben in jeder Stunde rund 1.000 Menschen. Insgesamt forderte der Zweite Weltkrieg das Leben von 60 bis 70 Millionen Menschen, darunter 26,9 Millionen Soldaten und etwa 39 Millionen Zivilisten. Andere Schätzungen gehen sogar von bis zu 80 Millionen Toten im Zweiten Weltkrieg aus.[2]

Die Opfer kamen aus zahlreichen Ländern: Australien (30.000 Tote), Belgien (60.000), Bulgarien (32.000), China (13,5 Millionen), Deutschland (6,355 Millionen), Finnland (91.700), Frankreich (360.000), Griechenland (180.000), Großbritannien (332. 825), Indien (3,024 Millionen), Italien (300.000), Japan (3,76 Millionen), Jugoslawien (1,69 Millionen), Kanada (43.190), Neuseeland (10.000), Niederlande (220.000), Norwegen (10.000), Südafrika (9.000), Philippinen (100.000), Polen (6 Millionen), Rumänien (378.000), Sowjetunion (27 Millionen), Tschechoslowakei (90.000), Ungarn (950.000), USA (407,316).[3]

Weit mehr als 100 Millionen Tote und Verletzte in zwei Weltkriegen binnen rund 30 Jahren. Soldaten, Zivilisten, Männer, Frauen, Kinder, zerstörte Leben, verlöschte Hoffnungen, unbeschreibbare Gräuel, unendliches Leid – im Angesicht dieser gigantischen Zerstörungswut wollte die Weltgemeinschaft mit einer „weltweiten Friedensorganisation" alles daransetzen, das weitere Töten zu verhindern oder zumindest einzudämmen. Schon nach dem Ersten Weltkrieg mit rund 20 Millionen Toten gründete die internationale Staatengemeinschaft den Völkerbund mit einem einzigen Ziel: einen Zweiten Weltkrieg zu verhindern. Der Völkerbund versagte leider. Rund 20 Jahre später begannen die Vorbereitungen für den Zweiten Weltkrieg, der über 60 Millionen Menschenleben kostete.

Die Organisation der Vereinten Nationen (United Nations Organisation) wurde ins Leben gerufen, um einen Dritten Weltkrieg zu verhindern.

Ist ihr das bislang gelungen? Ja, insofern, als bislang niemand den Dritten Weltkrieg ausgerufen hat. Nein, insofern, als heute mehr Kriege auf der Welt toben als je zuvor. Die weltweite Zahl der militärischen Konflikte steigt seit Jahren stetig an, ebenso wie die Zahl der Opfer und der Flüchtlinge, die den Kriegen entkommen und ihr Leben retten wollen.[4]

Die vielen Kriege

Die Zählungen des Heidelberg Institute for International Conflict Research wiesen zwischen 2011 und 2020 im Durchschnitt 18 Kriege aus, die Jahr für Jahr rund um den Erdball stattfanden.[5] Dabei bezog sich das Institut lediglich auf „echte Kriege“, nicht auf bloße militärische Auseinandersetzungen oder Konflikte, in denen gelegentlich auch Gewalt zur Anwendung kommt. Das Institut zählte 21 Kriege in 2020, 15 in 2019, 16 in 2018, 20 in 2017, 18 in 2016, 19 in 2015, 21 in 2014, 18 in 2012 und 20 in 2011. Vor dem Jahr 2011 sah es deutlich besser aus: Im Jahr 2010 gab es demnach „lediglich“ sechs Kriege, im Jahr davor „nur“ sieben Kriege. Neben diesen „echten Kriegen“ erfasste das Heidelberger Institut auch sogenannte „begrenzte Kriege“, die zu den „echten“ hinzuzuzählen sind. Hier waren die Zahlen ähnlich hoch: 19 begrenzte Kriege in 2020, 23 in 2019, 25 in 2018, 20 in 2017 und 2016, 24 in 2015, 25 in 2013 und 2012, 18 in 2011, 22 in 2010 und 24 in 2009. Eine um den Faktor zehn höhere Größenordnung ergibt sich, wenn man zusätzlich die Konflikte auf der Welt in Betracht zieht. Das Heidelberger Institut benannte 319 Konflikte im Jahr 2020, von denen mehr als die Hälfte – 180 – als gewalttätig eingestuft wurden.[6]

Ähnlich hoch lagen die Zahlen in den Vorjahren: 385 Konflikte in 2019, davon 196 gewalttätig, 374 Konflikte in 2018, davon 214 gewalttätig, 385 Konflikte in 2017, davon 222 gewalttätig, 402 Konflikte in 2016, davon 226 gewalttätig, 409 Konflikte in 2015, davon 223 gewalttätig, 424 Konflikte in 2014, davon wiederum 223 gewalttätig, 414 Konflikte in 2014, davon 221 gewalttätig.

War es früher besser? Die Analysen des Heidelberger Instituts für internationale Konfliktforschung sagen „ja". 1992, im ersten Jahr, als das Institut die Forschungsreihe gestartet hat, wies der damalige Report über 100 Konflikte und fünf Kriege aus. 1993 waren es bereits 119 Konflikte und 23 Kriege. Ohne die Methodik des Instituts hier im Detail darzustellen oder die Definitionsfrage nach den Unterschieden zwischen „echten Kriegen", „begrenzten Kriegen" und „gewalttätigen Konflikten" detailliert zu diskutieren, lässt sich eines feststellen: Die Gewalt nimmt weltweit zu, nicht etwa ab. Menschen werden entwurzelt, verletzt, getötet. Jeden Tag kommen im Schnitt 500 Menschen durch gewalttätige Konflikte ums Leben, das sind 182.000 Kriegstote pro Jahr. Das sind zusammen weit mehr als 12 Millionen Tote seit dem Ende des Zweiten Weltkriegs.[7]

Diese Zahlen könnten möglicherweise sogar noch zu konservativ sein. Eine Untersuchung von Global Research legt nahe, dass seit Ende des Zweiten Weltkriegs in 37 Staaten mindestens 20 Millionen Menschen allein durch Kampfhandlungen ums Leben gekommen sind, die unmittelbar auf die USA zurückzuführen sind. Die Länder wurden entweder direkt angegriffen oder durch geheimdienstliche Tätigkeiten der USA in Bürgerkriege getrieben.[8] Alle diese Zahlen basieren auf Schätzungen, unterliegen Definitionsfragen und sind häufig auch politisch motiviert. Die entscheidende Frage in Bezug auf das Thema des hier vorliegenden Buches ist allerdings einfach: Wird es gelingen, einen weiteren „ganz großen Krieg", einen Weltkrieg, zu verhindern? Man mag die Vielzahl der Konflikte rund um den Globus zu recht beklagen, aber um wieviel größer wäre das Leid eines Dritten Weltkrieges, in dem Atomwaffen zum Einsatz kämen? Im Kalten Krieg zwischen den westlichen Nationen unter Führung der USA und dem Ostblock der Sowjetunion unter Führung Russlands war es gelungen, eine atomare Auseinandersetzung zu verhindern. Doch es gibt keine Gewähr dafür, dass es etwa im Konflikt zwischen China und den USA wiederum gelingen wird, den Kampf mit Atomwaffen zu vermeiden. Hinzu kommen völlig neue mögliche Angriffsformen etwa durch Biowaffen – wie verheerend diese sein könnten hat die Coronavirus-Pandemie seit 2020/21/22 hinreichend gezeigt –, Killerroboter und Drohnenschwärme sowie die neuen Armeen für den Kampf im Weltraum. Alle diese Entwicklungen, die auf den folgenden Seiten ausführlich dargestellt werden, lassen unsere Welt unsicherer werden.

Es stellt sich die Frage, ob es gelingt, diese Konfliktpotenziale durch internationale Institutionen wie etwa die UNO zu entschärfen? Schließlich sind die Vereinten Nationen aus der Erkenntnis heraus entstanden, dass es immer besser ist, Konflikte auf friedlichem Wege zu lösen statt sie in einen Krieg ausarten zu lassen. Es soll, so der Gedanke, das Recht der Völker, eine Art internationales Völkerrecht, gelten, nicht das Recht des Stärkeren.

Das Recht der Völker auf Frieden

Der Gedanke einer Staatengemeinschaft ist nicht neu. Der Begriff „Völkerrecht" fand erstmals 1625 in dem Buch „Über das Recht des Krieges und des Friedens" des niederländischen Rechtsgelehrten Hugo Grotius Erwähnung. Der Philosoph Immanuel Kant beschrieb 1795 in seinem Buch „Zum ewigen Frieden" ausführlich die Idee einer „durchgängig friedlichen Gemeinschaft der Völker". Die Aufklärung brachte im 19. Jahrhundert eine erste internationale Friedensbewegung hervor, die zu den Haager Friedenskonferenzen 1899 und 1907 führte.

Ziel war die Entwicklung von Grundsätzen für die friedliche Regelung internationaler Konflikte. Die Idee dahinter ist großartig: die Abschaffung des Krieges als Mittel der Auseinandersetzung zwischen Völkern und stattdessen die Etablierung eines Rechtsweges zur Lösung von Konflikten. Es ist damals nicht gelungen, es ist mit dem Völkerbund nicht gelungen und mit heute rund 20 Kriegen jährlich lässt sich nur schwerlich argumentieren, dass die UNO erfolgreicher sei. Aber bei aller Kritik sollte man einen Moment innehalten, um die Großartigkeit des Gedankens „Rechtsweg statt Krieg" zu würdigen, der allen diesen Bemühungen mehr oder minder zugrunde liegt.

Auf der ersten Haager Friedenskonferenz 1899 kamen 26 Staaten zusammen, auf der zweiten Konferenz 1907 immerhin 44 Länder, um eine internationale Rechtsordnung zu erarbeiten. Man einigte sich auf die Einrichtung eines Schiedsgerichtshof in Den Haag, konnte jedoch keine Verbindlichkeit der Gerichtsurteile der neu zu erschaffenden Institution festlegen. Schon damals trat die Kernfrage deutlich zutage, wieviel Souveränität die Staaten aufgeben wollen, um sich einer Art „supranationaler Weltordnung“ zu unterwerfen. Auch die Möglichkeiten zur Durchsetzung von Gerichtsurteilen wurde bereits erörtert, also die Frage nach einer internationalen Exekutive, wie sie heute die „Blauhelme“ der UNO darstellen.

Damals sollte die Festlegung der Verbindlichkeit auf einer für zunächst 1914, dann 1915, geplanten dritten Friedenskonferenz geschehen und wurde im Völkerbund als kollektive Sicherheit institutionalisiert.[9] Der heute zur UNO gehörende Internationale Gerichtshof (IGH) als höchstes Organ der Rechtsprechung basiert ganz entscheidend auf den Ausarbeitungen der Haager Friedenskonferenzen.

Das Scheitern des Völkerbundes

Die Idee, eine weltweite Organisation zu schaffen, die als eine neutrale Plattform zur Verständigung der Staaten untereinander dient, wurde nach dem Ersten Weltkrieg wiederbelebt. Hierzu riefen die Siegermächte die Pariser Friedenskonferenz ein, auf dem der Versailler Vertrag unterzeichnet und die Gründung des Völkerbundes beschlossen wurde.

Es lässt sich schwer bestreiten, dass der Versailler Friedensvertrag zumindest argumentativ maßgeblich zum Aufstieg Hitlers und damit zum Ausbruch des Zweiten Weltkriegs beitrug. Schon damals waren einfache Argumentationslinien gefragt: Der Versailler Vertrag knechtet Deutschland ungebührlich, die Bevölkerung leidet darunter, das lassen wir uns nicht gefallen, sondern wehren uns – so lässt sich der damals in Deutschland populäre Tenor gegen den Vertrag von Versailles zusammenfassen.

Tatsächlich lassen sich Fakten dazu anführen: Deutschland musste Elsaß-Lothringen an Frankreich sowie Posen und Westpreußen an Polen abtreten, das Memelland kam unter französische Kontrolle, das Hultschiner Land ging an die neu gegründete Tschechoslowakei, das Saargebiet, Danzig und die deutschen Kolonien wurden dem Völkerbund unterstellt.

Diese umfassenden Maßnahmen reichten einerseits offenbar nicht, um Deutschland dauerhaft klein zu halten, gaben andererseits aber den Nationalsozialsten gewichtige Argumente an die Hand, um sich gegen den „aufdiktierten Frieden" zu wehren. Der französische Marschall Ferdinand Foch analysierte den Versailler Vertrag trefflich: „Das ist kein Frieden. Das ist ein 20jähriger Waffenstillstand."[10]

Es zeigte sich schon damals – wie später bei der Gründung der Vereinten Nationen –, dass die Formung eines Bündnisses der Staaten nach einem Weltkrieg, bei dem es Sieger und Besiegte gibt, einen grundlegenden Konstruktionsfehler aufweist: Die Sieger diktieren die Bedingungen. Dieses Problem setzte sich bei der Gründung der Vereinten Nationen als Nachfolgeorganisation des Völkerbundes fort. Stark vereinfacht skizziert besteht die UNO aus dem Sicherheitsrat als Spiegel der damaligen Machtverhältnisse, einer flexiblen, militärischen Eingreiftruppe unter der Führung des Sicherheitsrates, einer Gruppe von Unterorganisationen für praktisch alle Themengebiete der Menschheit, einem allumfassenden Netzwerk von Hilfsorganisationen und einer darum herum errichteten gigantischen Bürokratie.

Zurück zum Völkerbund: Als Ergebnis der Pariser Friedenskonferenz nach dem Ersten Weltkrieg und basierend auf einem „14-Punkte-Programm" des US-amerikanischen Präsidenten Woodrow Wilson nahm der Völkerbund mit Sitz in Genf am

10. Januar 1920 seine Arbeit auf. Die Zielsetzung war damals schon ebenso hochtrabend wie später bei der UNO: dauerhafter Frieden durch ein System der kollektiven Sicherheit, internationale Abrüstung und die Beilegung eventueller Streitigkeiten zwischen den Staaten durch ein Schiedsgericht.

Im Gegensatz zur UNO sah die Satzung des Völkerbundes eine Verpflichtung aller Mitgliedstaaten vor, im Falle eines kriegerischen Angriffs eines Landes gegen einen Mitgliedsstaat „sofort und direkt“ militärische Hilfe zu leisten. Getreu dem Grundsatz „wehret den Anfängen“ sollte damit einer Verzögerung durch die Beratung in Gremien vorgebeugt werden. Im Ernstfall hielt sich allerdings kein Mitgliedsland an diese Vorgabe, sondern taktierte nach eigenem Gutdünken. Konsequenterweise wurde bei der späteren UNO-Gründung diese Verbindlichkeit abgesehen von Beschlüssen des UNO-Sicherheitsrates herausgenommen. Es hatte sich die Auffassung durchgesetzt, dass es besser ist, unverbindliche Erklärungen abzugeben als verbindliche, die aber nicht umgesetzt werden.

Mit dem Ausbruch des Zweiten Weltkriegs wurde das Scheitern des Völkerbundes besiegelt. Am 18. April 1946 beschlossen die 34 noch verbliebenen Mitgliedsstaaten, den Völkerbund mit sofortiger Wirkung aufzulösen. Doch die Idee ging nicht unter: Noch während der Zweite Weltkrieg tobte, nahmen der US-amerikanische Präsident Franklin D. Roosevelt und der britische Premier Winston Churchill die Idee einer Weltorganisation zur Sicherung des Friedens wieder auf, die kurz nach dem Krieg in die Gründung der United Nations Organisation mündete.[11]

Roosevelt starb allerdings am 12. April 1945 nach einer langen schweren Krankheit und konnte die Gründung der UNO am 24. Oktober 1945 nicht mehr miterleben.

Die Anfänge der UNO

„Mr. chairman and delegates to the United Nations conference on international organisation: Oh what a great day this can be in history!" Mit diesen Worten eröffnete US-Präsident Harry S. Truman die Konferenz zur Gründung der Vereinten Nationen.[12]

Hierzu hatten sich am 24. April 1945 in San Francisco Diplomaten aus 50 Ländern zur Gründungskonferenz getroffen. Mit 850 Delegierten, Beratern und sonstigem Personal – insgesamt 3.500 Personen – galt sie als die bis dato größte internationale Konferenz ihrer Zeit. Es war mit zehn Vollversammlungen und knapp 400 Ausschusssitzungen und auf gut zwei Monate verteilt auch eine der längsten Konferenzen. Man kann also ohne weiteres sagen, dass die Wurzeln für die heutige Gigantomanie der Vereinten Nationen durchaus schon bei ihrer Gründung gelegt wurden.

Ebenso wegweisend war die bürokratische Vorgehensweise in San Francisco. Zunächst bildete die Konferenz einen Lenkungsausschuss, der aus den Delegationsleitern aller beteiligten Länder bestand. Dieser Ausschuss erhielt die Aufgabe, in allen politischen Fragen und allen grundsätzlichen Angelegenheiten zu entscheiden. Selbst bei nur einem Vertreter pro Land ergab sich freilich mit 50 Personen eine Ausschussgröße, die für Detailfragen zu unübersichtlich ist. Folglich wurde aus den Delegationsleitern ein 14-köpfiger Vorstand gewählt, der Empfehlungen an den Lenkungsausschuss vorbereiten sollte.

Danach wurde der Entwurf der Charta in vier Abschnitte aufgeteilt, die jeweils von einer Kommission geprüft wurden. Die erste Kommission befasste sich mit den allgemeinen Zielen der Organisation, ihren Grundsätzen, der Mitgliedschaft, dem Sekretariat und mit der Frage der Charta-Änderungen. Die zweite Kommission überprüfte alle Vollmachten und die Verantwortungen der Generalversammlung, während die dritte Kommission über den Sicherheitsrat beratschlagte. Die vierte Kommission erarbeitete einen Entwurf für die Satzung des Internationalen Gerichtshofs. Dabei blieb es aber nicht: die vier Kommissionen wurden nochmals in zwölf Fachausschüsse unterteilt.[13]

Wer heute behauptet, die UNO sei über all die Jahre hinweg immer komplexer geworden, hat Recht und irrt dennoch: Die UNO war schon in ihren Anfängen kompliziert. Vielleicht ist das ihrer Mammutaufgabe – der Sicherung des Weltfriedens – geschuldet, vielleicht ist das aber auch ein Grund dafür, dass sie genau diese Aufgabe nur unzureichend zu erfüllen vermag.

Schon damals zeichnete sich übrigens auch das Ringen um die richtigen Worte, die politisch korrekten Begriffe, ab. Sollte beispielsweise bei der Entlassung von Kolonien in die Freiheit die Übernahme einer Treuhandschaft durch die Vereinten Nationen dem betroffenen Staat „Unabhängigkeit“ (Independence) oder „Selbstverwaltung“ (Self-Government) bringen? Bereits damals galt: Wer das für unerheblich hielt, solange es den betroffenen Menschen die ersehnte Freiheit brachte, hatte die Rechnung ohne die Bürokraten gemacht. Das Ergebnis der Beratungen über diese spezifische Frage deutete wohl schon zur damaligen Zeit auf die Zukunft vieler UNO-Ergebnisse hin: Man einigte sich auf die Formulierung „Unabhängigkeit oder Selbstverwaltung“.

Die Kompetenzen des Internationalen Gerichtshofs verursachten eine umfangreiche Debatte. Die Konferenz beschloss, dass die Mitgliedstaaten nicht dazu verpflichtet würden, die Zuständigkeit des Gerichtshofs anzuerkennen, sondern dass sie ihre Zustimmung zur verbindlichen Rechtsprechung freiwillig geben. Diese Unverbindlichkeit, die den Vereinten Nationen später häufig den Ruf eines „Papiertigers" einbrachte, wurde also schon mit der Gründung angelegt. Der Vorwurf, dass sie in aufwändigen Abstimmungsprozessen und Sitzungsmarathons vor allem viel Papier produziere, das jedoch wenig Wirkung zeige, holte die UNO im Laufe ihres Bestehens immer wieder ein. Dem ist entgegenzuhalten, dass es zumindest einen ersten Schritt darstellt, die „bessere Welt" zu Papier zu bringen und dadurch Ziele zu setzen. Denn nur wer Ziele hat, kann sich auch auf den Weg machen, diese zu erfüllen – und möglicherweise und hoffentlich auch andere davon überzeugen, ebenfalls diesem Weg zu folgen.

Doch genau daran hapert es bei den Vereinten Nationen recht häufig: Sie ist großartig darin, hehre Ziele zu beschreiben, aber auf den Weg dahin macht sie sich häufig nur in kaum wahrnehmbaren Trippelschritten und findet oftmals nur sehr wenige, die ihr folgen. Dadurch ist die Diskrepanz zwischen den gesetzten Zielen und den erreichten Erfolgen über die Jahrzehnte hinweg immer größer geworden, wie eine Zwischenbilanz zum 75-jährigen Bestehen der UNO ergibt. Das gilt auch, weil sie im Laufe der Zeit immer ehrgeizigere Ziele entwickelt und proklamiert hat, so dass das Scheitern auf dem Weg dahin beinahe schon vorprogrammiert erschien. Viele Wurzeln dieser Entwicklung wurden bereits bei der Gründung der Vereinten Nationen gelegt; dazu gehört das Prinzip der Resolutionen.

Abgesehen vom UNO-Sicherheitsrat stellen alle Resolutionen der Vereinten Nationen lediglich Empfehlungen dar, Richtlinien, an die sich die Staaten halten können oder auch nicht. Anders formuliert: Die Staaten können leicht zustimmen, weil sie wissen, dass sie sich ohnehin nicht daranhalten müssen.

Grundlage für eine bessere Welt

Dennoch dauerten schon die Gründungsverhandlungen lange. Erst am 26. Juni 1945, also gut zwei Monate nach Beginn der Konferenz, waren die Verhandlungen abgeschlossen und die Charta der Vereinten Nationen wurde von den 50 Gründungsstaaten feierlich unterzeichnet. US-Präsident Harry S. Truman sagte auf der Schlussversammlung: „Die Charta der Vereinten Nationen, die Sie soeben unterzeichnet haben, ist eine solide Grundlage, auf der wir eine bessere Welt errichten können. Die Geschichte wird Sie dafür ehren. Zwischen dem Sieg in Europa und dem letzten Sieg in diesem zerstörerischsten aller Kriege haben Sie einen Sieg gegen den Krieg selbst erzielt... Mit dieser Charta kann die Welt einer Zeit entgegenblicken, in der es allen würdigen Menschen offensteht, ein anständiges Leben als freie Menschen zu führen.“[14]

Die Worte drückten die Hoffnungen der damaligen Zeit nach über 60 Millionen Toten im Zweiten Weltkrieg aus. Ein solches Massaker sollte sich nie mehr wiederholen. Allerdings wies Truman darauf hin, dass es nicht nur auf die schönen Worte in der Charta ankäme, sondern vor allem auf die Umsetzung, also die Anwendung der Charta: „Wenn wir sie ungenutzt lassen, verraten wir all jene, die dafür gestorben sind, dass wir uns hier in Freiheit und Sicherheit versammeln können, um sie auszuarbeiten. Wenn wir versuchen, sie eigennützig, zum Vorteil eines einzelnen Staates oder einer kleinen Gruppe von Staaten einzusetzen, machen wir uns ebenfalls des Verrats schuldig.“[15] Mehr als 75 Jahre später klingen diese Worte wie eine düstere Prophezeiung, denn genau daran, an der Umsetzung, ist die UNO über all diese Jahrzehnte hinweg wieder und wieder gescheitert – maßgeblich auch am Eigennutz einzelner Staaten, nämlich der Vetomächte.

Am 28. Juni 1945 kam Polen als 51. Gründungsstaat hinzu; das Land war zwei Tage zuvor nicht unterschriftsfähig, weil die Regierungsbildung noch nicht abgeschlossen war.[16] Offiziell gibt es die UNO allerdings erst seit dem 24. Oktober 1945. An diesem Tag wurde die Urkunde auch von China, Frankreich, der Sowjetunion, dem Vereinigten Königreich, den USA und vielen anderen Ländern unterschrieben. Als Arbeitsgrundlage haben sich die UNO und ihre Mitgliedstaaten die Charta der Vereinten Nationen geschaffen. In ihr sind die fundamentalen Prinzipien der zwischenstaatlichen Zusammenarbeit sowie die Ziele und Aufgaben der Weltorganisation festgelegt.

Aus der Charta ergab sich von Anfang an, dass sich die Vereinten Nationen nicht als Weltregierung verstehen. Sie erlassen dementsprechend keine Gesetze, sondern lediglich Empfehlungen, die in der UNO-Sprache Resolutionen heißen. Die Resolutionen sind in der Regel moralisch-mahnend, aber letztlich unverbindlich. Dazu wurde lediglich eine Ausnahme festgelegt: Die Resolutionen des UNO-Sicherheitsrats sind grundsätzlich völkerrechtlich verbindlich.

Als Mitglieder in den Vereinten Nationen sind ausschließlich die Staaten zugelassen. Nicht-staatliche Organisationen (Non-Governmental Organisations) wie beispielsweise das Diplomatic Council, dessen Verlag das hier vorliegende Buch herausgibt, können sich mit einem Beobachtungs- und Beraterstatus bei der UNO akkreditieren, um Gehör zu finden. Die UNO verfügt über, so scheint es, beinah unzählige Haupt- und Nebenorgane, Sonderorganisationen und Programme, die ein äußerst komplexes Gebilde darstellen. In der internationalen Politik treten die Vereinten Nationen entweder als Forum – beispielsweise die Generalversammlung –, als Instrument – beispielsweise für UNO-Mitgliedstaaten –, oder auch selbst als Akteur – unter anderem in Form des UNO-Generalsekretärs –, auf.

Randnotiz: Deutschland ist ein Feindstaat

Es ist wohl nur eine Randnotiz wert, dass Deutschland von Anfang an und heute noch immer in der UNO-Charta als „Feindstaat" geführt wird. In den Artikeln 53, 77 und 107 geht es um „alle Staaten, die mit einem der derzeitigen Unterzeichner dieser Charta während des Zweiten Weltkriegs im Kriegszustand waren" – dazu gehört Deutschland. Jedes UNO-Land hat das Recht, in den unter diese Klausel fallenden Ländern militärisch einzugreifen – auch ohne weiteres UNO-Mandat, allerdings nur im Falle einer „Wiederaufnahme der Angriffspolitik". In der Praxis wird diese Feindstaatenklausel seit Jahrzehnten schlichtweg ignoriert.[17] An Gültigkeit verloren hat sie dadurch allerdings nicht. Vielmehr steht sie beispielhaft dafür, wie reformbedürftig die Vereinten Nationen sind – nicht nur bei den Formulierungen in der Charta, sondern auf beinahe allen Gebieten, um die Kraft zu bekommen, einem Dritten Weltkrieg entgegenzuwirken.

Das UNO-Hauptquartier in New York

Nachdem der in Genf ansässige Völkerbund versagt hatte, richteten die Vereinten Nationen als Nachfolgeorganisation ihr Hauptquartier zunächst in London ein, bevor sie schließlich nach New York umzogen. Der US-Milliardär John D. Rockefeller Jr. stiftete ein etwa sieben Hektar großes ehemaliges Schlachthofgelände am Ostufer Manhattans, das den Status eines internationalen Territoriums erhielt. Am 24. Oktober 1949 wurde der Grundstein für das neue UNO-Hauptquartier in New York gelegt. Der umfangreiche Gebäudekomplex wurde von einer Gruppe bekannter Architekten unter der Führung von Le Corbusier und Oscar Niemeyer entworfen. 1951 kam es zur Fertigstellung, ein Jahr später bezogen die Vereinten Nationen ihre neue Zentrale.[18] Zu dieser Zeit gehörten die USA übrigens zu den eifrigsten Verfechtern des UNO-Gedankens: Für den Bau des Gebäudes gewährten sie sogar ein zinsloses Darlehen.

Das UNO-Hochhaus am East River in Manhattan hat sich zum Symbol der Vereinten Nationen entwickelt. Das ist möglicherweise bezeichnend: In dem 39-stöckigen Hochhaus ist nämlich das Sekretariat untergebracht, also ein Großteil der UNO-Bürokratie. In diesem Sinne ist das UNO-Wahrzeichen wahrlich eine Hommage an die Bürokratie, was den regelmäßig geäußerten Vorwurf, dass die UNO an einer aufgeblähten Bürokratie geradezu erstickt, unterstreicht.

Neben dem Hauptquartier in New York gibt es in Wien, Genf und Nairobi weitere offizielle Amtssitze der UNO.

Sicherheitsrat: Zaudern und Zögern

Die Vereinten Nationen sind in sechs Hauptorgane unterteilt, die in Artikel 7 der Charta der Vereinten Nationen aufgeführt sind. Dies sind der Sicherheitsrat, die Generalversammlung, der Wirtschafts- und Sozialrat, das Sekretariat und der Internationale Gerichtshof sowie – völlig unwichtig, aber der Vollständigkeit halber erwähnt – der Treuhandrat.[19]

Der Sicherheitsrat

Als einziges UNO-Gremium kann der Sicherheitsrat völkerrechtlich bindende Resolutionen verabschieden und ist damit das mächtigste Organ. Laut Artikel 24 der UNO-Charta trägt er „die Hauptverantwortung für die Wahrung des Weltfriedens und der internationalen Sicherheit" und er kann dazu auch Zwangsmaßnahmen wie Sanktionen oder Gewaltanwendung legitimieren. Insgesamt sind im Sicherheitsrat 15 Staaten vertreten, darunter die fünf ständigen Mitglieder China, Frankreich, Großbritannien, Russland und die USA. Die restlichen Mitglieder werden von der Generalversammlung für jeweils zwei Jahre gewählt, wobei ein regionaler Proporz eingehalten wird. Entscheidungen des Sicherheitsrats bedürfen einer Mehrheit von neun Stimmen, einschließlich der fünf ständigen Mitglieder. Diese verfügen damit faktisch über ein Vetorecht.[20]

Die Vetofalle

Die Unfähigkeit der Vereinten Nationen, ihr einziges Gremium, das überhaupt völkerrechtlich bindende Resolutionen verabschieden kann, den Sicherheitsrat, zu einem starken Kämpfer für Frieden, Gerechtigkeit und Menschlichkeit zu machen, ist eine unmittelbare Folge des Vetoprinzips dieses Gremiums. Die fünf ständigen Mitglieder des Sicherheitsrates – die Vereinigten Staaten von Amerika, die Russische Föderation (seit 1991, zuvor die Sowjetunion), die Volksrepublik China (seit 1971, zuvor Taiwan), Großbritannien und Frankreich – wollten unter allen Umständen sicherstellen, dass es keine Entscheidungen gegen ihre Interessen geben kann. Sie legten daher in Artikel 27 der UNO-Charta fest, dass kein Beschluss zustande kommt, wenn nur eines der Mitglieder im Sicherheitsrat widerspricht. Dieses Vetorecht war den damaligen Umständen geschuldet. Bei den Gründungsmitgliedern handelt es sich im Wesentlichen um die Siegermächte des Zweiten Weltkriegs.

Der am Ende siegreiche Kampf gegen das Dritte Reich hatte sie geeint – und nach den Schrecken des Krieges waren sie weiterhin geeint in dem Wunsch, dass sich so etwas niemals mehr wiederholen sollte. China galt zwar nicht als Siegermacht, wurde aber in erster Linie als Gegengewicht zu Japan in den Rat einbezogen; schließlich hatten die Japaner im Zweiten Weltkrieg Seite an Seite mit Hitler-Deutschland und Mussolini-Italien gekämpft.

Die Einigkeit der fünf permanenten Mitglieder im Sicherheitsrat schmolz rasch dahin. In den Jahrzehnten des Kalten Krieges standen sich mit den USA und der Sowjetunion die beiden Erzfeinde gegenüber. Damit war die Handlungsunfähigkeit der UNO im Grunde schon in ihrer DNA angelegt. Immerhin sieht Artikel 27 der UNO-Charta vor, dass sich ein Land der

Stimme enthalten muss, wenn es selbst in den Konflikt involviert ist, der zu Abstimmung kommt. Das bedeutet, es kann in diesem Fall kein Vetorecht ausüben. Das setzt allerdings voraus, dass sich die permanenten Mitglieder des UNO-Sicherheitsrates an diese in der Charta eindeutig formulierte Regel halten müssten. Tun sie aber nicht. So hat die UdSSR bei der Resolution über die Invasion in der Tschechoslowakei 1968 Veto eingelegt, Frankreich bei der Annexion von Mayotte 1976 und die USA 1986 bei der Verurteilung der Bombardierung Libyens, obgleich alle drei Staaten jeweils unzweifelhaft selbst betroffen waren. Selbst der Versuch, angesichts der weltweit grassierenden Coronavirus-Pandemie 2020 eine Resolution zu verabschieden, die zur Waffenruhe in Konfliktgebieten aufruft, scheiterte über Monate hinweg am Widerstand der USA, bevor es endlich zu einer Einigung kam.[21]

Mit anderen Worten: Die Gründungsmitglieder des höchsten und einzig wirksamen Gremiums der Vereinten Nationen halten sich selbst nicht an die Regeln, die sie aufgestellt haben. Vielmehr stellten sie selbst angesichts der wohl größten globalen Katastrophe seit Gründung der Vereinten Nationen, der Pandemie 2020/21, für jedermann sichtbar ihre eigenen nationalen Interessen vor die Staatengemeinschaft.

All die schönen Worte vom Weltfrieden und der Einigkeit der Völker, wie sie die UNO in unzähligen Gremien auf ungezählten Seiten zu Papier gebracht hat, verpuffen angesichts der Machtinteressen einiger weniger militärisch starker Staaten. Das Recht des Stärkeren schlägt die Rechte der Staatengemeinschaft. So ist es wenig verwunderlich, wenn sich der Respekt vor den Vereinten Nationen in vielen Ländern rund um den Globus in Grenzen hält.

Die Generalversammlung

In der Generalversammlung, manchmal auch „Parlament der Nationen“ genannt, sind alle UNO-Mitgliedstaaten mit jeweils einer Stimme vertreten. An die Mitgliedstaaten, den Sicherheitsrat oder andere Organe kann das Plenum allerdings nur Empfehlungen aussprechen, die zwar keine verpflichtende, aber oft eine moralische Wirkung haben.

Lediglich Entscheidungen, die die UNO als Organisation betreffen, kann die Generalversammlung verbindlich fällen. Dies betrifft vor allem Haushaltsfragen. Bei wichtigen Themen wie der Wahl der Sicherheitsratsmitglieder oder der Aufnahme neuer UNO-Mitglieder ist eine Zweidrittelmehrheit nötig. Thematisch unterliegt die Generalversammlung kaum einer Beschränkung. Nur wenn sich der Sicherheitsrat zur gleichen Zeit mit einem Problem befasst, ist es für das „Parlament der Nationen“ tabu.

Der Krieg der UNO

Die United Nations Organisation wurde 1945 zur Friedenssicherung ins Leben gerufen, nicht, um Kriege zu führen. Daher verbietet die Charta der Vereinten Nationen grundsätzlich die Kriegsführung. Aber es gibt Ausnahmen in Kapitel VII (Maßnahmen bei Bedrohung oder Bruch des Friedens und bei Angriffshandlungen).[22] So heißt es in Artikel 42: „Ist der Sicherheitsrat der Auffassung, dass die in Artikel 41 vorgesehenen Maßnahmen unzulänglich sein würden oder sich als unzulänglich erwiesen haben, so kann er mit Luft-, See- oder Landstreitkräften die zur Wahrung oder Wiederherstellung des Weltfriedens und der internationalen Sicherheit erforderlichen Maßnahmen durchführen." In Artikel 41 sind friedliche Maßnahmen wie Wirtschaftssanktionen als Drohpotenziale vorgesehen.

Ausgenommen von Angriffen durch die UNO sind allerdings innere Angelegenheiten der Staaten. Hierzu heißt es klar: „Aus dieser Charta kann eine Befugnis der Vereinten Nationen zum Eingreifen in Angelegenheiten, die ihrem Wesen nach zur inneren Zuständigkeit eines Staates gehören, oder eine Verpflichtung der Mitglieder, solche Angelegenheiten einer Regelung auf Grund dieser Charta zu unterwerfen, nicht abgeleitet werden; die Anwendung von Zwangsmaßnahmen nach Kapitel VII wird durch diesen Grundsatz nicht berührt."[23]

Es wird oft behauptet, der Sicherheitsrat sei das mächtigste und letztendlich einzig wirkungsstarke Gremium der Vereinten Nationen. Das ist richtig und falsch zugleich. Ist der UNO-Sicherheitsrat aufgrund der Vetoregelung nicht in der Lage, Entscheidungen zu treffen, so kann die UNO-Generalversammlung ein Notstandsgremium, genannt „Uniting for Peace" („Vereint für den Frieden") einberufen. Das ist insofern deutlich einfacher, als in der Generalversammlung praktisch alle Staaten vertreten sind und es keine Vetomöglichkeit gibt.

Die Mehrheitsentscheidung der Generalversammlung kann also nicht durch einen einzelnen Staat blockiert werden, wie es beim Sicherheitsrat, dem nur 15 Länder angehören, der Fall ist. Mit einer Zweidrittelmehrheit kann die Generalversammlung „vereint für den Frieden" dem Sicherheitsrat sogar Empfehlungen geben. Bleibt der Rat dennoch weiterhin untätig, könnte die Generalversammlung selbst eingreifen und beispielsweise den Internationalen Strafgerichtshof in Den Haag damit beauftragen, Kriegsverbrecher zu verfolgen und zu bestrafen, um dadurch Druck auf kriegsführende Parteien auszuüben.

Man könnte das Notstandsgremium somit als eine Art Weltparlament betrachten, das den Willen der Menschheit widerspiegelt. Es trat erstmals 1950 angesichts des Koreakriegs zusammen. Seitdem ist diese UNO-Institution allerdings wie vom Erdboden verschluckt. Selbst angesichts des nicht enden wollenden Syrienkrieges ist von „Uniting for Peace“ keine Rede. So muss man wohl konstatieren, dass die Generalversammlung der Vereinten Nationen die ihr in der Charta zugedachten Machtbefugnisse nicht in vollem Umfang ausnutzt, etwa um Menschenleben zu retten, sondern „die Sache“ lieber dem entscheidungsblockierten Sicherheitsrat überlässt. Damit ist der Rat faktisch tatsächlich das mächtigste Gremium.[24]

Kein Thema ohne UNO

Der aus 54 Staaten bestehende Wirtschafts- und Sozialrat (Economic and Social Council, kurz ECOSOC) beschäftigt sich vor allem mit entwicklungspolitischen Problemen sowie auch Menschenrechtsfragen. Die Koordinierung zahlreicher Sonderorganisationen, die in diesem Bereich tätig sind, ist eine der Hauptaufgaben des Gremiums, das jedes Jahr im Juli abwechselnd in New York und Genf tagt. Die Generalversammlung wählt jährlich ein Drittel der Mitglieder unter Einhaltung eines regionalen Verteilungsschlüssels für eine dreijährige Amtszeit.[25]

Der Wirtschafts- und Sozialrat steht exemplarisch dafür, dass es kaum ein Thema gibt, mit dem sich die Vereinten Nationen nicht befassen. In ständigen Kommissionen, Komitees und Konferenzen beschäftigt sich die UNO mit allem, was der Welt in irgendeiner Form helfen könnte. So gibt es Kommissionen für Statistik, Bevölkerung und Entwicklung, soziale Entwicklung, den Status von Frauen, Drogen, Kriminalitätsvorbeugung und

Gerechtigkeit, Wissenschaft und Technologie, um nur einige zu nennen. Wohlgemerkt, es sind durchweg Themen von Belang, aber es stellt sich die Frage, ob sich die UNO damit nicht zu viel aufbürdet und von ihrer Kernaufgabe – der Friedenssicherung – ablenkt. Der Reigen der Betätigungsfelder scheint nahezu unerschöpflich. Es gibt Regionalkommissionen für Afrika, Asien-Pazifik, Europa, Lateinamerika und die Karibik sowie Westasien. Hinzu kommen unzählige dauerhafte Komitees etwa für Programme und Koordination, Nicht-Regierungsorganisationen, zwischenstaatliche Behörden, Entwicklungspolitik, öffentliche Verwaltung, internationale Steuergesetzgebung, globale geospatiales Informationsmanagement, geografische Namen, den Transport gefährlicher Güter und die Klassifizierung und Bezeichnung von Chemikalien, internationale Standards für Buchhaltung und das Berichtswesen, die Ernährung, Ureinwohner, Umweltverschmutzung sowie die Steuerung, Kontrolle und Koordination unterschiedlicher weiterer Programme.[26]

Die Vereinten Nationen bezeichnen dieses Sammelsurium als die „UNO-Familie der Organisationen“.[27] Von der Friedenssicherung und den Menschenrechten über die Bevölkerungsentwicklung, die Frauenrechte, Gewerkschaften und indigene Völker bis hin zu Fragen des globalen Lebensstandards und der Forstwirtschaft gibt es nichts, womit sich das Economic and Social Council nicht befasst. Allein das Regelwerk, wie die verschiedenen Aktivitäten des Wirtschafts- und Sozialrats zusammenwirken, umfasst 50 Seiten.[28]

Der Wirtschafts- und Sozialrat trifft sich einmal im Jahr für die Dauer von vier Wochen und gibt im Anschluss daran eine Erklärung mit Empfehlungen heraus, wie die Welt zu verbessern sei. Beinahe nichts davon ist verkehrt, ganz im Gegenteil, vieles davon erscheint nützlich, sinnvoll und erstrebenswert. aber ebenso deutlich muss man leider feststellen: Fast nichts davon zeigt eine erkennbare Wirkung. Und nur ein verschwindend geringer Teil davon befasst sich mit der Hauptaufgabe der Vereinten Nationen, der Friedenssicherung.

Das Sekretariat

Das Sekretariat mit seinen mehr als 40.000 Mitarbeitenden ist das administrative Zentrum der Vereinten Nationen. Es hat neben dem Hauptsitz in New York auch Vertretungen in Genf, Nairobi und Wien. Es ist in Dutzende Büros und Abteilungen untergliedert, die sich mit spezifischen Themenfeldern wie Friedensmissionen, wirtschaftlicher Entwicklung oder regionalen Problemen beschäftigen. Es gibt kaum ein Thema auf der Welt, mit dem sich die UNO nicht auf die eine oder andere Art und Weise beschäftigt, was ihr den Ruf der größten Bürokratie der Welt eingebracht hat.

An der Spitze der Verwaltung steht der Generalsekretär, der in der Öffentlichkeit häufig als das Gesicht der UNO wahrgenommen wird. Der Handlungsspielraum und Zuständigkeitsbereich des Generalsekretärs sind in Artikel 99 der Charta bewusst allgemein formuliert, um dessen Eigenständigkeit zu wahren. Seine politischen Entscheidungsbefugnisse sind dennoch stark beschränkt, er ist der Sache nach sozusagen der oberste Erfüllungsgehilfe der Staatengemeinschaft. In der äußeren Wirkung ist das Amt als Verkörperung der UNO-Ideale allerdings mit großem moralischem Gewicht ausgestattet. Umso bedauerlicher ist es, dass die Besetzung dieser Position alles andere als demokratisch vonstatten geht. Es liegt nämlich ausschließlich beim UNO-Sicherheitsrat, einen Kandidaten für das Amt vorzuschlagen, der dann immerhin von der UNO-Generalversammlung gewählt wird.[29]

Hinterzimmer-Diplomatie

In der Praxis läuft dies auf Hinterzimmer-Diplomatie hinaus. Die permanenten Mitgliedsstaaten im Sicherheitsrat klüngeln unter der Ausnutzung ihres Vetorechts einen Kompromisskandidaten aus, der von der Staatengemeinschaft nur noch abgenickt wird. Man könnte auch sagen: Diese Art der „Wahl" drückt die wahren Machtverhältnisse auf der Welt aus, vor allem aber innerhalb der Vereinten Nationen. China, Frankreich, Großbritannien, Russland und die USA werden von ihrem historischen Privileg nicht ablassen wollen, so dass es wohl bis zum Ende der UNO bei dieser Vorgehensweise bleiben wird.

2016 jedenfalls blieb die Kampagne „1 for 7 billion – find the best UN leader", mit der eine Gruppe von 750 internationalen Nicht-Regierungsorganisationen, die mehr als 170 Millionen Menschen weltweit vertraten, eine transparente und demokratische Wahl des Generalsekretärs forderte, wirkungslos.

Am Ende war der Portugiese António Guterres der Kompromisskandidat, der von Anfang an als klarer Favorit galt, wie die US-amerikanische UN-Botschafterin Samantha Power und der russische Botschafter Witali Tschurkin bestätigten. In der ersten Auswahlrunde 2016 standen übrigens 13 Kandidaten zur Disposition, darunter sieben Frauen. In den ersten 80 Jahren der Vereinten Nationen war die Position des UNO-Generalsekretärs ausschließlich von Männern besetzt.[30] 2021 berief die Generalversammlung António Guterres ohne Gegenkandidat für eine zweite Amtszeit bis Ende 2026.[31] Er wird dann 77 Jahre alt sein. Hoffentlich gelingt es ihm, dem neunten Generalsekretär der Vereinten Nationen, die UNO mit der Weisheit des Alters zu einem wirksamen Werkzeug des Friedens zu machen. Seinen acht Vorgängern kann man dieses Testat leider nicht ausstellen.

Doch nicht nur der Generalsekretär der UNO hat im Kampf für den Frieden, sofern man diesen Widerspruch in sich gelten lassen will, bislang wenig Erfolge vorzuweisen. Auch andere UNO-Institutionen wie etwa der Internationale Gerichtshof blicken auf eine bescheidene Erfolgsgeschichte zurück, wie im nächsten Kapitel deutlich wird.

Der Internationale Gerichtshof

Die Wurzeln des Internationalen Gerichtshofs reichen bis in das Jahr 1922 zurück. Schon auf Grundlage der Satzung des Völkerbundes wurde im September 1922 der Ständige Internationale Gerichtshof (StIGH) als internationales Gericht mit Sitz in der niederländischen Stadt Den Haag errichtet, der freilich mit dem Ende des Völkerbundes im April 1946 seinen Betrieb wieder aufgeben musste. Als Nachfolgefolgeinstitution wurde der Internationale Gerichtshof (IGH) in Den Haag gemäß Artikel 92 der UNO-Charta als „Hauptrechtsprechungsorgan der Vereinten Nationen" gegründet. Ihm gehören 15 Richter an, die vom Sicherheitsrat und von der Generalversammlung in geheimer Abstimmung gewählt werden.

Der Internationale Gerichtshof dient ausschließlich der Beilegung von Streitigkeiten zwischen Staaten; andere internationale Organisationen erhalten keinen Zugang, selbst dann nicht, wenn sie völkerrechtlich anerkannt sind, es sich also um sogenannte Völkerrechtssubjekte wie etwa die Europäische Union handelt.

Nur für Staaten

Der 1949 abgeschlossene Korfu-Kanal-Fall, eine Klage Großbritanniens gegen Albanien, war der erste Fall, in dem der Internationale Gerichtshof ein Urteil fällte. Am 22. Oktober 1946 waren zwei britische Zerstörer im Kanal von Korfu mit Seeminen zusammengestoßen: 46 Seeleute starben, die Schiffe wurden demoliert. Der IGH befand Albanien für schuldig und rügte gleichzeitig, dass der Einsatz der Zerstörer in diesen Gewässern gegen internationales Völkerrecht verstoße.[32]

Seitdem hat der IGH auf einer ganzen Reihe von Gebieten zur Klärung und Konkretisierung des Völkerrechts beigetragen, darunter das internationale Seerecht, die Interpretation völkerrechtlicher Verträge, die Entkolonialisierung und das nationale Selbstbestimmungsrecht in Staaten wie Namibia, der West Saraha oder Osttimor, das Umweltrecht, das humanitäre Völkerrecht in mehreren Atomwaffenfällen, das Gewaltverbot und das Selbstverteidigungsrecht, neben dem Korfu-Kanal-Fall auch bei der iranischen Besetzung der US-Botschaft in Teheran, der US-Gewaltanwendungen gegen Nicaragua und den Kongo-Fällen, das Verfassungsrecht der UNO sowie das Immunitätsrecht und das Recht der diplomatischen und konsularischen Vertreter.[33] Bei der Durchsetzung seiner Urteile ist der Internationale Gerichtshof gemäß Artikel 94 Absatz 2 der Charta der Vereinten Nationen auf den Sicherheitsrat angewiesen.

Ist der Internationale Gerichtshof also eine Erfolgsgeschichte? Ja, insofern, als er für die juristische Weiterentwicklung des Völkerrechts maßgebliche Urteile gefällt und konkrete Erfolge vorzuweisen hat. Nein, insofern, als es ihm erheblich an Anerkennung fehlt. Damit es zu einer Beilegung von Streitigkeiten zwischen Staaten kommen kann, müssen sich nämlich die jeweiligen Länder freiwillig der Gerichtsbarkeit des IGH unterwerfen, also die Urteile der 15 Richter anerkennen. Als Hauptrechtsprechungsorgan der UNO gilt dies natürlich für alle Mitgliedsstaaten der Vereinten Nationen, die folglich dieser Gerichtsbarkeit unterworfen sind, könnte man annehmen. Diese Annahme ist jedoch falsch, lediglich 17 Staaten erkennen den IGH überhaupt an, häufig mit Einschränkungen. Wie so häufig bei der UNO klaffen Anspruch und Wirklichkeit weit auseinander.

So legt Artikel 93 Absatz 1 der Charta der Vereinten Nationen ausdrücklich fest, dass alle UNO-Mitglieder den IGH anrufen dürfen. Sogar darüber hinausgehend können Staaten, die gar nicht der UNO angehören, Zugang zum IGH erhalten, sofern sie sich dessen Gerichtsbarkeit unterwerfen. Hierzu genügt eine sogenannte Unterwerfungserklärung – und die hat es häufig in sich. Sind es schon nicht übermäßig viele Länder, die die Rechtsprechung des IGH überhaupt anerkennen, so sind sogar unter denjenigen, die sich selbst unterordnen, in den Unterwerfungserklärungen häufig weitgehende Vorbehalte formuliert. So sah die von 1946 bis 1986 geltende Unterwerfungserklärung der Vereinigten Staaten vor, dass die Anerkennung der Gerichtsbarkeit des IGH durch die USA nicht gelten sollte für Angelegenheiten, die nach Auffassung der USA der Zuständigkeit ihrer nationalen Gerichte unterliegen würden.

Deutschland hat von seiner Unterwerfungserklärung Streitkräfteeinsätze im Ausland und die Nutzung deutscher Hoheitsgebiete für militärische Zwecke ausgenommen.[34]

USA ignorieren Weltgericht

Die Urteile des IGH werden regelmäßig befolgt – und beinahe ebenso regelmäßig ignoriert. Es gibt eine ganze Reihe eklatanter Verstöße gegen IGH-Urteile etwa durch Südafrika im Jahr 1971, durch Frankreich 1973, durch Marokko 1975 oder durch die USA 1984. Bemerkenswert war die Begründung der USA 1984: Sie erklärten den IGH im Fall „Militärische und paramilitärische Aktivitäten in und gegen Nicaragua“ für unzuständig, weil die eigenen Sicherheitsbelange einer Anerkennung des Urteils entgegenstünden. Anders ausgedrückt: Die USA lehnten das Urteil des IGH ab, weil es ihren eigenen Interessen widersprach. Die „America First“-Politik wurde also keineswegs von US-Präsident Donald Trump ins Leben gerufen; er hat in seiner Amtszeit von 2016 bis 2020 bestenfalls ausgesprochen, was schon lange zuvor die Politiklinie der Vereinten Staaten von Amerika selbst gegenüber UNO-Institutionen war.

Es gibt keinen Hinweis darauf, dass die Haltung „America First“ von dem 2021 ins Amt gekommenen US-Präsident Joe Biden aufgegeben oder auch nur eingeschränkt wird; nur die Rhetorik ist feiner geworden.

2008 gelangte der Oberste Gerichtshof der Vereinigten Staaten ebenfalls zu dem Schluss, dass das US-Recht Vorrang hat vor der Rechtsprechung des IGH. Im Kern ging es dabei um die Frage, ob die USA die Todesstrafe gegen in den USA lebende Ausländer verhängen können. Was war geschehen?

Der Mexikaner Humberto Leal García war 1995 wegen des Mordes an der 16-jährigen Adria Sauceda zum Tode verurteilt worden. Die Tat war am 21. Mai 1994 in San Antonio im US-Bundesstaat Texas verübt worden. Nach Artikel 36 des Wiener Übereinkommens über konsularische Beziehungen hatte García das Recht, „unverzüglich“ zu der diplomatischen Vertretung Mexikos in den USA Kontakt aufzunehmen. Augenscheinlich hatte man ihn jedoch über dieses Recht gar nicht informiert, weder bei der Festnahme noch während des Prozesses und auch nicht bei der Verkündung des Todesurteils.

2004 gelangte der Internationale Gerichtshof zu der Einschätzung, dass die USA im Fall von Humberto Leal García und weiteren 50 in den USA zum Tode verurteilten mexikanischen Männern gegen Artikel 36 des Wiener Übereinkommens über konsularische Beziehungen verstoßen haben. Der IGH wies die Vereinigten Staaten an, Schuldspruch und Strafen „zu überprüfen und erneut zu beraten“. Nachdem 2008 einer der Männer – José Medellín – in Texas hingerichtet worden war, bestätigte der Internationale Gerichtshof sein ursprüngliches Urteil als „in jeder Hinsicht korrekt“. Es nützte nichts: Humberto Leal García wurde am 7. Juli 2011 um 18.21 Uhr im texanischen Ort Huntsville durch die Giftspritze hingerichtet. Das US-amerikanische Gerechtigkeitsempfinden hatte sich über den Internationalen Gerichtshof hinweggesetzt.[35]

Es gab zahlreiche weitere Fälle, in denen sich die Länder dem IGH-Urteil widersetzten, die eine Art „buntes Sammelsurium“ darstellen: Schürfrechte in der Nordsee, das Fischereiwesen, Entschädigungsleistungen wegen NS-Verbrechen, der Umgang mit liechtensteinischem Vermögen auf dem Territorium der früheren Tschechoslowakei, die Beschwerde der USA 1980 wegen der Inhaftierung amerikanischer Diplomaten im Iran, ein Streit zwischen Tunesien und Libyen über die Abgrenzung des Festlandsockels, eine Beschwerde Pakistans, ein Streit über den Verlauf der Seegrenze zwischen den USA und Kanada im Golf von Maine oder eine Beschwerde der Bundesrepublik Jugoslawien gegen die NATO-Mitgliedsstaaten wegen deren Kosovo-Einsatz, die allerdings am 15. Dezember 2004 abgelehnt wurde.

Das Gericht erklärte sich für nicht zuständig, weil sich Jugoslawien zur Zeit der Antragstellung nicht der Rechtsprechung des IGH unterworfen hatte. Das war formal sicherlich richtig, bedeutete jedoch, dass sich die Hauptgerichtsbarkeit der Vereinten Nationen für einen der größten Konflikte Europas nach dem Zweiten Weltkrieg für unzuständig erklärte; das war kein Vorgang, der das Vertrauen in die vermeintlich mächtigste Organisation der Welt stärkte.

IGH und ICC

Der Internationale Gerichtshof (IGH) ist nicht zu verwechseln mit dem ebenfalls in Den Haag ansässigen Internationalen Strafgerichtshof IStGH, im Folgenden der besseren Unterscheidbarkeit als ICC für International Criminal Court bezeichnet. Während der IGH das Hauptorgan der UNO für die Rechtsprechung darstellt, steht der ICC außerhalb der UNO. Viele betrachten den ICC als die bedeutsamere Gerichtsbarkeit, weil er sich für Kernverbrechen des Völkerstrafrechts, nämlich Völkermord, Verbrechen gegen die Menschlichkeit und Kriegsverbrechen, als zuständig betrachtet.[36]

Die Bemühungen zur Errichtung eines internationalen Strafgerichtshofs reichen bis in die Zeit zwischen den beiden Weltkriegen zurück. Nach dem Ersten Weltkrieg und vor dem Hintergrund der Versailler Friedensverhandlungen wollten die Alliierten Verfahren gegen einzelne Deutsche einleiten, die bei der Kriegführung des Deutschen Reiches eine tragende Rolle gespielt hatten. Die damaligen Bemühungen scheiterten aus einem einfachen Grund: Die eigene Souveränität war den Staaten wichtiger als eine transnationale Justiz, die gegebenenfalls den Einzelnen gegen den eigenen Staat verteidigen würde.

Bei den Nürnberger Prozessen von 1945 ging es ausdrücklich nur um Verbrechen gegen die Menschlichkeit im Zusammenhang mit einem Angriffskrieg oder Kriegsverbrechen, um sicherzustellen, dass möglichst keine über Hitler-Deutschland hinausgehenden Präzedenzfälle geschaffen wurden.[37] Während der Zeit des Kalten Krieges scheiterten alle Versuche zur Errichtung eines Strafgerichtshofes am Widerstand der USA und der Sowjetunion, weil sie befürchten mussten, selbst Gegenstand eines internationalen Straftribunals zu werden.[38]

Urteile für Menschenrechte

Erst mit dem Aufkommen der Menschenrechtsbewegung in den 1970ern rückten die Verbrechen von Regierungen an ihrer eigenen Bevölkerung zunehmend ins Blickfeld der Öffentlichkeit. Die Entscheidung von Staaten wie Argentinien, Uruguay oder Portugal, die Verbrechen aus ihrer früheren diktatorischen Vergangenheit mittels Amnestie einer strafrechtlichen Verfügung zu entziehen, löste in den 1980 Jahre breite Empörung aus. Dennoch wurde erst nach der Beendigung des Kalten Krieges am 17. Juli 1998 das Römische Statut des Internationalen Strafgerichtshofs als die vertragliche Grundlage des Internationalen Strafgerichtshofs (IStGH bzw. ICC) mit Sitz in Den Haag unterzeichnet.

Der Gerichtshof verstand sich von Anfang an als Instanz, die nur dann aktiv wird, wenn Mitgliedsstaaten des Römischen Statuts gegen mutmaßliche Kriegsverbrecher selbst keinen Prozess anstreben. Das hängt meist damit zusammen, dass ein Prozess im eigenen Land zu gewalttätigen Unruhen führen könnte oder eine ausreichende juristische Grundlage für eine Anklage mangels Gesetzen fehlt. Darüber hinaus kann der UNO-Sicherheitsrat einen Fall zuweisen. Das ist bisher bei Dafur und Libyen geschehen. Weiterhin kann der Chefankläger selbst einen Fall an sich ziehen, wie zum Beispiel bei der Elfenbeinküste, allerdings nur, wenn kein nationales Gericht den Fall übernimmt. Die Beispiele Dafur und Libyen sowie Elfenbeinküste zeigen im übrigen auf, in welchem Rahmen das Gericht vor allem aktiv ist: bei kleineren Ländern. Anklageerhebungen etwa in China, den USA oder einem europäischen Land scheinen undenkbar.

123 Länder haben das Rom-Statut bislang unterzeichnet. Dazu gehören allerdings nicht (!) drei der fünf ständigen Mit-

glieder des UNO-Sicherheitsrats, nämlich die USA, Russland und die Volksrepublik China.[39]

USA lassen internationale Richter verfolgen

Besonderer Kapriolen gaben sich die Vereinigten Staaten von Amerika hin. US-Präsident Bill Clinton unterzeichnete zwar im Jahr 2000 das ICC-Statut, stellte aber zugleich klar, dass er dessen Gerichtsbarkeit erst über einen längeren Zeitraum überprüfen würde. Zwei Jahre später erklärte die US-Regierung die völkerrechtlich unübliche, aber zulässige Rücknahme der Unterzeichnung. Zudem setzten die USA am 2. August 2002 den „American Service-Members' Protection Act" in Kraft, der US-Bürger vor der Strafverfolgung durch den ICC schützt. Israel folgte dem Schritt der USA und trat ebenfalls zurück. Danach war ein paar Jahre Ruhe, bis im Jahr 2016 Südafrika, Burundi und Gambia von der Ratifizierung des Römischen Statuts zurücktraten – sie warfen dem Gericht anti-afrikanische Tendenzen vor –, wobei Südafrika im März 2017 und Gambia im Februar 2017 den Rücktritt widerriefen. Die Volte der USA hatte mithin Schule gemacht.[40]

Die verschärfte US-Ablehnung des ICC aus dem Jahre 2018 könnte in den 2020er Jahren weitere Nachahmer finden. So haben die USA schon im Herbst 2018 unmissverständlich klargemacht, dass sie dem ICC jedwede Anerkennung verweigern und Sanktionen angedroht, falls das Gericht Ermittlungen gegen US-Bürger einleiten sollte, etwa wegen mutmaßlicher Kriegsverbrechen. Die US-Regierung hat den Richtern und Staatsanwälten für diesen Fall mit Einreiseverboten und zudem Finanzsanktionen gedroht, zudem könnten sie vor ein US-Gericht gestellt werden. Dies gelte im Übrigen nicht nur für die USA, sondern auch für verbündete Staaten wie Israel.[41]

Einen vorläufigen Höhepunkt erreichte die Missachtung des ICC durch die USA im Spätsommer 2020, als die US-Regierung die Chefanklägerin des Internationalen Strafgerichtshofs (ICC) in Den Haag, Fatou Bensouda, zusammen mit anderen maßgeblichen ICC-Mitarbeitern tatsächlich mit Sanktionen belegte. Der damalige US-Außenminister Mike Pompeo nannte den Gerichtshof in diesem Zusammenhang „eine kaputte und korrupte Institution“. Sein Präsident Donald Trump hatte wenige Monate zuvor eine Verfügung erlassen, wonach unter anderem etwaiger Besitz von Beschäftigten des Gerichtshofs in den Vereinigten Staaten eingefroren werden kann. Der Tiefschlag aus Trump-USA kam nicht von ungefähr: Im Frühjahr 2020 hatte der Haager Strafgerichtshof den Weg für ein Ermittlungsverfahren zu möglichen Kriegsverbrechen in Afghanistan freigemacht. Damit standen mehr oder minder direkt auch amerikanische Soldaten und Mitarbeiter des Geheimdienstes CIA vor einer Anklage wegen Kriegsverbrechen und Verbrechen gegen die Menschlichkeit. Es stand aus US-Sicht zudem die Gefahr im Raum, dass die Vereinigten Staaten von Amerika des Völkermords in Afghanistan angeklagt würden; das wäre geradezu ein Schauprozess in den 2020er Jahren geworden.[42]

Spätestens seit der unverhohlenen Drohung der USA, die Richter und Staatsanwälte des ICC selbst vor Gericht zu stellen, ist der Internationale Strafgerichtshof schwer beschädigt. Die Administration des 2021 ins Amt gekommenen US-Präsidenten Joe Biden hilft dem ICC indes zumindest teilweise, an Reputation und Schlagkraft zurückzugewinnen. Es ist allerdings schwer vorstellbar, dass die Biden-Administration etwa eine Anklage der Vereinigten Staaten von Amerika wegen Völkermordes in Afghanistan hinnehmen wird.

Bei der Verhinderung eines Dritten Weltkriegs werden wohl weder der IGH noch der ICC eine maßgebliche Rolle spielen –

vermutlich nicht einmal bei der Verurteilung der Schuldigen danach, falls es danach überhaupt noch eine Welt gibt, in der sich Schuldige benennen lassen.

Die Geringschätzung der internationalen Gerichtsbarkeit zeigt, wie weit die Welt (noch) von dem Ziel entfernt ist, dass die Vereinten Nationen einst bei ihrer Gründung festgelegt haben: Wohlbefinden für alle Menschen überall auf der Welt. Wenn es nicht einmal Gerechtigkeit für alle gibt, wo soll dann das Wohlbefinden herkommen?

Grundrecht auf Wohlbefinden

Die Charta der Vereinten Nationen sieht vor, dass jeder Mensch, egal wo auf der Welt, mit seiner Geburt Anspruch auf Menschenwürde und Menschenrechte hat. Das gilt von seiner Geburtsstunde an bis zu dem Tag, an dem er hinscheidet. Es ist aber Allgemeinwissen, dass diese Würde und diese Rechte jeden Tag beinahe überall auf der Welt immer und immer wieder mit Füßen getreten werden. Die körperliche Unversehrtheit und der Schutz vor Gewalt stellen derart urmenschliche Werte dar, das man in Ausnahmesituationen nicht darum herumkommt, sie wenn nötig auch mit Gewalt zu verteidigen. Die Vereinten Nationen sind häufig und nicht zu Unrecht dem Vorwurf ausgesetzt, sie würden nur reden und viel Papier beschreiben, aber nicht handeln. Es gibt jedoch durchaus handfeste Argumente gegen diese Position. Seit 1948 hat die UNO weit über 70 Friedenssicherungseinsätze absolviert, an Standorten rund um den Erdball, an denen Menschen ihr Leben riskierten, um die Würde und das Leben anderer Menschen zu beschützen.

Das uniformierte Personal der UNO umfasst über 100.000 Menschen, 90.000 davon sind zur Truppe zu zählen. Nimmt man Zivilpersonal hinzu, sind insgesamt weit mehr als 123.000 Menschen an den Friedenseinsätzen der UNO beteiligt. Kosovo, Elfenbeinküste, Liberia, Haiti, Südsudan, Mali, Kongo, – auch in Indien, Pakistan und Zypern waren oder sind Friedens- und Militärbeobachtergruppen der UNO im Einsatz.

Angesichts dieser Zahlen wäre es zu einseitig zu behaupten, dass bei der UNO nur geredet und Papier produziert würde. Es gibt auch die aktive Seite, für die Menschen ihr Leben lassen. Die wichtigen friedenssichernden Operationen der Vereinten Nationen kosten, wie im Grunde jede militärische Intervention, Opfer. Seit dem Jahr 1948 sind rund 3.500 Todesopfer in Folge der Friedenssicherungseinsätze zu beklagen. 3.500 Menschen, die ihr Leben verloren haben, um das Leben anderer Menschen im Auftrag der Vereinten Nationen zu schützen.

Dabei geht es häufig zunächst darum, Konflikte vor allem gewaltfrei zu stellen, wenn es keine Lösungen zu geben scheint. Aber es steht zu befürchten, dass es Gewalt immer geben wird, solange es Menschen gibt. Es gehört zu den Aufgaben der Vereinten Nationen, unschuldige Menschen nicht einfach der Gewalt anderer zu überlassen, sondern sie davor zu beschützen. Das ist eine ehrenwerte Aufgabe, selbst wenn sie in vielen Fällen nicht oder nur unzureichend gelingt – und ohne die Kritik an der UNO kleinreden zu wollen. Und Kritik gibt es mehr als genug, nicht nur im vorliegenden Buch.

Die Erfolge der UNO

Bürokratiemonster, Versager, größte Quatschgruppe der Welt, hilflos, schutzlos, mutlos – es gibt kaum eine Kritik, die die UNO nicht über sich ergehen lassen musste. Es wäre jedoch unfair, der berechtigten Kritik nicht auch die beachtlichen Erfolge gegenüber zu stellen.

Dazu gehören ihre Mitwirkung bei der Gründung des Staates Israel in den Jahren 1947 bis 1949 und bei der Entschärfung der Krisen in Berlin (1948 bis 1949), in Kuba 1962 und im Nahen Osten 1973 sowie bei der Einführung des Wahlrechts für Schwarze in Rhodesien 1976. Zudem ist die Mithilfe der Vereinten Nationen bei der Friedensicherung in Kambodscha 1993, in

Mosambik 1994, in Angola 1995, in Guatemala 1996 und in Zypern von 1964 bis heute festzustellen.

Dabei kann man das Verhältnis der Vereinten Nationen zu Israel durchaus als gespalten bezeichnen. Zweifelsohne legte die UNO 1947 mit einem Teilungsplan für Palästina, der im britischen Mandatsgebiet die Gründung eines jüdischen und eines arabischen Staates für die Palästinenser vorsah, den Grundstein für den Staat Israel, der am 14. Mai 1948 gegründet wurde.[43] Mit der Etablierung eines jüdischen Staates inmitten muslimischer Länder schuf die UNO allerdings ebenso offensichtlich die Grundlagen für einen Dauerkonflikt in dieser Region. Für die Juden war es nach den Gräueltaten der Nazis in Deutschland die Erfüllung eines zionistischen Traumes, für die Araber ein Albtraum.[44]

Vor allem kann man bemängeln, dass der UNO zwar die Gründung eines jüdischen Staates gelang, aber nicht zugleich eines palästinensischen Staates. Die Chance zur Befriedung der Region, wenn die Palästinenser tatsächlich auf ihrem eigenen Gebiet, das völkerrechtlich ihnen zugesprochen wurde, ihren eigenen Staat hätten gründen können, wurde vertan. Stattdessen annektierte Israel die Westbank und Ägypten besetzte den Gazastreifen, so dass die Palästinenser zu Bürgern zweiter Klasse, zu Flüchtlingen und für die arabischen Länder zu einer Art Faustpfand zur Vernichtung Israels wurden.

Dennoch darf man den Vereinten Nationen die Gründung des Staates Israel zugutehalten. Allerdings stand auch seitdem kein anderes Land so oft am Pranger der UNO wie Israel. Der UNO-Menschenrechtsrat etwa hat den jüdischen Staat in seinen Resolutionen häufiger verurteilt als alle anderen Länder dieser Welt zusammen. Auch die Generalversammlung der UNO beschäftigte sich in ihren Diskussionen weitaus öfter mit der einzigen Demokratie im Nahen Osten als etwa mit Syrien oder dem Iran. Die für Bildung, Wissenschaft und Kultur zuständige UNESCO verabschiedete am laufenden Band Resolutionen, in denen die historischen Bezüge des Judentums zum Land negiert wurden. Die Frage, ob die Vereinten Nationen heute nochmals die Grundlage für einen jüdischen Staat schaffen würden, stellt sich natürlich in der aktuellen Situation nicht, aber die Antwort müsste wohl eher „nein" lauten.[45]

Erfolge ohne Frieden

Neben der Aufgabe der Friedenssicherung, für die die Vereinten Nationen ins Leben gerufen wurden, hat sich die UNO weitere Betätigungsfelder gesucht, auf denen sie teilweise große Erfolge verbuchen konnte. Die Allgemeine Erklärung der Menschenrechte 1948 stand beispielgebend für die humanitäre Vision der Staatengemeinschaft – allerdings auch beispielhaft für ihre Hilflosigkeit angesichts der Tatsache, dass mehr als 70 Jahre danach immer noch überall auf der Welt die Menschenrechte tagtäglich mit Füßen getreten werden.[46] Es ist zweifelsohne gut und richtig, dass eine so mächtige Organisation wie die UNO definiert hat, was Menschenrechte überhaupt sind. Wer sich das Dokument durchliest, mag überrascht sein, wie weit diese Definition über elementare Bedürfnisse wie körperliche Unversehrtheit, Wasser, Nahrung, Kleidung, sanitäre Anlagen undsoweiter hinausgeht.

Im Grunde definieren die Vereinten Nationen eine Art weltweites Grundrecht auf Wohlbefinden, wie ein schöner Traum, von dem selbst die wohlhabenden Nationen überwiegend (noch) weit entfernt sind, von allen anderen ärmeren Ländern ganz zu schweigen.

Aber die UNO setzte sich beinahe seit Anbeginn für die Erfüllung ihres Traums ein. Heute entfällt etwa 70 Prozent der UNO-Aktivitäten auf humanitäre Hilfe und Entwicklungshilfe. Das Welternährungsprogramm der UNO stellt jährlich mehr als die Hälfte der weltweit geleisteten Nahrungsmittelhilfe bereit. Die zur UNO gehörende Weltgesundheitsorganisation WHO hat allein durch ihre Impfprogramme Millionen von Menschen das Leben gerettet.

Der Ende 2018 verabschiedete UNO-Migrationspakt bildete die Fortführung der Flüchtlingshilfe, die die Vereinten Nationen über Jahrzehnte hinweg geleistet hat.[47] Der Migrationspakt steht allerdings auch besonders deutlich dafür, wie weit entfernt die Vereinten Nationen von den politischen Strömungen in ihren Mitgliedsländern sind, man könnte auch sagen, wie weit die UNO von der Realität entfernt ist.

Während man bei der Erklärung der Menschenrechte noch bedauern kann und im Grunde muss, dass die UNO so weit von der Erfüllung entfernt sind, so stellt sich die Sache beim Migrationspakt komplexer dar. Bei diesem Werk muss die UNO nicht nur den Vorwurf der Realitätsferne aushalten, sondern den um ein Vielfaches schlimmeren Vorwurf, den Gegnern globaler Migrationsströme und damit auch den Gegnern des Pakts als Steigbügelhalter für einen politischen und populistischen Rechtsruck in vielen Ländern dieser Erde zu dienen.[48]

Die UNO selbst nennt ihr Werk eine „historische Errungenschaft“.[49] Tatsächlich liegt es wohl im Auge des Betrachters, ob er den Migrationspakt auf die Positivliste der Vereinten Nationen setzt oder ganz im Gegenteil der Seite hinzufügt, auf der die UNO in besten Absichten Negatives bewirkt hat.

Ob Ernährungs- oder Flüchtlingshilfe, in allen diesen und vielen weiteren Fällen bewirken die Vereinten Nationen zweifelsohne etwas Gutes für die Betroffenen. Das ist losgelöst von allen Kritikpunkten anzuerkennen. Doch ob es die Menschheit von einem Dritten Weltkrieg abhält, scheint eher zweifelhaft. Es wirkt häufig eher so, als ob die UNO ihre Hauptaufgabe, die Friedenssicherung, nicht erfüllen kann und sich daher andere Betätigungsfelder gesucht hat, um wenigstens dort Erfolge vorweisen zu können. Die UNO ist damit zu einer Art „Weltgewissen" herangewachsen, zu einer überwiegend moralischen Instanz – mit wenig Durchschlagkraft. Das hängt entscheidend damit zusammen, dass ihr wichtigstes Gremium, der Sicherheitsrat, seit jeher heillos zerstritten und damit im Grunde handlungsunfähig ist, wie im nächsten Kapitel anhand bereits geführter Kriege in Korea und Vietnam ausführlich dargestellt wird.

Die Kriege der UNO

Der Sicherheitsrat gilt als das mächtigste Gremium der Vereinten Nationen, weil er völkerrechtlich verbindliche Resolutionen beschließen kann. Er gilt paradoxerweise gleichzeitig als das schwächste Gremium, weil er durch das Vetorecht seiner ständigen Mitglieder im wahrsten Sinne des Wortes blockiert ist. Wie verheerend diese Kombination ist, zeigte sich schon bald nach der Gründung der UNO im Koreakonflikt.

Nagelprobe Koreakrieg

Im Kampf gegen Hitler-Deutschland waren Westeuropa, Nordamerika und die Sowjetunion in einem Zweckbündnis vereint. Doch schon kurz nach dem Ende des Zweiten Weltkrieges entstand der globale Ost-West-Konflikt, in dem sich die kommunistische Sowjetunion mit den Staaten unter ihrer Kontrolle, wozu der Ostblock gehörte, und die von US-Amerika angeführte freie Welt gegenüberstanden. Angesichts der gewaltigen Herausforderung, Europa und Teile Asiens neu aufzuteilen und zu gestalten, entwickelte sich eine grundlegende Front zwischen dem kommunistischen Block und der kapitalistischen Welt.[50]

Der Ost-West-Konflikt bildete die fundamentale Basis für die gesamte Weltpolitik in der zweiten Hälfte des 20. Jahrhunderts. Die Ernsthaftigkeit dieser Trennlinie wurde bereits im Jahr 1949 offensichtlich, als die damalige Sowjetunion mit einem Atombombentest das Monopol der USA bei Nuklearwaffen für immer beendete.[51] Es begann ein Wettrüsten, das die Welt zeitweise an den Rand des Abgrunds brachte und bis heute nicht wirklich beendet ist. Im gleichen Jahr, 1949, rief Mao Tse Tung die Volksrepublik China aus; der letzte Staatspräsident Chinas, von den USA unterstützt, floh nach Formosa bzw. Taiwan und gründete die Republik China. Beide Entwicklungen spielten für die Weltpolitik und besonders die UNO über Jahrzehnte hinweg bis heute eine maßgebliche Rolle.

Das geteilte Weltbild – die freie Welt gegen den Kommunismus – war von Anfang an die Ursache für die grundlegende Achillesverse der Vereinten Nationen. Die UNO wurde gegründet, um den Frieden in der Welt zu sichern, aber in dem entscheidenden Gremium, dem Sicherheitsrat, standen sich die damals unversöhnlichen Feinde, die Vereinigten Staaten von Amerika und die Sowjetunion, gegenüber – beide mit Vetorecht ausgestattet.

Die Koreafrage stellte die erste große Herausforderung für die neu gegründete UNO dar. Hier sollte sich zeigen, ob die UNO in der Lage sein würde, das Land Korea in friedlicher Einheit zu erhalten. Der Koreakrieg und die Tatsache, dass das Land bis heute in zwei Nationen geteilt ist, legen den Schluss nahe, dass die Vereinten Nationen bereits bei dieser ersten großen Nagelprobe versagt haben. Dafür gab es einen einfachen Grund: Im Koreakrieg gab die UNO ihre moralische Autorität und Neutralität auf, um sich auf die Seite des Westens im Kampf gegen den sowjetischen Ostblock zu stellen.

Warum gerade Korea? Im Zweiten Weltkrieg hatte Hitler-Deutschland zwei maßgebliche Verbündete: Italien und Japan. Zu Japan gehörte damals Korea als ein Protektorat. Nach der japanischen Kapitulation wurde daher auch das von Japan beherrschte Korea von amerikanischen und sowjetischen Truppen befreit. Die US-Soldaten besetzten das Land südlich des 38. Breitengrades, die Sowjetunion übernahm die Verwaltung des nördlichen Territoriums. Eine Teilung des Landes stand zunächst bei keiner der beiden Besatzungsmächte auf der Agenda. Vielmehr sah die Politik beider Seiten vor, die Staatsgewalt allmählich wieder an das Land zurückzugeben. Dabei achteten allerdings schon frühzeitig sowohl die USA als auch die Sowjetunion darauf, den Einfluss von ihnen freundlich gesinnten Kräften im Land zu fördern. Dann kam der große Knall für Korea: Als es darum ging, das Land wieder zu vereinigen, blieben die Verhandlungen erfolglos, es kam zur Teilung in Nord- und Südkorea.

Dabei spielten die Vereinten Nationen eine entscheidende Rolle. Die USA übergaben die Lösung der Koreafrage an die Generalversammlung der Vereinten Nationen, die mit Resolution 112 (II) die Einrichtung einer „United Nations Temporary Commission on Korea" initiierte. Der Auftrag lautete „allgemeine Wahlen in ganz Korea zu beobachten und danach bei der Konstituierung eines vereinten Koreas unter einer nationalen Regierung zu helfen." Schon die Beobachtung der Wahlen ging schief: die Sowjetunion und die nordkoreanische Verwaltung verweigerten der UNO-Kommission schlichtweg die Einreise.

So konnte die UNO nur die Wahlen im Süden beobachten und im August 1948 etablierte sich die südliche Republik Korea, die von den Vereinten Nationen mit der Resolution 195 (III) als „rechtmäßige und einzige demokratisch gewählte Regierung in Korea" anerkannt wurde. Dasselbe geschah im Norden: Es konstituierte sich die Demokratische Volksrepublik Korea, die zwar nicht von der UNO, aber von den sozialistischen Staaten völkerrechtlich anerkannt wurde. Beide koreanischen Staaten waren sich nur in einem Punkt einig, in ihrem jeweiligen Alleinvertretungsanspruch für ganz Korea.

So wie sich die Sowjetunion und die westlichen Staaten auf der Weltbühne gegenüberstanden, so verhärtet waren die Fronten zwischen Nord- und Südkorea. Ebenso wie im Großen wurde auch „im Kleinen“ kräftig aufgerüstet und nach diversen Grenzstreitigkeiten am 38. Breitengrad drangen nordkoreanische Truppen auf südkoreanischen Boden vor. Ob die UdSSR dahintersteckten, blieb ungeklärt, aber es gilt als sicher, dass sie zumindest darüber informiert waren. Am 25. Juni 1950 riefen die Vereinten Nationen auf Initiative der USA den UNO-Sicherheitsrat ein; die USA legten den Entwurf einer Resolution vor, die Nordkorea als „Aggressor“ verurteilte („Act of unprovocated Aggression“). Verabschiedet wurde die gemäßigte Formulierung eines „Friedensbruch“ („Breach of Peace“) mit der Aufforderung an Nordkorea, die Kampfhandlungen einzustellen und seine Streitkräfte zurückzuziehen.

Die Resolution wurde mit 9:0 Stimmen angenommen, wobei sich Jugoslawien der Stimme enthielt. Bemerkenswert war allerdings ein völlig anderer Fakt: die Sowjetunion war bei dieser Abstimmung überhaupt nicht dabei. Sie startete damit den Versuch, die Vereinten Nationen durch Abwesenheit schlichtweg zu ignorieren, man kann auch sagen zu diskreditieren.

Der Hintergrund war offensichtlich: Die USA hatten im UNO-Sicherheitsrat eine Vormachtstellung erreicht, weil sich alle im Rat vertretenen Siegermächte des Zweiten Weltkriegs mit Ausnahme der UdSSR auf die Seite der Vereinigten Staaten von Amerika geschlagen hatten. Die Sowjetunion hätte die Verurteilung Nordkoreas mit ihrem Vetorecht ablehnen können, aber sie zog es vor, die UNO stattdessen zu boykottieren. Genau dieser Fall war in der UNO-Charter indes überhaupt nicht vorgesehen.

Hierzu heißt es in Artikel 27 III der UN-Charta: „Beschlüsse des Sicherheitsrats über alle sonstigen Fragen bedürfen der Zustimmung von neun Mitgliedern einschließlich sämtlicher ständiger Mitglieder, jedoch mit der Maßgabe, dass sich bei Beschlüssen auf Grund des Kapitels VI und des Artikels 52 Absatz 3 die Streitparteien der Stimme enthalten." Gar nicht mit dabei sein, war einfach nicht vorgesehen. Immerhin wurde die Frage diskutiert, ob die Abwesenheit der UdSSR eventuell als Veto oder als Stimmenthaltung gewertet werden sollte.

Am 27. Juni 1950, also zwei Tage nach der ersten fand eine zweite Sitzung des UNO-Sicherheitsrates zu Korea statt, in der festgestellt wurde, dass Nordkorea der Resolution vom 25. Juni 1950 nicht nachgekommen war. Konsequenterweise brachten die USA einen erneuten Entwurf ein, der ihnen erlauben sollte, in Korea militärisch einzugreifen. Die UNO-Mitglieder wurden aufgefordert, „Hilfe für die Republik Korea bereitzustellen, um die bewaffneten Angriffe abzuwehren und den internationalen Frieden und die Sicherheit in der Region wiederherzustellen."

Zu diesem Zeitpunkt war mit der „Region" allem Anschein nach Südkorea gemeint, aber später sollte es sich als fatal erweisen, dass genau dies in dem Text nicht ausformuliert war und daher auch die Interpretation zuließ, es könnte Gesamtkorea gemeint sein. Unabhängig davon hatte der damalige US-Präsident Harry S. Truman zum Zeitpunkt der UNO-Resolution längst die Luft- und Seestreitkräfte in Richtung Korea in Bewegung gesetzt. Die US-Regierung wollte sich ihren nicht nur geplanten, sondern bereits in Vorbereitung befindlichen Militäreinsatz in Korea also im Grunde im Nachhinein von den Vereinten Nationen genehmigen lassen. Und genau so kam es auch.

Wie ernst es der US-Regierung mit dem militärischen Vorgehen war, lässt sich daraus ableiten, dass die 7. Flotte zum Schutz Taiwans vor dem kommunistischen China ebenfalls bereits Einsatzbefehl erhalten hatte. Mit dem „Segen“ der UNO wollten die USA offensichtlich sowohl das Eingreifen sowjetischer als auch chinesischer Truppen verhindern. Es war ein aus US-Sicht politisch geschickter Schachzug, die UNO sozusagen als Marionette der US-amerikanischen Militärintervention zu gebrauchen. Aber für die Glaubwürdigkeit der Vereinten Nationen als unabhängige Instanz war dieses Vorgehen natürlich verheerend. Das gilt umso mehr, als die entsprechende Resolution tatsächlich den UNO-Sicherheitsrat passierte – schließlich befolgte die UdSSR damals weiterhin ihre Strategie, die Vereinten Nationen durch Abwesenheit zu ignorieren.

Der gemeinsame US/UNO-Krieg

Was danach geschah, lässt sich wohl nur als eine Art gemeinsamer US/UNO-Krieg bewerten. Die Vereinigten Staaten von Amerika gaben die Strategie vor, befehligten die Streitkräfte, brachen die UNO-Charta, soweit ihnen dies zweckmäßig erschien, und missbrauchten die Vereinten Nationen immer und immer wieder, um ihr eigenes Vorgehen mit dem Deckmantel der Neutralität, dem von der Weltgemeinschaft gemeinsam gewünschten Handeln und der Herstellung und Sicherung des Friedens zu umhüllen. Nie zuvor und niemals danach wurden die Vereinten Nationen von einer einzigen Nation derart dreist missbraucht wie durch die USA im Koreakonflikt.

Eines muss man den USA wohl zugutehalten: Sie sahen sich zu dieser Zeit offenbar als Anführer der freien Welt, die sich mit allen Mitteln gegen einen militärisch erstarkenden kommunistischen Block wehren muss. Es war wohl die Angst, der in der

Sowjetunion und China grassierende Kommunismus könnte so stark werden, dass er die freie Welt unterjocht. Um das zu verhindern, war den USA offenbar jedes Mittel recht – auch der Missbrauch der UNO. Bei der Bewertung ist allerdings zu bedenken, dass die Angst vor einer von Moskau aus gesteuerten aggressiven kommunistischen Expansionsstrategie keineswegs auf die USA allein begrenzt war, sondern praktisch die gesamte westliche Welt beherrschte und damit auch die Vereinten Nationen, in denen die westlichen Verbündeten der USA dominant vertreten waren. Der Angriff Nordkoreas auf den Süden des Landes schien genau in dieses Denkmuster zu passen und wurde dementsprechend bewertet. Getreu dem Motto „wehret den Anfängen“ herrschte wohl der Eindruck vor, wenn man die Kommunisten in Nordkorea nicht aufhalten würde, könnte sich der kommunistische Block ermuntert sehen, sich weltweit auszubreiten.

Man sah sich an die „Appeasement-Politik“ von 1938 erinnert, als damals Frankreich und Großbritannien einen Krieg mit Hitler-Deutschland durch Beschwichtigen und Nachgeben zu verhindern suchten. Diese Politik der Abwiegelung war bekanntlich nicht nur vergeblich, sondern könnte möglicherweise Hitler tatsächlich ermuntert haben, seine weitere Expansion fortzusetzen, die letztlich zum Zweiten Weltkrieg führte.[52] All dies vor Augen schien die „Korea-Allianz aus USA und UNO“ verständlich. Ob die Unterstützung Nordkoreas durch die UdSSR Anlass für das Verhalten der USA gab oder umgekehrt möglicherweise das Vorgehen der USA die Sowjetunion erst zum Eingreifen in Nordkorea veranlasste, bleibt bis heute der individuellen Bewertung überlassen.

Mit der Resolution 84 des UNO-Sicherheitsrates wurde am 7. Juli 1950 klargestellt, dass alle in Korea eingesetzten Truppen zwar die UNO-Fahne tragen sollten, aber noch bemerkenswerter war, dass die Resolution überhaupt kein konkretes Ziel festlegte. Sollten die nordkoreanischen Gruppen etwa über den 38. Breitengrad zurückgedrängt werden, sollte Südkorea vor neuerlichen Angriffen geschützt werden, sollte Nordkorea eingenommen werden oder sollte das ganze Land wiedervereinigt werden? Es gab schlichtweg keine Beschlusslage dazu, aber die UNO verfolgte alle diese Punkte in dieser Reihenfolge.

Die Frage, ob die Vereinten Nationen überhaupt eine Berechtigung hätten, zwei Staaten zusammenzuführen, blieb unbeantwortet. Sie war auch für den militärischen Vorstoß der USA unter dem Oberkommandierenden der amerikanischen Streitkräfte in Fernost, General Douglas MacArthur, mit Unterstützung der Truppen von 16 Staaten einschließlich Südkoreas, letztlich unerheblich. Die Befehlskette sprach indes für sich: MacArthur erhielt seine Anweisungen von der US-Regierung, an die er umgekehrt auch ständig seine Lageberichtete sendete. Die UNO wurde im zweiten Schritt von der US-Regierung auf dem Laufenden gehalten.[53]

Zunächst deutete alles darauf hin, dass die US/UNO-Truppen den Sieg erringen würden. Sieg bedeutete dabei, dass die nordkoreanischen Truppen in den Norden zurückgedrängt würden und die Grenze gesichert würde. Damit wäre die Situation wieder genauso hergestellt gewesen, wie sie sich vor dem Einmarsch der Nordkoreaner in den Süden des Landes dargestellt hatte.

Doch General Douglas MacArthur entschied anders. Er wählte natürlich mit Unterstützung weiter Teile der US-Regierung die Wiedervereinigung Koreas zum Ziel und beschloss in Nordkorea einzumarschieren. Das Überschreiten des 38. Breitengrades in Richtung Norden war durch keine UNO-Resolution gedeckt, allerdings gab es auch keine Beschlusslage bei den

Vereinten Nationen, die diesem Ziel ausdrücklich widersprach. Man hatte eine UNO-Mission genehmigt, aber die Zielsetzung schlichtweg offen gelassen. Ob dies mangelnder Professionalität geschuldet war, oder ob etwa von Anfang an der Hintergedanke herrschte, die Mission für einen Angriff auf Nordkorea zu nutzen, ließ sich nie feststellen. Möglicherweise traf beides zu.

Die Einschätzung, dass weder die Sowjetunion noch China dem US/UNO-Vorstoß entgegentreten würden, erwies sich auf jeden Fall als fataler Irrtum, der in Korea einen brutalen Stellvertreterkrieg der beiden großen politisch-militärischen Blöcke auslöste, wie er sich später in einem noch grausameren Krieg in Vietnam wiederholte.

In Sachen Korea schätzte der US/UNO-Komplex zudem das Verhalten der Volksrepublik China völlig falsch ein. Chinas Außenminister Chou En-lai hatte zwar schon vorab Warnungen ausgesprochen, aber die US-Regierung nahm diese nicht ernst genug, sie ging von einem Bluff aus. Da China nicht gleich von Anfang an interveniert hatte, schätzte man ein nachträgliches Eingreifen Chinas als äußerst unwahrscheinlich ein. Warum sollte China mit einer Intervention in gewisser Weise die UdSSR unterstützen? Zudem herrschte die Meinung vor, dass sich die Volksrepublik China nicht mit der UNO anlegen würde, da diese auch über die Frage nach dem Status Taiwans – also des aus Sicht der VR China alten und verhassten Chinas – zu entscheiden hatte.

Für das klare Überqueren des 38. Breitengrades durch die US/UNO-Truppen schien indes eine weitere UNO-Resolution angemessen. Das Problem war nur: Zu diesem Zeitpunkt hatte die Sowjetunion ihren UNO-Boykott aufgegeben und war in den Sicherheitsrat zurückgekehrt. Es lag auf der Hand, dass die UdSSR jedwedem Beschluss zum Einmarsch westlicher Soldaten in Nordkorea mit ihrem Vetorecht eine Absage erteilen würden. Angesichts dieser vorhersehbaren Situation griff die US-amerikanische Regierung in die „Trickkiste“: Da sie wusste, dass sie im Sicherheitsrat nicht durchkommen würde, verlagerte sie die Entscheidung über Nordkorea kurzerhand in die Generalversammlung, die zu dieser Zeit von US-freundlichen Staaten dominiert wurde, und in der es kein Vetorecht gab. Einmal mehr spielten die Vereinigten Staaten von Amerika mit den Vereinten Nationen, als ob sie ihnen gehörten – und die UNO ließ es geschehen.

Im September 1950 brachten die USA den Entwurf einer Resolution in die UNO-Generalversammlung ein, der dem UNO-Militär indirekt das Einrücken in Nordkorea erlaubte mit dem Ziel der Vereinigung des Landes und der Sicherung des Friedens in ganz Korea. Zur Erreichung dieses Ziels sollten die „notwendigen Maßnahmen“ ergriffen werden, was sich als Einmarscherlaubnis interpretieren ließ. Mit einigen wenigen Veränderungen wurde diese Resolution 376 (V) tatsächlich am 7. Oktober 1950 mit 45:5 Stimmen bei 7 Enthaltungen von der UNO-Generalversammlung verabschiedet. Die Resolution sah im Anschluss an den siegreichen Einsatz der US/UNO-Truppen die Schaffung eines vereinten, unabhängigen und demokratischen Korea vor.[54]

Diese Vorgehensweise war mit der UNO-Charta in keiner Weise vereinbar, man könnte also von einer illegalen UNO-Resolution als Startschuss für den Koreakrieg sprechen. Laut Charta obliegen alle Entscheidungen bei Friedensbrüchen ausschließlich dem Sicherheitsrat. Die Generalversammlung darf dazu nur Resolutionen verabschieden, wenn sich der Sicherheitsrat nicht damit befasst und vor allem sind die Resolutionen der Generalversammlung unter keinen Umständen verbindlich, es handelt sich lediglich um Handlungsempfehlungen.

Aber selbst gesetzt den Fall, bei der UNO-Resolution vom 7. Oktober 1950 wäre alles mit rechten Dingen zugegangen, hätte sie dennoch nur eine nachträgliche Legitimierung der US/UNO-Maßnahmen dargestellt. General MacArthur wurde nämlich bereits am 27. September 1950 von der US-Regierung ermächtigt, „den 38. Breitengrad zu überschreiten und die nordkoreanische Armee zu zerstören".[55]

China versus US/UNO-Pakt

Die Volksrepublik China machte dem siegesgewissen Vorgehen des US/UNO-Komplexes einen dicken Strich durch die Rechnung. Sobald General MacArthur den 38. Breitengrad überschritten hatte, ließ China seine Truppen aus der Mandschurei nach Nordkorea einmarschieren. Nachdem China zuvor offene Warnungen ausgesprochen hatte, konnte der militärische Vorstoß MacArthurs nur als ebenso offene Provokation eingestuft werden. Zudem befürchtete Chinas Staatspräsident Mao Tse Tung augenscheinlich, dass „die Reaktionäre bei uns und im Ausland übermütig werden, wenn die feindlichen Truppen auf den Jalu zumarschieren". Der 813 Kilometer lange Jalu ist der Grenzfluss zwischen China und Nordkorea.[56]

Mit der Mobilisierung Chinas entwuchs der Koreakonflikt der regionalen Begrenzung und drohte auf das asiatische Festland überzugreifen. Vor diesem Hintergrund lud der UNO-Sicherheitsrat China zu einer Diskussion ein, die am 28. November 1950 in New York stattfand. Die gegenseitigen Vorwürfe der Großmächte nahmen dabei kein Ende. China beschuldigte die USA der Aggression, die Sowjetunion wollte die amerikanische Aggression gegen China verurteilt sehen, die USA forderten China auf, sich aus Korea zurückzuziehen. Jeder Vorschlag scheiterte im UNO-Sicherheitsrat am Veto der anderen Seite.

Da der Sicherheitsrat mit dem erneuten Engagement der Sowjetunion handlungsunfähig geworden war, verlegten sich die USA einmal mehr auf die Strategie, UNO-Entscheidungen in der Generalversammlung herbeizuführen. Hierzu wurde am 3. November 1950 die Resolution 377 (V) „Uniting for Peace" (mit 52:5 Stimmen bei zwei Enthaltungen verabschiedet).[57] Sie führte fünf Neuerungen ein:

1. Falls der Sicherheitsrat durch ein Veto blockiert ist, kann eine Entscheidung an die Generalversammlung delegiert werden. Diese ist daraufhin berechtigt, bei Friedensbrüchen „... Empfehlungen für Kollektivmaßnahmen, darunter auch für den Gebrauch bewaffneter Kräfte, abgeben zu können..."

2. Mit einer Mehrheit im Sicherheitsrat oder in der Generalversammlung kann innerhalb von 24 Stunden eine Notstandssitzung einberufen werden.

3. Für Regionen, von denen eine Gefahr für den internationalen Frieden ausgeht, kann eine Beobachtungsgruppe eingerichtet werden.

4. Jeder Mitgliedsstaat der Vereinten Nationen soll einen Teil seiner Streitkräfte für internationale Missionen bereithalten.

5. Es soll ein beratender Ausschuss eingerichtet werden, der Maßnahmen zur Wahrung des internationalen Friedens und der Sicherheit vorschlägt.

Doch es half alles nichts, die USA konnten auch mit Hilfe der Vereinten Nationen keinen Sieg in Korea erringen. Nachdem dies immer offensichtlicher wurde, legten die USA wie auch die UNO in Korea einen Schwerpunkt auf die humanitäre Hilfe. Am 1. Dezember 1950 wurde schließlich die „United Nations

Reconstruction Agency" eingerichtet, um der vor der nordkoreanischen Invasion geflüchteten und von der chinesischen Invasion bedrohten Bevölkerung Hilfe zu gewähren. Doch selbst diese Hilfsleistungen konnten aufgrund der militärischen Erfolge Chinas kaum erbracht werden, so dass ab Frühjahr 1951 die Soldaten dazu angehalten waren, Hilfsgüter und Nahrung an die Zivilbevölkerung abzugeben.

Kurz nach dem Ausbruch des Koreakrieges verkündete US-Präsident Harry S. Truman, dass der Einsatz von Atombomben gegen China nicht mehr auszuschließen sei. Wer glaubte, dass die USA nach den Atombombenabwürfen über Hiroshima und Nagasaki Abstand von diesen Vernichtungswaffen genommen hätten, sah sich getäuscht. Vor allem die britische Regierung widersetzte sich diesen Überlegungen aufs Schärfste. Indien schlug vor, China in den UNO-Sicherheitsrat aufzunehmen, was jedoch damals an der US-Regierung scheiterte.

In der so genannten „Ceasefire Group" der UNO versuchten Indien, Kanada und der Iran Bedingungen für einen Waffenstillstand auszuloten. Die Gruppe erarbeitete einen Vorschlag, der „einen Waffenstillstand, den Rückzug aller ausländischen Truppen, die Bildung einer koreanischen Regierung nach UNO-Prinzipien sowie die Bildung eines Gremiums unter Beteiligung der USA, der UdSSR, Großbritanniens und Chinas zur Lösung aller Probleme des Fernen Ostens inklusive der Vertretung von Taiwan und China in der UNO" vorsah. Das Konzept stellte sich vielversprechend dar, scheiterte jedoch, als die UNO auf Initiative der USA die Volksrepublik China als Aggressor verurteilte und sogar Sanktionen androhte.

Das Chaos war groß, bis General Douglas MacArthur – wieder einmal – das Zepter des Handelns in die Hand nahm. Im März 1951 gab er völlig eigenmächtig eine Erklärung ab, in der er

China mit der Zerstörung ihrer Industrie- und Militäranlagen sowie dem Einsatz von Atomwaffen drohte. Der General wurde daraufhin zwar schleunigst von der US-Regierung abberufen, aber es war deutlich geworden, wie nahe die Welt am Abgrund stand.[58]

Die USA hätten in dieser Lage kaum auf die Unterstützung anderer Länder zählen können. Insbesondere die europäischen Länder hätten mutmaßlich keine weiteren Truppen nach Asien entsandt, weil sie befürchten mussten, dadurch ihre eigene Verteidigungskraft gegenüber der UdSSR zu schwächen.

Der längste Krieg auf Erden

Angesichts der Stagnation des Koreakrieges ohne Aussicht auf einen Sieg für eine der beiden Seiten wurden ab Sommer 1951 erste Verhandlungen über einen Waffenstillstand geführt. Spätestens zu dieser Zeit hätte die große Stunde der Vereinten Nationen schlagen können. Indes, die Stunde blieb aus. Die UNO erhielt nicht einmal ein ernsthaftes Verhandlungsmandat. Das sollte sie allerdings nicht daran hindern, sich selbst rund zwei Jahre später ein besonders gutes Zeugnis auszustellen: In der Resolution 711 (VII) der UNO-Generalversammlung vom 28. August 1953 wurde prompt die „aktive Beteiligung der Vereinten Nationen am Koreakrieg als Beitrag zum Weltfrieden gewürdigt."

Tatsächlich standen sich die Großmächte jedoch in den Verhandlungen bis zum Sommer 1953 unversöhnlich gegenüber. Zu den strittigen Fragen über die Festlegung der Demarkationslinie, die Einrichtung einer demilitarisierten Zone und den Abzug der fremden Streitkräfte leisteten die Vereinten Nationen keinen nennenswerten Beitrag. Einzig bei der wichtigen Frage nach der Zurückführung der Kriegsgefangenen verabschiedete die UNO-Generalversammlung im Dezember 1952 die Resolution 610 (VII) über die Einrichtung einer Kommission neutraler Staaten, die jedoch weitgehend wirkungslos blieb.[59]

Erst als der russische Diktator Josef Stalin starb und in den USA Dwight D. Eisenhower zum Präsidenten gewählt wurde, kamen die Friedensverhandlungen endlich zügig voran. So wurde am 27. Juli 1953 ein Waffenstillstandsabkommen geschlossen, das den Status quo vor Kriegsbeginn weitgehend wiederherstellte. Bis dahin hatten fast vier Millionen Menschen ihr Leben im Koreakrieg verloren, etwa drei Viertel davon Zivilisten. Die Generalversammlung der Vereinten Nationen stellte in ihrer Resolution 711 (VIII) am 28. August 1953 fest, das Abkommen über den Waffenstillstand sei wesentlich für die Wiederherstellung des internationalen Friedens und empfahl allen Beteiligten die Teilnahme an der Friedenskonferenz.[60]

Der Koreakrieg ist bis heute – trotz des Waffenstillstands – formal nicht beendet. Der Norden und der Süden sind weiterhin getrennt. Seit 2018 versuchen der südkoreanische Präsident Moon Jae-in und der nordkoreanische Regierungsführer Kim Jong-un den in gewisser Hinsicht längsten Krieg auf Erden offiziell zu beenden.

Dabei stehen neben weiteren Herausforderungen wieder einmal die USA im Wege. Dazu gehört zum einen die Frage nach dem Abzug der US-Truppen aus Südkorea, zum anderen die Forderung der USA nach militärischer und vor allem atomarer Abrüstung in Nordkorea. Südkorea setzt vorranging auf Annäherung und Aussöhnung, den USA liegt in erster Linie an ihrer militärischen Dominanz.

Die Rolle der Vereinten Nationen in Bezug auf die Koreafrage stellte sich 2018/19 einmal mehr als marginal dar. Die Verhandlungen wurden einerseits zwischen den koreanischen Regierungschefs Moon Jae-in und Kim Jong-un sowie andererseits von damaligen US-Präsident Donald Trump geführt, der abwechselnd zwischen sanften Tönen und sehr wüsten Drohungen gegenüber Nordkorea schwankte.

Auf Korea folgte Vietnam

Auf den Koreakrieg der 1950er folgte der Vietnamkrieg als der bedeutendste militärische Schauplatz in den 1960er Jahren. Die Rolle der UNO lässt sich mit knappen Worten beschreiben: Die Vereinten Nationen hatten im Vietnamkrieg keine aktive Rolle, weil erstens die Großmächte den Konflikt unter sich austrugen und zweitens weder Nord- noch Südvietnam in der UNO vertreten waren.

Der Vietnamkrieg hat seine Wurzeln im 19. Jahrhundert, als Frankreich das Land als Teil von Französisch-Indochina unter seine Kolonialherrschaft stellte. Im Zweiten Weltkrieg besetzte Japan das Gebiet. Direkt im Anschluss daran versuchte Frankreich im Ersten Indochinakrieg von 1946 bis 1954 seine Kolonialherrschaft wiederherzustellen, blieb dabei jedoch erfolglos. In Folge der französischen Niederlage wurde Vietnam 1954 in das kommunistische Nordvietnam mit der Hauptstadt Hanoi und das von den Westmächten unterstützte Südvietnam mit der Hauptstadt Saigon geteilt. Das war die Ausgangslage für den Vietnamkrieg, der auch als Zweiter Indochinakrieg bezeichnet wurde. Er begann nach der Teilung zunächst als Bürgerkrieg, weitete sich jedoch ab 1964 zum Stellvertreterkrieg zwischen dem Kommunismus und dem US-dominierten Westen aus.

Ab Februar 1965 ließ US-Präsident Lyndon B. Johnson Nordvietnam bombardieren, einen Monat später entsandte er immer mehr Bodentruppen ins Land. Im Gegenzug unterstützten die Sowjetunion und die Volksrepublik China Nordvietnam. Damit standen sich die Vetomächte im UNO-Sicherheitsrat im Krieg gegenüber und machten die UNO machtlos. Ein grausames Gemetzel nahm über Jahre hinweg seinen Lauf.

Die USA setzten im Kampf gegen die von Nordkorea gesteuerte Nationale Front für die Befreiung Südvietnams (NFB, besser bekannt als Vietcong) das chemische Entlaubungsmittel Agent Orange ein, um den feindlichen Kämpfern die Tarnung durch den dichten Dschungel zu erschweren. Agent Orange wurde von Flugzeugen aus derart großflächig versprüht, dass Hunderttausende von Menschen daran erkrankten. Eine Schätzung des Roten Kreuzes von 2002 ging von einer Million Vietnamesen mit gesundheitlichen Schäden durch die Spätfolgen von Agent Orange aus, darunter etwa 100.000 Kinder mit angeborenen Fehlbildungen. Die Schädigung des Kindes im Mutterleib, Krebs und Immunschwächen sind typische Folgen von Dioxinen, dessen besonders giftige Form TCDD (Tetrachlordibenzodioxin) Bestandteil von Agent Orange war.

Erst ab 1968 stellte Johnson die Bombardements ein, sein Nachfolger im Amt des US-Präsidenten, Richard Nixon, zog die US-Truppen von 1969 an schrittweise ab und stimmte sogar im Januar 1973 einem Waffenstillstand mit Nordvietnam zu. Bis zum 1. Mai 1975 eroberten nordvietnamesische Soldaten den Süden vollständig, beendeten den Krieg und vereinten das Land. Bis es dazu kam, fanden 1,3 Millionen vietnamesische Kämpfer den Tod; die getöteten Zivilisten werden auf zwei bis fünf Millionen Menschen geschätzt.

UNO-Generalsekretär Sithu U Thant sprach von einem der „barbarischsten Kriege in der Geschichte“, bezeichnete diese Situation als „sehr dringend, sehr kritisch“ und unternahm zwischen 1961 und 1971 mehrere Versuche, einen Frieden herbeizuführen.[61] Mit Reisediplomatie – Genf, Kairo, London, Moskau, Washington – versuchte U Thant eine gemeinsame Festlegung der Kriegsparteien auf das Genfer Abkommen von 1954 herbeizuführen.[62] Dieses hätte zwar einen Frieden im Land herbeigeführt, gleichzeitig aber auch die Teilung der Nation in den kommunistischen Norden und den eher westlich geprägten Süden unter der Regentschaft von Kaiser Bảo Đại, dem 13. und letzten Kaiser der vietnamesischen Nguyễn-Dynastie, akzeptiert.[63] Das Genfer Abkommen hatte allerdings vor allem die Entkolonialisierung der Region Vietnam / Laos / Kambodscha von französischer Herrschaft zum Ziel und war daher von Anfang an unpassend für den Stellvertreterkrieg zwischen dem Kommunismus und den Westmächten in Vietnam. Es entstand der Eindruck, die UNO hinke der Zeit hinterher, aber sie hatte eben auch angesichts der Pattsituation im Sicherheitsrat nichts Besseres zu bieten.

Die Friedensversuche Sithu U Thants waren ehrenhaft und sicherlich auch seiner Position angemessen, führten aber die Hilfslosigkeit der Vereinten Nationen besonders deutlich vor Augen. Schließlich musste der UNO-Generalsekretär selbst einräumen, der Vietnamkonflikt läge außerhalb eines „UNO-Mandates“, weil Nord- und Südvietnam keine Mitgliedsländer seien. Es kam einer Bankrotterklärung der Vereinten Nationen gleich. Die Ausrede, dass die betroffenen Länder nicht zur UNO gehörten, wird bei einem Dritten Weltkrieg vermutlich nicht geltend gemacht werden können: Die USA, China Russland, um die drei wahrscheinlichsten „Kandidaten“ für einen Dritten Weltkrieg zu nennen, gehören zu den Vereinten Nationen.

UNO verbietet biologische und chemische Waffen

Nur auf einem allerdings nicht unwichtigen Nebenschauplatz war der UNO ein Erfolg beschieden: Sie bündelte die internationalen Proteste gegen den Einsatz von Agent Orange im Vietnamkrieg. Am 16. Dezember 1971 wurde die „Konvention über das Verbot der Entwicklung, Herstellung und Lagerung bakteriologischer (biologischer) Waffen und Toxinwaffen sowie über die Vernichtung solcher Waffen“ von der Vollversammlung der Vereinten Nationen als ein völkerrechtlicher Vertrag angenommen. Das war zweifelsohne ein großer Erfolg. Allerdings galt zu diesem Zeitpunkt schon längst das „Genfer Protokoll über das Verbot der Verwendung von erstickenden, giftigen oder ähnlichen Gasen sowie von bakteriologischen Mitteln im Kriege“ ebenfalls als ein völkerrechtlicher Vertrag, der bereits am 17. Juni 1925 in der Schweizer Stadt Genf unterzeichnet worden war und als Völkergewohnheitsrecht galt.[64]

Der erneute UNO-Vorstoß im Jahr 1971 stellte also keine neue Situation her, sondern war vielmehr eine Bekräftigung der mehr als 40 Jahre zurückliegenden Beschlusslage. 2018, also weitere 40 Jahre später, hatte sich die Lage allerdings nicht deutlich gebessert: Als es um die Untersuchung von Giftgaseinsätzen im Kriegland Syrien ging, blockierten sich Russland und die USA erneut im Sicherheitsrat der Vereinten Nationen. Diese Unfähigkeit, Angriffe auf Menschen mit biologischen oder chemischen Giftstoffen gemeinsam zu bekämpfen, und genau diese Unfähigkeit alle 40 Jahre öffentlich zur Schau stellen – deutlicher können die Vereinten Nationen ihre Ohnmacht kaum präsentieren.

Die Neuordnung im Sicherheitsrat

Solange sich im Sicherheitsrat weiterhin fünf Staaten gegenseitig blockieren, wird es keine Lösungen für internationale Krisen geben können. Eine Reform dieses Gremiums ist längst überfällig. Der zwischenzeitlich verstorbene UNO-Generalsekretär Kofi Annan hatte bereits vor Jahren Vorschläge für eine Neuordnung des Sicherheitsrates unterbreitet, die beinahe schon einer Neuordnung der Welt gleichkämen, würden sie nur umgesetzt. Im Wesentlichen ging es dabei um die Einschränkung des Vetorechts, die ständigen gegenseitigen Blockaden zu unterbinden, und um die Erweiterung um neue Länder. Bis heute fehlt aber der Wille der fünf Vetomächte, daran etwas zu ändern. Immerhin hat die Generalversammlung in Folge von Annans Vorstoß die „Open ended working group on the question of equitable representation on and increase in the membership of the Security Council and other matters related to the Security Council“ („Arbeitsgruppe ohne Ende zur Frage der gerechten Repräsentation und Erweiterung der Mitgliedschaft im Sicherheitsrat und andere Angelegenheiten mit Bezug zum Sicherheitsrat“) ins Leben gerufen, die mögliche Reform ist also seitdem institutionalisiert.

In der so genannten G4-Gruppe, dazu gehören Deutschland, Brasilien, Indien und Japan, wurde seit ihrer Gründung 2005 ebenfalls eine Reform angestrebt. Die G4-Staaten verlangten eine Erweiterung des UNO-Sicherheitsrats von 15 auf 25 Mitglieder, darunter sechs neue ständige Sitze, einschließlich eben dieser vier Länder. Prompt formierte sich daraufhin unter der Führung Italiens die Gruppe „Uniting for Consensus“, die die Einrichtung neuer ständiger Sitze im Sicherheitsrat ablehnte, weil diese Länder für sich selbst keine Chance sahen, mit einem ständigen Sitz dabei zu sein. Folgerichtig plädierte diese Gruppierung für die Schaffung zehn neuer nichtständiger Sitze und für die Wiederwahlmöglichkeit bei den dann 20 nichtständigen Sitzen.

Die afrikanischen Staaten als zweitgrößte Regionalgruppe der Vereinten Nationen brachten 2005 ebenfalls einen eigenen Vorschlag in die Debatte ein. Dieser forderte bei einer neuen Größe des Sicherheitsrats von 26 Sitzen sechs neue ständige Sitze mit Vetorecht, je zwei für Afrika und Asien, und einen für Westeuropa und Lateinamerika. Dem Vorschlag wurde von Anfang an keine Chance eingeräumt, unter anderem, weil er weitere Vetorechte schaffen würde.[65] Die L69-Gruppe, 2007 unter der Führung Indiens gegründet, plädierte für eine Erweiterung des Sicherheitsrates sowohl bei den ständigen als auch bei den nichtständigen Mitgliedern, verbunden mit einer gerechteren geografischen Verteilung und unter Berücksichtigung der Entwicklungs- und Schwellenländer. Dem Vorschlag zufolge sollten Sitze für eine ständige Mitgliedschaft auf Afrika, Asien, Lateinamerika, Westeuropa und andere Staaten entfallen; unter den nichtständigen Mitgliedern sollte es einen zusätzlichen Sitz nach dem Rotationsprinzip für kleine Inselstaaten geben.

Eine Gesamtzahl von etwa 25 Mitgliedern wurde von dieser Gruppe als optimal angesehen.[66] Die verschiedenen Vorschläge verdeutlichen die völlig unterschiedlichen Interessenslagen der Länder. Es sind also keineswegs „lediglich“ die derzeitigen Vetomächte im UNO-Sicherheitsrat, die mit dem Beharren auf dem Status quo jede Veränderung unmöglich machen. Es ist auch die Zerstrittenheit der restlichen Staatengemeinschaft, die eine Anpassung des einzigen UNO-Gremiums, das Entscheidungen über Krieg und Frieden weltweit tatsächlich durchsetzen kann, an heutige Verhältnisse verhindert.

Im Herbst 2016 keimte kurzzeitig die Hoffnung auf, dass die sich damals anbahnende „Männerfreundschaft“ zwischen US-Trump und Russland-Putin die Chance bietet, den Gordischen Vetoknoten im Sicherheitsrat der Vereinten Nationen aufzulösen.[67] Das hätte den Krieg in Syrien schneller beenden können, als es zuvor vorstellbar erschien, war damals die Hoffnung. Während Russlands UNO-Botschafter Witali Tschurkin bis dato beinahe alle westlichen Vorschläge zu Syrien abgelehnt hatte – und dabei stets die Unterstützung Chinas bekam, weil China Eingriffe der UNO in die inneren Angelegenheiten von Staaten grundsätzlich ablehnt – könnten die neuen „Männerfreunde“ tatsächlich eine Resolution finden, die ohne Veto vom UNO-Sicherheitsrat verabschiedet wird, lautete die Spekulation. Wenn sich die USA und Russland einig würden, war davon auszugehen, dass sich keiner der anderen Staaten im Sicherheitsrat – Großbritannien, Frankreich und China – sein Veto einzulegen traute – selbst dann nicht, falls die Resolution postfaktische Züge tragen sollte.

Eine solche Resolution wäre aus europäischer Sicht als „unbefriedigend“ eingestuft worden, weil sie das syrische Assad-Regime eher zementiert als hinweggefegt hätte, aber sie hätte möglicherweise ein erster Schritt sein können, den UNO-Sicherheitsrat und damit die Vereinten Nationen insgesamt wieder handlungsfähiger zu machen. Es kam anders: Wie so oft blieb der UNO in Syrien irgendwann nur die Aufgabe, die sie im Grunde immer übernimmt und mit bewundernswerter Courage bewältigt, soweit das möglich ist: den Wiederaufbau nach der völligen Zerstörung. Die originäre Aufgabe der UNO ist das allerdings nicht – sie wurde mit dem Ziel gegründet, Kriege zu verhindern.

Dass der UNO-Sicherheitsrat in Sachen Syrien durchaus in der Lage zu gemeinsamem Handeln ist, hatte er zuvor schon einmal bewiesen. Bereits im Juli 2014 verabschiedete der Rat eine Resolution, die es der UNO immerhin ermöglichte, Hilfsgüter nach Syrien zu bringen. Was aus Sicht der Weltgemeinschaft nur wie ein kleiner Schritt erschien, stellte für die Betroffenen, denen die Unterstützung zuteil wurde, sicherlich eine große Hilfe dar.

Die damalige Hoffnung war zudem, dass selbst wenn die „Freundschaft" alsbald wieder zerbrechen sollte, der gegenseitige Respekt vor der Chuzpe des anderen dennoch zu gemeinsamem Handeln führen könnte. Beim einen – Putin – im Einklang mit seinen politischen Zielen, beim anderen – Trump –, um „gut dazustehen". Schließlich bildeten die „Gründungsväter" der Vereinten Nationen – Roosevelt, Churchill und Stalin – gelinde gesagt auch nicht gerade einen „Freundschaftsbund", sondern wollten die Weltordnung der Nachkriegszeit nach ihren machtpolitischen Vorstellungen gestalten und einen zweiten „Fall Deutschland", egal wo auf der Welt, unter allen denkbaren Umständen verhindern.

Die Aufnahme des damals noch recht unbedeutenden Chinas in den Sicherheitsrat geschah kaum aus Anerkennung, sondern schlicht als Gegengewicht zu dem sehr starken Japan, das zu diesem Zeitpunkt 1945 noch nicht kapituliert hatte. Die UNO konnte also schon immer auch ohne „Freundschaften" funktionieren – oder ist genau dies der Grund dafür, dass sie eben nicht funktioniert?

Michael Møller, Generaldirektor der Vereinten Nationen in Genf, stellte im Herbst 2016 ein umfangreiches Bündel an guten Vorschlägen zur Umstrukturierung des UNO-Sicherheitsrates vor, dessen Realisierung allerdings von Anfang an in den Sternen stand. Die Vorschläge zielten darauf ab, den Sicherheitsrat breiter und repräsentativer für die insgesamt 193 der

UNO angeschlossenen Staaten aufzustellen. Das Konzept sah fünf regionale Räte vor, die sich um Krisen in den jeweiligen Regionen kümmern. Jeder Regionalrat sollte 15 Mitglieder haben, von denen sich jeweils drei im Weltsicherheitsrat zusammenfinden.

Das als Folge des Versuchs einer Nachkriegsordnung eingeführte Vetorecht der USA, Großbritanniens, Frankreichs, Russlands und Chinas im Sicherheitsrat hielt Michael Møller nur durch Druck von Seiten der internationalen Zivilgesellschaft für überwindbar. Einige von der UNO anerkannte Civil Society Organisations (CSO) wie das Diplomatic Council haben ihre ausdrückliche Unterstützung für diesen Plan angekündigt.

Es war von Anbeginn an klar, dass dies ein jahre- und vermutlich jahrzehntelanger Prozess sein wird, wie man es erwartet, wenn souveräne Staaten angehalten werden sollen, landeseigene Machtbefugnisse an die Weltgemeinschaft abzutreten.

Es bleibt die Hoffnung, dass der einstige deutsche Bundeskanzler Willy Brandt nachträglich doch noch Recht behält, als er im September 1973 formulierte: „Der Sieg der Vernunft wird es sein, wenn eines Tages alle Staaten und Regionen in einer Weltnachbarschaft nach dem Prinzip der Vereinten Nationen zusammen leben und zusammen arbeiten.“[68] Hoffentlich wird diese Vision Realität, bevor ein Dritter Weltkrieg ausbricht.

Friedenstruppen: Die Blauhelme

Die Beschlüsse der Vereinten Nationen – sie heißen offiziell Resolutionen – sind unverbindlich – abgesehen von den Resolutionen des UNO-Sicherheitsrats. Allerdings stellte sich schon frühzeitig die Frage nach der Durchsetzbarkeit dieser völkerrechtlich verbindlichen Sicherheitsrats-Resolutionen. Die Antwort waren die „Blauhelme", die Friedenstruppen der Vereinten Nationen, die von den Mitgliedsländern für Friedenssicherungseinsätze (Peacekeeping Operations) bereitgestellt werden und unter dem Kommando der UNO stehen.

1948 erfolgte der erste Einsatz von unbewaffneten UNO-Militärbeobachtern im Rahmen der Überwachung des Waffenstillstands im Palästinakrieg. Im Zuge der Suezkrise 1956 wurde mit der Noteinsatztruppe der Vereinten Nationen erstmals eine bewaffnete Einheit aufgestellt. Die bei der Kongokrise 1960 entsandten UNO-Truppen trugen erstmals die blauen Helme. Heute ist der UNO-Generalsekretär Oberbefehlshaber über rund 110.000 Blauhelmsoldaten. 1988 wurden die UNO-Blauhelme mit dem Friedensnobelpreis ausgezeichnet.

Das Prinzip der Peacekeeping Operations ist einfach: Die Blauhelme kommen zum Einsatz, um die Situation zwischen zwei rivalisierenden Parteien zu befrieden, also wie eine Art friedliche Pufferzone zwischen den Fronten. Zwei Kriegsgegner, die sich auf eine Waffenruhe geeinigt haben, werden auf Abstand gehalten. Die Einsätze finden stets nur mit Zustimmung der Regierung des jeweiligen Landes, in dem die Truppen eingesetzt werden, oder aber mit allen dort bestehenden Konfliktparteien, statt. Damit will die UNO verhindern, dass die Blauhelme zwischen die Fronten geraten. Eine Analyse der Vergangenheit zeigt: Das Konzept funktioniert nur begrenzt gut. Die Prognose für die Zukunft lautet: Es wird vermutlich immer weniger funktionieren.

UNO-Einsätze zwischen Erfolg und Desaster

Wenn man über die Friedensmissionen der UNO Bilanz zieht, so findet man

- vier erfolgreiche Einsätze,
- drei gescheiterte Einsätze, und
- einen Einsatz mit Pattsituation.

Der Patteinsatz war zugleich die erste UNO-Friedensmission kurz nach der Gründung im Juni 1948 zwischen dem damals neu gegründeten Staat Israel und den arabischen Nachbarländern. Mit dem dortigen Kriegsende 1948/49 fiel der UNO die Aufgabe zu, den fragilen Waffenstillstand zwischen beiden Seiten zu bewahren. Die Mission verlief nicht reibungslos: Die Suez-Krise 1956, der Sechs-Tage-Krieg 1967 und der Jom-Kippur-Krieg 1973 standen für ernsthafte Zwischenfälle trotz UNO-Einsatz. Der Konflikt war im Jahr des 75-jährigen Bestehens der Vereinten Nationen noch nicht gelöst; vor Ort befanden sich 2020 immer noch etwa 150 militärische Beobachter.

Zu den Erfolgsgeschichten der Vereinten Nationen zählen das Vorgehen in Kambodscha, die UNO-Einsätze in dem südostasiatischen Inselstaat Osttimor und in den beiden afrikanischen Nachbarländern Liberia und Sierra Leone. Als Horrormissionen entpuppten sich die Einsätze der UNO in Ruanda und Bosnien-

Herzegowina. Hinzu kam die Ebola-Krise in Afrika, die erste und bis heute einzige Mission in der Geschichte der UNO, die aufgrund einer Krankheit ins Leben gerufen wurde.[69]

Eine Corona-Mission hat es nie gegeben, weil sich die Pandemie 2020 derart rasch weltweit ausbreitete, dass ein Einsatz in einer bestimmten Region sinnlos und letztlich wohl hoffnungslos erschienen wäre.

UNO-Einsätze laufen weiterhin rund um den Globus; 2020 gab es 19 laufende UNO-Missionen. Dazu gehörten die Missionen in der Demokratischen Republik Kongo und in der Zentralafrikanischen Republik. Im Kongo ging es seit November 1999 darum, die Bevölkerung und Helfer vor allem in den bedrohten östlichen Regionen vor Übergriffen durch Rebellen zu schützen. Dazu kamen mehr als 18.000 Soldaten, Polizisten und Militärbeobachtung zum Einsatz. Seit September 2014 lief eine UNO-Mission in der Zentralafrikanischen Republik mit dem Ziel, eine gesicherte politische Lage und mehr Sicherheit zu schaffen sowie humanitäre Hilfe zu leisten. Dazu befanden sich 2020 rund 13.000 Soldaten und Polizisten unter UNO-Mandat im Einsatz.

Blauhelme unter Beschuss

Seit 2018 ist das Blauhelm-Prinzip der UNO im doppelten Wortsinn unter Beschuss. Die blaue Farbe schützt die friedensbringende Truppe nicht mehr vor Angriffen; die Neutralität der Blauhelme wird entweder nicht mehr akzeptiert oder ist den kämpfenden Parteien schlichtweg unbekannt.

Jean-Pierre Lacroix, Untergeneralsekretär der Vereinten Nationen mit Verantwortung für die Koordination sämtlicher Blauhelm-Missionen, erklärte 2018: „Der blaue Helm bietet heute keinen natürlichen Schutz mehr. Das spiegelt schon die Tatsache wider, dass es 2017 so viele tote Blauhelme gab wie noch nie in der jüngeren UNO-Geschichte.“[70]

Ein weiteres Problem stellen die sogenannten Einsatzvorbehalte der einzelnen Staaten dar. Viele Länder knüpfen Bedingungen, wenn sie ihre Soldaten für die Vereinten Nationen bereitstellen. Diese Auflagen variieren von Land zu Land: Einsatz nur in UNO-Lagern, nur für Eskorten, keine Kampfeinsätze. Daraus resultieren zwei Probleme: Erstens ist die Einsatzplanung vor Ort sehr schwierig bis unmöglich, wenn alle diese Aspekte zu berücksichtigen sind, und zweitens ist es schlichtweg unfair, wenn die Soldaten eines Landes höheren Gefahren ausgesetzt werden als die eines anderen Landes.[71] Häufig scheinen die Truppenstärken ohnehin eher theoretisch verfügbar zu sein: Wenn es um konkrete Einsätze geht, stellen die Länder nur einen Teil der offiziell verfügbaren Kontingente bereit.

Zweifelhafter Ruf der Blauhelme

Hinzu kommt, dass sich die Blauhelme in den vergangenen Jahrzehnten einen eher zweifelhaften Ruf erarbeitet haben, sei es durch mangelhafte Mandate, durch unzulängliche Einsatzbefehle oder schlichtweg durch gravierendes Fehlverhalten vor Ort. Ein typisches Beispiel hierfür stellt die UNO-Resolution 819 dar, die die Stadt Srebrenica im Osten von Bosnien und Herzegowina am 16. April 1993 zur UNO-Schutzzone erklärte. Zur Sicherung der Zone wurden rund 400 Blauhelm-Soldaten entsandt. Gut zwei Jahre später kam es zum Massaker von Srebrenica. Am 19. April 1995 kapitulierte die Stadt gegenüber den bosnisch-serbischen Angreifern und im Juli 1995 wurden mehr als 8.000 Bosniaken durch die Armee der Republika Srpska umgebracht. Das Gemetzel dauerte tagelang, ein Eingreifen der 400 Blauhelm-Soldaten fand trotzdem nicht statt. Tausende von Leichen wurden in Massengräbern verscharrt.

Das Massaker gilt als das schwerste Kriegsverbrechen in Europa seit dem Ende des Zweiten Weltkriegs – und es fand in einer UNO-Schutzzone statt, geschützt durch Blauhelme. Die UNO-Truppen waren hilflos und mussten sich in Geiselhaft ergeben. Zwar kamen zwei NATO-Kampfflugzeuge zum Einsatz, um die Situation aus der Luft in den Griff zu bekommen. Aber nach dem ersten Luftangriff drohten die bosnischen Serben damit, die gefangen genommenen Blauhelme umzubringen, so dass alle weiteren Bemühungen eingestellt wurden. Wären tatsächlich mehrere Hundert Blauhelme ums Leben gekommen, hätte dies vermutlich schon damals das Ende der UNO-Friedenstruppen bedeutet. So kamen allerdings Tausende von Bosniaken zu Tode: Sie wurden in Massenexekutionen erschossen und unmittelbar darauf mit schweren Erdräumgeräten verscharrt.

Der Internationale Gerichtshof in Den Haag bewertete das Inferno im Februar 2007 als Völkermord. Als der Sicherheitsrat der Vereinten Nationen die Geschehnisse in einer Resolution ebenfalls als Völkermord deklarieren wollte, scheiterte das im Juli 2015 am Veto aus Russland. Das Massaker von Srebrenica steht damit exemplarisch dafür, dass eine Schutzzonengarantie der UNO eben keine Garantie darstellt, dass es der UNO nur schwerlich gelingt, selbst ihre eigenen Truppen zu schützen, geschweige denn die Zivilbevölkerung, und dass sich die UNO nicht einmal imstande sieht, ihr eigenes Fehlverhalten nachträglich einzuräumen.

Blauhelme und Frauenhandel

Zum negativen Image der UNO-Truppen trägt bei, dass sich augenscheinlich dort, wo die Blauhelme stationiert werden, der Frauenhandel und die Zwangsprostitution einen lebhaften Aufschwung erfahren. Als typisches Beispiel hierfür gilt der Kosovo. Nach der Einrichtung einer UNO-Übergangsverwaltungsmission stieg dort die Zahl der Bordelle, in denen Frauen zur Prostitution gezwungen wurden, von 18 Etablissements 1999 auf über 200 Ende 2003. Als Abhilfe erstellte die UNO eine „schwarze Liste" von rund 200 Bars und Nachtclubs, die für die Blauhelme verboten wurden. Das Verhalten der Soldaten unter UNO-Mandat ist unter anderem deswegen so schwer kontrollierbar, weil sie selbst im Falle von Menschenrechtsverletzungen Immunität genießen. Am 30. Januar 2016 musste der stellvertretende Generalsekretär für den Außendienst der Vereinten Nationen, Anthony Banbury, einräumen, dass sich UNO-Soldaten im Jahr 2015 in mindestens 69 Fällen des sexuellen Missbrauchs und der Ausbeutung schuldig gemacht haben.[72]

Diejenigen, die bedrohte Menschen schützen sollen, vergreifen sich an ihnen – viel schlimmer kann ein Image wohl kaum noch werden. Oder doch? Die Täter werden nämlich in der Regel nicht einmal zur Rechenschaft gezogen. In den meisten Fällen können sie gar nicht erst ausfindig gemacht werden. Falls doch, so sind diejenigen Länder, die ihre Militärangehörigen der UNO zur Verfügung gestellt haben, für die Verfolgung der Delikte zuständig. Die UNO hat „sehr hohe Erwartungen", dass die jeweiligen Länder ihr melden, wie sie damit umgehen, eine Verpflichtung dazu gibt es allerdings nicht. Da klang es fast schon wie Hohn, als der stellvertretende Außendienst-Generalsekretär auf einer Pressekonferenz Anfang 2016 in New York versicherte: „Die Vereinten Nationen tun alles Mögliche, um die Opfer zu unterstützen, um Verantwortung und Gerechtigkeit walten zu lassen und um zu verhindern, dass sich solche Fälle wiederholen.“ Einmal mehr war die UNO ihren eigenen hohen Ansprüchen nicht gerecht geworden.

Die Atomkontrolle

Die Entwicklung der Atom- oder Kernwaffentechnik begann im Zweiten Weltkrieg. Am 16. Juli 1945 führten die USA den ersten Kernwaffentest durch. Am 6. und 9. August 1945 folgten die Atombombenabwürfe auf die japanischen Städte Hiroshima und Nagasaki, die hunderttausende von Opfern forderten. Die UdSSR entwickelte ab 1949 Atombomben. Am 30. Oktober 1961 ließ die Sowjetunion die Zar-Bombe explodieren, die stärkste jemals gezündete Kernwaffe. Während des Kalten Krieges kam es zu einem Wettrüsten, auf dessen Höhepunkt die beiden Staaten zusammen rund 70.000 Atomsprengköpfe besaßen. Ihr gemeinsames Kernwaffenarsenal hatte gegen Ende des Kalten Krieges eine Sprengkraft von mehr als 800.000 Hiroshima-Bomben.[73]

Kubakrise – die Welt am Abgrund

Am 17. April 1961 wurde das kommunistische Kuba, direkt vor den Toren der Vereinigten Staaten von Amerika gelegen, durch rund 1.300 Exilkubaner von Guatemala aus angegriffen, um die kubanische Regierung unter Fidel Castro abzusetzen und die Insel wieder dem westlichen Einfluss unter Führung der USA zuzuführen. Tatsächlich agierten die Angreifer mit verdeckter Unterstützung des US-Geheimdienstes CIA, wie sich im Nachhinein eindeutig herausstellte. Doch zunächst waren die USA dreist genug, vor der Generalversammlung der Vereinten Nationen jedwede Beteiligung an der Invasion abzustreiten. Erst Tage später übernahm US-Präsident John F. Kennedy die Verantwortung für die aus Sicht seiner Regierung missglückte

Aktion; Fidel Castro blieb weiterhin an der Macht. Es war ein politisches Debakel sondergleichen.[74]

Aus der wahrscheinlich nicht unberechtigten Furcht vor einem erneuten US-gestützten Angriff trieb Fidel Castro die Annäherung Kubas an die Sowjetunion voran. Zu einer Art „Showdown“ im Kalten Krieg kam es im Oktober 1962, als die UdSSR sowjetische Mittelstreckenraketen auf Kuba stationieren wollten, also in unmittelbarer Nähe der USA. Es war eine Reaktion auf die zuvor erfolgte Stationierung US-amerikanischer Jupiter-Mittelstreckenraketen auf einem NATO-Stützpunkt in der Türkei, unmittelbar an der Grenze zur Sowjetunion.[75] Das war zuviel für John F. Kennedy: Der US-Präsident drohte mit dem Einsatz von Atomwaffen. Die akute Gefahr einer Vernichtung der halben oder auch der ganzen Erde durch einen Atomkrieg schien noch nie so groß gewesen zu sein wie in der Kubakrise. Atomare Mittelstreckenraketen galten damals sozusagen als „Non-plus-Ultra“, weil sie im Unterschied zu den lange vorher verfügbaren Interkontinentalraketen das feindliche Territorium erreichen konnten, bevor der Gegner Abwehrmaßnahmen einzuleiten oder einen Gegenschlag auszulösen vermochte. Doch sowohl die Führung der UdSSR als auch der USA scheuten vor der Apokalypse eines atomaren Weltkrieges zurück. Es wäre der Dritte und vermutlich zugleich der Letzte Weltkrieg der Menschheit gewesen. Schließlich einigte man sich darauf, dass die Sowjetunion auf die Stationierung auf Kuba verzichtet und die USA im Gegenzug garantieren, keinen weiteren Angriff auf die Insel durchzuführen. Erst mit deutlicher Zeitverzögerung sollten die USA zudem ihre Mittelstreckenraketen aus der Türkei abziehen, damit sie nicht als Verlierer in der Kubakrise dastünden.[76]

Aus dieser Beinahe-Vernichtung der Welt zogen sowohl die USA als auch die UdSSR Konsequenzen. Die Atommacht wurde aus den Händen der Militärs genommen und dem jeweiligen Regierungschef direkt unterstellt. Die Codes für den Abschuss von US-Nuklearwaffen befinden sich seit dieser Zeit in einem Koffer, zu dem nur der US-Präsident Zugang hat; ähnlich wird es seitdem in Russland gehandhabt. 1963 wurde der sogenannte „Heiße Draht" eingerichtet, eine direkte Fernschreibverbindung zwischen den Regierungssitzen beider Länder, um im Krisenfall den schnellen Kontakt zu ermöglichen und durch sofortige Verhandlungen eine Eskalation abwenden zu können. Zudem begann der Einstieg in bilaterale Verhandlungen zur Rüstungskontrolle. So führte die Kubakrise zu einer allmählichen Entspannungspolitik der beiden Supermächte. Diese Phase war über lange Zeit hinweg durch rüstungsbegrenzende Verhandlungen und Vereinbarungen wie SALT (Strategic Arms Limitation Talks), ABM (Anti-Ballistic Missile Treaty) oder INF (Intermediate Range Nuclear Forces) gekennzeichnet – wohlgemerkt, stets zwischen den Vereinigten Staaten von Amerika auf der einen und der Sowjetunion auf der anderen Seite.[77]

Ausstieg aus der Abrüstung

Im Herbst 2018 schreckte die US-Regierung die Welt auf mit der Ankündigung, die Vereinigten Staaten von Amerika würden aus dem Vertrag über nukleare Mittelstreckensysteme – Intermediate Range Nuclear Forces oder kurz INF – aussteigen. Das am 8. Dezember 1987 geschlossene bilaterale Abkommen zwischen den USA und der Sowjetunion, das zum 1. Juni 1988 auf unbegrenzte Dauer in Kraft trat, sah die Vernichtung aller landgestützten Flugkörper mit einer Reichweite zwischen 500 bis 5500 Kilometer vor. Da dies sowohl Atomraketen kurzer als auch mittlerer Reichweite umfasst, war auch von einer „doppelten Nulllösung" die Rede. Die beiden Staaten verpflichteten sich, keine neuen Raketen mit diesem Zielradius zu bauen und alle bereits bestehenden Waffensystem dieser Art bis auf die letzte Rakete abzubauen.

Doch die UdSSR hätte sich nicht darangehalten und deshalb wollten die USA den INF-Vertrag aufkündigen, erklärte US-Präsident Donald Trump im Oktober 2018.[78] Möglicherweise lässt Trumps Amtsnachfolger Joe Biden den INF-Vertrag verlängern. Er wird mutmaßlich weniger auf Konfrontation setzen.

Die Vereinten Nationen haben jedenfalls mit der Abrüstung atomarer Kurz- und Mittelstreckenraketen nichts zu tun, das IFN-Abkommen ist ein rein bilateraler Vertrag zwischen den beiden großen atomaren Supermächten. Das zeigt übrigens, dass die UNO 1987 wie in der gesamten Zeitspanne seit dem Zweiten Weltkrieg zu einem der wichtigsten Themen der Weltpolitik – Atomwaffen – wenig bis nichts beizutragen hatte. Wenn es um existenzielle Fragen für ihre eigenen Länder geht, verhandeln die Großmächte seit jeher lieber direkt miteinander.

Daher hatte Russland keine Handhabe gegen die einseitige Aufkündigung des INF-Vertrags durch die USA. Erst angesichts dieser Situation versuchte die russische Regierung die Staatengemeinschaft hinter sich zu bringen. So war es verständlich, dass Russland im Herbst 2018 den Entwurf einer Resolution in die UNO-Vollversammlung einbrachte, der das Abkommen bewahren sollte. „Die internationale Gemeinschaft hat die Verpflichtung, auf diese Situation mit apokalyptischen Konsequenzen zu reagieren“, zog Russland auch verbal alle Register.[79] Die Biden-Administration mag dieser Stoßrichtung in den 2020er Jahren folgen.

Die Vernichtung der Erde

Wenn es um die potenzielle Vernichtung der Erde durch Atomwaffen geht, haben die Vereinten Nationen traditionell nicht viel zu melden. Der Atomwaffensperrvertrag, auch Vertrag über die Nichtverbreitung von Kernwaffen oder auf Englisch Non-Proliferation Treaty (NPT) genannt, wurde am 1. Juli 1968 von den USA, der Sowjetunion und Großbritannien sowie später von Frankreich und China unterzeichnet und trat am 5. März 1970 in Kraft. Das war mitten im Kalten Krieg und während des Wettrüstens der beiden Supermächte USA und Sowjetunion.

Immerhin diente die UNO als Gesprächsforum für Atomfragen. Schon 1961 hatte Irland in der UNO-Generalversammlung vorgeschlagen, die Verbreitung von Nukleartechnik zu verbieten und im gleichen Jahr erklärte US-Präsident John F. Kennedy ebenfalls vor den Vereinten Nationen: „Jeder Mann, jede Frau und jedes Kind lebt unter einem nuklearen Damoklesschwert, das an einem seidenen Faden hängt, der jederzeit zerschnitten werden kann durch Zufall, Fehlkalkulation oder Wahnsinn.“ Die Doktrin der nuklearen Abschreckung, also im Falle eines wie auch immer gearteten Angriffs der Gegenseite mit einem Atomschlag zu antworten und damit die Welt in die Luft zu sprengen, hatte an Glaubwürdigkeit eingebüßt. Das bis dato wirksame Gleichgewicht des Schreckens barg zudem die Gefahr, dass Atomwaffen in den Besitz weiterer Staaten oder sogar von Terroristen gelangen würden. Zwischenzeitlich sind mehr als 190 Staaten dem Abkommen beigetreten, was sicherlich von hoher symbolischer Kraft ist, aber sachlich eher unbedeutend, weil der Großteil der Unterzeichner gar keine Atomwaffen besitzt und die Verpflichtung, sich auch künftig keine zuzulegen, nur das manifestiert, was ohnehin außerhalb der

Planung oder Reichweite dieser Länder liegt. Entscheidend sind die fünf offiziellen Atommächte, die diesen Status dadurch erlangten, dass sie vor dem 1. Januar 1967 eine Kernwaffe gezündet hatten, und die sich verpflichteten „in redlicher Absicht Verhandlungen zu führen ... über einen Vertrag zur allgemeinen und vollständigen Abrüstung unter strenger und wirksamer internationaler Kontrolle“.

Dies ist die einzige bindende Verpflichtung zur vollständigen Abrüstung der Atomwaffenstaaten in dem multilateralen Vertrag. Bemerkenswert ist dabei allerdings, dass vier Staaten den Atomwaffensperrvertrag nicht unterzeichnet haben: Indien, Israel, Pakistan und Südsudan, obgleich mindestens zwei davon – Israel und Pakistan – zweifelsohne über Kernwaffen verfügen. Nordkorea trat im Januar 2003 aus dem Vertrag aus und ist wahrscheinlich in die 2020er Jahre mit Atomwaffen in Sprengkopfgröße, die in ballistische Raketen passen, eingetreten.[80] Damit kann man zusammenfassend feststellen: Der Atomwaffensperrvertrag war eine gute Idee und er wird der Welt nicht schaden, aber ob er von tatsächlichem Nutzen ist, wenn die Großmächte ohnehin direkt verhandeln und eine Reihe von Atomstaaten überhaupt nicht dabei sind, darf bezweifelt werden.

Ein weiteres Hindernis bei der Umsetzung des Vertrages lag darin, dass er jedem beteiligten Staat das „unveräußerliche Recht“ auf ein ziviles Atomprogramm einräumte. Weit darüberhinausgehend verpflichteten sich alle Vertragsunterzeichner „den weitestmöglichen Austausch von Ausrüstungen, Material und wissenschaftlichen und technologischen Informationen zur friedlichen Nutzung der Kernenergie zu erleichtern“. Anders formuliert: Jeder Vertragsunterzeichner darf soviel Kernenergie entwickeln und nutzen, wie er will, solange dies unter die zivile Nutzung fällt. Genau dies ist die Krux: Wer auch immer Atomwaffen entwickeln will, wird so lange wie möglich behaupten, dass diese Entwicklung ausschließlich zivilen Zielen diene. Es ist sogar noch stärker: Die Unterzeichner haben sich verpflichtet, sich gegenseitig bei der Nutzung von Kernenergie zu unterstützen – wiederum ausschließlich für friedliche Zwecke, versteht sich. Das kann gut funktionieren, solange alle freiwillig und vor allem gutwillig mitmachen. Aber es öffnet eben zugleich Türen und Tore für alle, die es ausnutzen wollen.

Immerhin sah der Vertrag eine gewisse Kontrolle bei allen beteiligten Staaten vor, ob sie sich an das Abkommen halten. Hierzu wurde eigens eine neue Behörde, nämlich die Internationale Atomenergie-Organisation (International Atomic Energy Agency, IAEA) gegründet. So wenig wie die UNO am Zustandekommen des Atomvertrags involviert war, so wenig wurde ihr die neue Atombehörde untergeordnet. Die IAEA ist bis heute keine Sonderorganisation der Vereinten Nationen, sondern eine autonome wissenschaftlich-technische Organisation, die mit der UNO allerdings immerhin durch ein separates Abkommen verbunden ist. Im Rahmen dieses Abkommens berichtet die Atombehörde der UNO, und zwar regelmäßig der Generalversammlung und darüber hinaus dem Sicherheitsrat der Vereinten Nationen, wenn sie eine Gefährdung der internationalen Sicherheit feststellt.[81] Mit anderen Worten: Sie untersteht nicht der UNO und die UNO hat keine Weisungsbefugnis, aber ist sie über den Sicherheitsrat eng an fünf Kernwaffennationen angebunden. Das kommt einer äußerst schwachen Stellung der Vereinten Nationen bei einer der Schlüsselfragen der Menschheit – nämlich der potenziellen Vernichtung durch die Atomkraft – gleich, während die IAEA selbst durchaus mit einer gewissen Machtfülle ausgestattet ist. So sieht die Satzung vor, „den Beitrag der Kernenergie zu Frieden, Gesundheit und Wohlstand weltweit zu beschleunigen und zu vergrößern“. Hierbei soll sie die Anwendung radioaktiver Stoffe und die internationale Zusammenarbeit fördern sowie die militärische Nutzung dieser Technologie durch Überwachungsmaßnahmen verhindern. Hierfür wurde sie im Jahr 2005 gemeinsam mit ihrem damaligen Generalsekretär Mohammed al-Baradei mit dem Friedensnobelpreis ausgezeichnet.

Wie wenig die USA von der internationalen Atomkontrollbehörde hielten, wurde bereits ein Jahr zuvor deutlich, als öffentlich bekannt wurde, dass sie den Friedensnobelpreisträger illegal abhörten, um ihn mit belastendem Material aus dem Amt zu drängen. Das hatte einen einfachen Grund: Mohammed al-Baradei hatte zuvor den damaligen US-Präsidenten Georg W. Bush der klaren Lüge überführt, als dieser im März 2003 den Irak angreifen ließ mit der Begründung, dieses Land besäße atomare Massenvernichtungswaffen. Spätere Untersuchungen der IAEA belegten eindeutig, dass diese Einschätzung falsch war und es wurde ebenso deutlich, dass dies der US-Regierung bekannt war.[82]

Der Missbrauch der UNO

Bemerkenswert war beim Irakkrieg 2013 der Missbrauch der Vereinten Nationen durch die USA. Der Irak habe angeblich sowohl durch die Entwicklung als auch den Besitz von Massenvernichtungswaffen gegen die über ihn verhängten UNO-Resolutionen verstoßen. Das war, wie sich später herausstellte, schlichtweg falsch. Indes: Als die Vereinigten Staaten unter Bush im März 2003 den Irak angriffen, konnten sie sich weder auf Selbstverteidigung noch auf eine Resolution des Sicherheitsrats der Vereinten Nationen berufen. Daher war Bushs Krieg rechtlich gesehen ein Verbrechen, nämlich Aggression. Dies zählt – neben Völkermord, Kriegsverbrechen und Verbrechen gegen die Menschlichkeit – zu den Kerndelikten des Völkerstrafrechts. Der Atomwaffenvorwurf musste somit als Vorwand herhalten, um an der UNO vorbei einen Angriffskrieg zu führen, der wohl als Rache gegen die Anschläge vom 11. September 2001 einzuordnen war. Die Terrororganisation Al-Kaida wurde hinter den Anschlägen vermutet und eine Verbindung zum irakischen Diktator Saddam Hussein hergestellt. Dem Sturz dieses Diktators wird kein vernünftiger Mensch nachtrauern, ebenso wenig einer Zerschlagung der Terrorgruppe. Das ändert aber nichts an dem UNO-verachtenden Vorgehen der USA.

Die Vereinigten Staaten legten übrigens gemeinsam mit Großbritannien die UNO-Resolution 1441 als Angriffsmandat aus – gegen den ausdrücklichen Widerspruch der übrigen Mitglieder im Sicherheitsrat. Die am 8. November 2002 verabschiedete Resolution forderte den Irak auf, die bisherigen Resolutionen des Sicherheitsrats bedingungslos zu akzeptieren und der Internationalen Atomenergieorganisation freien und unbeschränkten Zugang zu den Produktionsanlagen von Waffen zu gewähren. Zudem sollte er sich von allen biologischen und biochemischen Waffen trennen. Da der Irak diesen Forderungen zunächst nicht nachkam, sahen die USA ihren Angriff auf das Land als gerechtfertigt an, zumal das politische Szenario gezeichnet wurde, dass der Irak unmittelbar vor einem Angriff auf die USA stehe. Verurteilt haben die Vereinten Nationen dieses Vorgehen übrigens nie – jeder Versuch dazu scheiterte am Vetorecht der USA im Sicherheitsrat.

Dennoch bleibt unvergessen, wie der damalige IAEA-Generalsekretär Mohammed al-Baradei im UNO-Sicherheitsrat die angeblich so eindeutigen Beweise für ein wieder aufgenommenes Atombombenprogramm des Irak Stück für Stück auseinandernahm und damit die Bush-Regierung vor aller Welt blamierte. Der Geheimdienstausschuss des US-Senats kam übrigens nachträglich ebenfalls zu der klaren Einsicht, dass die Angriffsgründe falsch und nur vorgeschoben worden waren.

Noch verheerender als die Gründe waren aber wohl die Folgen: Im Irakkrieg erfuhr die Terrorgruppe „Islamischer Staat" (IS) einen zuvor nie dagewesenen Aufschwung. Die Aggression der USA veränderte nicht nur die gesamte Region, sondern zeitigt bis heute unmittelbaren Einfluss auf Europa. Die Grundlagen für den Syrienkonflikt wurden gelegt, der nicht nur Tausenden von Menschen den Tod brachte, sondern auch Millionen von Flüchtlinge nach Europa, was den Rechtspopulisten in beinahe allen europäischen Ländern hohe Zuwächse bescherte.[83]

Die Ohnmacht internationaler Organisationen

Damit steht der Irakkrieg einmal mehr beispielhaft für die Ohnmacht internationaler Organisationen wie der Vereinten Nationen oder der Internationalen Atomenergiebehörde, wenn es um die Interessen der Supermächte geht. Das hindert die internationalen Organisationen allerdings keineswegs daran, in immer neuen Resolutionen, Protokollen und Konferenzen sich dem jeweiligen Thema zu widmen.

So sah sich die IAEA insofern eingeschränkt, als sie zwar durchaus Vor-Ort-Inspektionen in kerntechnischen Anlagen durchführen konnte, diese aber anmelden musste und daher dem zu kontrollierenden Staat die Gelegenheit gab, eventuelle Atomwaffen aus dem Blickfeld der Kontrolleure zu rücken. Prompt verabschiedete die Atombehörde ein Zusatzprotokoll zum Kernwaffensperrvertrag, das den Inspektoren die Möglichkeit gab, auch unangemeldete Kontrollen in beliebigen Anlagen durchzuführen. Um die Einhaltung des Vertrages zu kontrollieren, fanden seit 1995 alle fünf Jahre Überprüfungskonferenzen statt, etwa vom 27. April bis 22. Mai 2015 in New York. Bei der Konferenz 1995 wurde der zunächst nur auf 25 Jahre ausgelegte Vertrag auf unbestimmte Zeit verlängert, aber nicht in seiner Wirksamkeit bestärkt. So wurden auf der 2000er-Konferenz zwar 13 Schritte zu einer vollständigen atomaren Abrüstung beschlossen, doch schon die nächste Konferenz 2005 blieb aufgrund der Blockade der USA ergebnislos. Beim Eintritt in die 2020er Jahre war mehr atomare Sprengkraft weltweit verteilt als jemals zuvor.

Ähnlich wie bei den Vereinten Nationen durch den Sicherheitsrat von Anfang an die Übermacht einiger weniger Großmächte fest zementiert wurde, so legte der Atomwaffensperrvertrag ein Ungleichgewicht fest: Die offiziellen Atommächte dürfen ihre Arsenale behalten, während allen anderen Staaten eine atomare Aufrüstung verboten wird. Zugleich ist eine Abrüstung durch die offiziellen Mächte nicht zu erkennen.

Der Vorwurf, die Supermächte würden somit ihre eigenen Machtinteressen durch internationale Organisationen wie die UNO oder die IAEA lediglich bemänteln, ist nicht von der Hand zu weisen. Das gilt umso mehr, als die im Atomwaffensperrvertrag festgelegten Kernwaffenstaaten zugleich die ständigen Mitglieder im UNO-Sicherheitsrat sind, die dort ein Vetorecht haben und völkerrechtliche Versuche, sie zur Abrüstung zu bewegen, blockieren können. Zudem muss man sich fragen, ob die Atommächte, die durch die Bank weg schon Angriffskriege geführt haben, die moralische Berechtigung haben, anderen Staaten Vorschriften über ihre Bewaffnung zu machen.

Letztlich ist der Atomwaffensperrvertrag schlichtweg unwirksam. Weder rüsten die Großmächte ab noch werden andere Staaten davon abgehalten, sich mit Kernwaffen auszurüsten.

Indien und Pakistan haben zwischenzeitlich längst bestätigt, dass sie über Atomwaffen verfügen, von Israel wird es seit langem vermutet. Nordkorea hat bis September 2017 mehrere Atombomben und zuletzt sogar eine Wasserstoffbombe getestet, bevor das Land am 21. April 2018 die Einstellung der Tests verkündete.

Als „Musterbeispiel", wie UNO-Beschlüsse von Staaten unterlaufen werden, gilt Südafrika. Das Land hatte seit 1969 ein Kernwaffenprogramm verfolgt, dieses Anfang der 1990er aber freiwillig beendet. Zwischenzeitlich ist Südafrika dem Atomwaffensperrvertrag beigetreten, besitzt jedoch allem Anschein nach weiterhin die Fähigkeit, nach einem Ausstieg aus dem Vertrag wieder in ein Atomwaffenprogramm einzusteigen.[84]

Seit 2018 steht der Iran im Mittelpunkt der weltweiten Atomdiskussion. Im Mai 2018 erklärte US-Präsident Trump den Ausstieg aus dem bis dahin geltenden Abkommen zur Verhinderung einer iranischen Atombombe und setzte Sanktionen gegen das Land in Kraft. Kurz darauf kündigte der oberste Führer des Landes, Ajatollah Ali Khamenei, an, mit den Vorbereitungen für eine Wiederaufnahme der unbegrenzten Urananreicherung zu beginnen, also die Voraussetzungen für eine militärische Atomnutzung zu schaffen.

Das Anti-Atomabkommen mit dem Iran war 2015 nicht nur von den USA, sondern auch von Großbritannien, Frankreich, Deutschland, China und Russland unterzeichnet worden. Diese Länder wollten auch 2019 daran festhalten. Doch der Druck der US-Regierung auf diese Staaten, die US-Sanktionen mitzutragen, zeigte schon 2018 Wirkung und die europäischen Firmen zogen sich zusehends aus dem Geschäft mit dem Iran zurück. Zu groß war augenscheinlich die Angst, gegen den ausdrücklichen Willen der USA zu handeln.[85] Die Frage nach der Haltung der Vereinten Nationen zu diesem Thema stellte sich erst gar nicht, weil sie unerheblich war.

China schließt atomaren Erstschlag nicht mehr aus

Im Frühherbst 2021 sprach der frühere Botschafter Chinas bei den Vereinten Nationen, Sha Zukang, das beinahe Undenkbare aus: China müsse von seiner „No-first-Use"-Politik bei der Verwendung von Atombomben abkommen. Diese Politik sah bis dahin vor, dass China zwar jederzeit bereit sein müsse, auf einen Angriff von Seiten eines anderen Landes mit Atomkraft zu antworten, aber niemals selbst als erstes einen Atomangriff starten dürfe. China gilt seit 1964 als Atommacht und führte vier Jahre später die „No-first-Use"-Politik ein. Nachdem die USA am 6. und 9. August 1945 die ersten Atombomben der Welt gezielt gegen die Zivilbevölkerung Japans abgeworfen hatten, wollte China einen solchen Schritt, eine dritte Atombombe, 2021 zumindest nicht mehr ausschließen. Die USA haben sich dazu verpflichtet, keine Nuklearwaffen gegen die meisten anderen Länder einzusetzen, jedoch China, Russland und Nordkorea ausdrücklich von dieser Verpflichtung ausgeschlossen.

Dem Paradigmenwechsel Chinas war die Verkündung eines Militärbündnisses der USA mit Australien, AUKUS genannt, vorangegangen, um den australischen Kontinent erstmals mit nukleargetriebenen U-Booten auszurüsten. Das atomare Vorpreschen der USA 2021 war als direkter Ausgleich zur Aufrüstung Chinas im Pazifik zu werten. Hinzu kam 2021 eine weitere Allianz zwischen den USA, Indien, Japan und Australien, Quad genannt, bei der US-Präsident Joe Biden die Führung für sich beanspruchte und die Sicherheitsfragen angesichts der steigenden Gefahr aus China zum Inhalt hatte.[86] Alle diese Entwicklungen führten offensichtlich dazu, dass China seit 2021 einen atomaren Erstschlag nicht mehr ausschließt.

Allerdings liegt China selbst mit den jüngsten atomaren Aufrüstungsprogrammen noch weit hinter den USA und Russland zurück. In das Jahr 2022 ist China mit höchsten 1.000 Atomsprengköpfen gegangen, während die USA und Russland über jeweils rund 4.000 Nuklearsprengköpfe verfügen.[87]

Globale Machtzentren

Vorangetrieben von den USA formierten sich die Großmächte seit 2016 so stark neu wie seit dem Zweiten Weltkrieg nicht mehr. Die Vereinigten Staaten von Amerika stiegen aus dem Multilateralismus aus und erklärten sich mit ihrer „America first"-Strategie erneut zum Herrscher über die Welt. Der Sieg Joe Bidens 2020 brachte die USA zwar in die Internationalen Institutionen zurück – aber mit dem unveränderten Anspruch, die „Nummer 1" auf der Welt zu sein, und zwar weit über das eigene Territorium hinaus. Russland bemühte sich nach dem Zerfall der Sowjetunion wieder zu neuer Stärke zurückzufinden. Vor allem China rückte aus seinem vermeintlichen Schattendasein zusehends ins Rampenlicht. Lange Zeit nur als verlängerte und vor allem billige Werkbank der westlichen Industrienationen sowie als gigantischer Absatzmarkt im Blick, gewann China zunehmend an politischem Gewicht. Dies zeigte sich geradezu symbolisch auf der 75. UNO-Generalversammlung 2020, die wegen der Coronavirus-Pandemie nur online stattfand. Während die USA auf Alleingang setzte, spielte sich China als der Verteidiger des Multilateralismus auf. „Der Stab der Geschichte ist an unsere Generation übergeben worden", sagte Chinas Staatschef Xi Jinping, und es klang so, als ob China diesen Stab übernommen hat.[88]

Dem Erstarken dieser globalen Marktzentren steht in Europa die Desintegration der Europäischen Union gegenüber. Anders ausgedrückt: Die Rolle Europas auf der Weltbühne wird wohl in den 2020ern immer kleiner werden, obgleich auf dem „Alten Kontinent" die Wurzeln der Weltpolitik liegen.

Das Ende des Multilateralismus

Die Grundlagen der heutigen Diplomatie gehen auf den Wiener Kongress im 19. Jahrhundert zurück. Dort wurde auch die formelle, multilaterale Diplomatie begründet. Multilateral (von lat. multus „viel"; latus „Seite") bedeutet „vielseitig". Im Völkerrecht verwendet man den Begriff multilateral, wenn drei oder mehr Staaten – oder auch andere Völkerrechtssubjekte – kooperativ, prinzipiell gleichberechtigt gemeinsam handeln, also beispielsweise diplomatische Beziehungen unterhalten oder Verträge schließen.

Seitdem hatte der Multilateralismus über Jahrzehnte hinweg an Bedeutung gewonnen und die vorher übliche, zumeist rein zwischenstaatliche – bilaterale – Diplomatie in vielen Bereichen abgelöst. Dadurch entstanden auch in kurzer Zeit zahlreiche internationale Organisationen, die Vereinten Nationen zählen sicherlich zu den wichtigsten davon. Ihr Grundgedanke, die Gleichberechtigung aller in der UNO vertretenen Nationen, stand jedoch schon seit Anbeginn an auf tönernen Füßen. Der Sicherheitsrat war zwar ein multilaterales Gremium, aber er hebelte von Anfang an die Gleichberechtigung aller Staaten aus, getrieben vom jahrzehntelang alles überschattenden Ost-West-Konflikt zwischen Kommunismus und westlicher Welt.

Die spätere Erweiterung der UNO durch Entwicklungs- und Schwellenländer brachte neue Konfliktlinien auf, vor allem zwischen armen und reichen Ländern. Seit 2015 brachte das weltweite Wiedererstarken des Nationalismus als eine Gegenbewegung zum Multilateralismus die Vereinten Nationen ins Wanken. Spätestens seit 2016 zeichnete sich der allmähliche Rückgang des Multilateralismus ab, damals angetrieben von der Wahl Donalds Trumps zum US-Präsidenten und dem Erstarken nationaler Kräfte in vielen weiteren Ländern, insbesondere auch in Europa. Es ist wohl blauäugig zu glauben, dass der Multilateralismus mit dem Amtsantritt von US-Präsident Joe Biden Anfang 2021 wieder aufleben wird wie zuvor. Die Coronavirus-Pandemie hat 2020 ganz im Gegenteil das nationale Denken und Handeln beinahe überall auf der Welt noch bestärkt. Selbst innerhalb der Europäischen Union kam es zeitweilig zu Grenzschließungen aus der Erkenntnis heraus, dass die nationale Gesetzgebung und damit auch die Maßnahmen zur Bekämpfung der Pandemie an den eigenen Staatsgrenzen enden.

Was über Jahrzehnte, mit Millionenopfern in beiden Weltkriegen erkauft, zu einem stabilen multilateralen Kooperationssystem entwickelt wurde, drohte nun erneut unter die Räder zu geraten, geopfert den nationalen Allmachtsphantasien neuer „Führer". Wer etwa geglaubt hatte, dass die Globalisierung, der Multilateralismus und die weltweiten Herausforderungen einen neuen Typus von Führern, eine bessere Elite, hervorgebracht hätte, die global und im Sinne aller denken können, sah sich bitter enttäuscht. Das Tagesgeschäft einer so riesigen multilateralen Organisation wie der UNO läuft dennoch reibungslos weiter: Tausende Mitarbeiter eilen zur Arbeit, Studien werden veröffentlicht, Dokumente vervielfältigt, Unter-Unter-Unter-Komitees tagen tage- oder sogar teilweise wochenlang.

Der Appell der 2016 vorgestellten Studie „The Multilateral System and its Future" der Independent Commission on Multilateralism zu einer radikalen Reformforderung an das gesamte UNO-System verhallte nicht ungehört, aber er wurde kaum umgesetzt. Der Report, der zehn klare Prinzipien nannte, um den Multilateralismus wiederzubeleben, sollte eine Grundlage darstellen, um die Vereinten Nationen fit zu machen für die 2020er Jahre. Eine Erkenntnis lautete: Multilateralität kann nicht mit immer mehr Komplexität bewältigt werden. Doch genau dies –

Komplexität – zeichnet die UNO seit jeher aus, und sie nimmt nicht ab, sondern eher zu, wie zu befürchten steht, auch in den 2020er Jahren.[89]

Abkehr der USA von internationalen Organisationen

Die Vereinigten Staaten von Amerika, einst überaus stolze Mitbegründer der UNO – immerhin hielt der damalige US-Präsident Harry S. Truman 1945 sowohl die Eröffnungs- als auch Gründungsrede –, setzten sich im Laufe der Jahre immer mehr von den Vereinten Nationen ab. Man kann das auf ein Vergessen der über 60 Millionen Toten des Zweiten Weltkriegs zurückführen. Man kann es auch dem nicht nur in den USA um sich greifenden nationalstaatlichen Denken seit 2015 und dem Rechtsruck der Welt zuschreiben. Man kann aber auch die unübersehbaren Schwächen der Vereinten Nationen als Grund für die Abkehr der USA von der UNO ins Auge fassen. Ein gutes Beispiel hierfür stellt der Menschenrechtsrat der Vereinten Nationen dar.

Die Regierung von US-Präsident George W. Bush stimmte 2006 – also lange, bevor der Egomane Donald Trump für vier Jahre das Amt übernahm – gegen die Gründung des Menschenrechtsrats. Zu dieser Zeit war John Bolton amerikanischer Botschafter bei den Vereinten Nationen, ein besonders harscher Kritiker der UNO. Später wurde Bolton nationaler Sicherheitsberater von US-Präsident Trump, dem seine „America first"-Strategie ohnehin über jedweden Multilateralismus ging. 2021 warnte Bolton nach dem Abzug der US-Truppen aus Afghanistan davor, dass die Taliban-Terroristen in den Besitz von Atomwaffen gelangen könnten.[90]

Es wäre jedoch wohl zu einfach, die Ablehnung des UNO-Menschenrechtsrats durch die USA einfach dem amerikanischen Nationalismus zuzuschreiben. Tatsächlich weist der 2006 ins Leben gerufene Rat gravierende Strukturschwächen auf. So wählt die UNO-Vollversammlung die 47 Mitglieder des Menschenrechtsrates für jeweils drei Jahre. 2019 gehörten dazu unter anderem Kuba, der Kongo und Venezuela, drei Länder, in denen Menschenrechtsorganisationen immer und immer wieder äußerst schwerwiegende Verstöße gegen die Menschenrechte anprangern. Wenn vorsichtig ausgedrückt, Verdächtige auf der Richterbank sitzen, um Verdächtigungen überall auf der Welt nachzugehen, muss man in der Tat die Sinnhaftigkeit einer solchen Institution ernsthaft in Frage stellen. Immerhin handelt es sich bei den Menschenrechten um eines der Kernthemen der Vereinten Nationen; jede diesbezügliche Schwäche trifft die gesamte Organisation ins Mark.

2017 mahnte die UNO-Botschafterin der USA, Nikki Haley, bei einem Treffen in Genf drei Reformen an. Sie forderte, dass der Rat seinen Fokus auf Israel verringern müsse. Sie wollte auch die nötige Stimmzahl reduzieren, um Mitglieder bei eklatanten Menschenrechtsverstößen auszuschließen. Zudem sollte es weniger Reden und Resolutionen geben.[91] In den ersten beiden Punkten fand sich keine Mehrheit. Immerhin resultierte aus dem letzten Punkt eine Arbeitsaufgabe: Der Menschenrechtsrat befasste sich damit herauszufinden, wie er in Zukunft weniger reden und weniger Papier beschreiben will. Der ins Auge gefasste Bürokratieabbau wird dem Rat, so er denn gelingt, sicherlich guttun. Aber an der fundamentalen Schwäche, dass Staaten, die andauernd schwere Menschenrechtsverletzungen begehen, dem Gremium auch weiterhin angehören, ändert sich damit nichts. Schlimmer noch: Für die Abschaffung dieser geradezu absurden Situation fand sich in der UNO bis 2021 keine Mehrheit – und danach wohl auch nicht.

US-Präsident Joe Biden dürfte der Linie seines Vorvorgängers Barack Obama folgen, unter dem er immerhin von 2009 bis 2014 als Vizepräsident gedient hatte. Obama hatte in seiner letzten Rede vor den Vereinten Nationen im September 2016 die Rolle der USA rhetorisch geschickt wie folgt beschrieben: „Viele Menschen glauben entweder, dass Washington an allen Problemen Schuld ist, oder dass Washington alle Probleme lösen muss."

Die Ambivalenz der USA im Verhältnis zur UNO und anderen internationalen Organisationen hängt zweifelsohne unter anderem damit zusammen, dass die einstmals einzige wahre Supermacht der Welt den anscheinend unaufhaltsamen Aufstieg der Volksrepublik China zur Weltmacht mit größter Sorge sieht und offenbar meint, sich besser in der direkten Konfrontation als in der UNO, in der China mit einem Vetorecht ohnehin alles blockieren kann, wehren zu können. Schon 2018 hatte der deutsche Außenminister eine „Allianz der Multilateralisten" ausgerufen. Im Herbst 2019 war die rund 50 Staaten zählende Runde am Rande der UNO-Generalversammlung in New York erstmals zusammengekommen. Es war der verzweifelte Versuch, durch einen informellen Kreis dem schwindenden Einfluss internationaler Organisation sowie der bröckelnden Geltung weltweiter Regeln etwa im Handelsbereich entgegenzuwirken. Es war zugleich auch ein Eingeständnis, dass multilaterale Institutionen wie etwa die Vereinten Nationen Gefahr laufen, an Bedeutung zu verlieren.

Die neue Weltordnung der Angela Merkel

Bereits auf dem Weltwirtschaftsforum 2019 im schweizerischen Davos plädierte die einstige deutsche Bundeskanzlerin Angela Merkel, die zu dieser Zeit als die „mächtigste Frau der Weltpolitik galt, für eine neue Weltordnung. Ihr damaliger Appell ließ an Deutlichkeit nichts zu wünschen übrig: Die Fragmentierung der Weltordnung lasse sich nur verhindern, wenn Reformen dafür sorgten, dass die Institutionen die aktuellen Kräfteverhältnisse widerspiegelten, nicht mehr nur die des Zweiten Weltkriegs. Viele Institutionen hätten sich als sehr schwerfällig erwiesen.

So sei etwa die 2018 beschlossene Kapitalerhöhung der Weltbank längst überfällig gewesen, weil sich die wirtschaftlichen Gewichte verschoben haben. „Wenn ein bestehendes System viel zu langsam darauf reagiert, ist die Folge natürlich, dass sich andere mit neuen Institutionen bemerkbar machen“, sagte Bundeskanzlerin Angela Merkel in Davos. Sie verwies auf die Asiatische Investitionsbank und andere neue Formate mit China im Zentrum. So etwas verstehe sie als „Warnschuss“.

Die Notwendigkeit einer neuen Ordnung ergebe sich auch aus ganz neuen Herausforderungen. Als Beispiel für eine besondere Herausforderung nannte sie die Digitalisierung, besonders die künstliche Intelligenz und den Umgang mit privaten Daten. Aber auch bei Gentechnik und Bioethik fehlten bisher Antworten. Es gehe darum, eine neue Architektur zu entwickeln, um diesen neuen Entwicklungen gemeinsam begegnen zu können. „Das setzt aber voraus, dass wir die bestehende Ordnung nicht so weit ruinieren, dass kein Mensch mehr an neue Leitplanken glaubt“, sagte Angela Merkel. Es gebe zu einer multilateralen Ordnung keine gute Alternative.[92] Die Bundeskanzlerin sprach bereits 2019 an, was schon zu dieser Zeit längst keine Neuigkeit mehr war, aber sich in der Coronavirus-Pandemie 2020 deutlicher als je zuvor gezeigt hatte: Es gibt seit Jahrzehnten eine Krise des Multilateralismus, und es steht zu befürchten, dass sich diese in den 2020er Jahren fortsetzen wird.

Die neue Seidenstraße

Wohl kein Projekt verdeutlicht den Aufstieg und den Machtanspruch des modernen Chinas so stark wie das Projekt „Die neue Seidenstraße". Das gigantische Jahrhundertprojekt soll über drei Milliarden Menschen umfassen, also weit mehr als die Hälfte der Weltbevölkerung. China plant 900 Milliarden Dollar über die 2020er Jahre hinweg in das Projekt zu investieren. Langfristig wird das Investitionsvolumen auf 5.000 bis 8.000 Milliarden Dollar veranschlagt. Dabei stehen Investitionen in Infrastruktur im Vordergrund, getreu dem alten chinesischen Sprichwort „Wenn Du mit Handel reich werden willst, beginne mit dem Bau einer Straße". Über 100 Länder haben sich dieser Initiative direkt oder indirekt angeschlossen.

Die neue Seidenstraße ist deutlich umfangreicher als die historische. Die Seidenstraße des 19. Jahrhunderts bezeichnete ein altes Netz von Karawanenwegen, dessen Hauptroute den Mittelmeerraum auf dem Landweg über Zentralasien mit Ostasien verband. Die Bezeichnung geht auf den im 19. Jahrhundert lebenden deutschen Geografen Ferdinand von Richthofen zurück, der den Begriff 1877 erstmals verwendete. Die neue Seidenstraße bezieht über Asien und Europa hinaus auch den afrikanischen Kontinent ein.

Wie energisch die Volksrepublik China zumindest die wirtschaftliche Eroberung der Welt in den 2020er Jahren vorantreiben will, lässt sich wohl daran ersehen, mit welcher Chuzpe sie Ende 2020 unter der Bezeichnung „Regional Comprehensive Economic Partnership“ (RCEP) das mit Abstand größte Freihandelsabkommen der Welt vorstellte. Es war ein geopolitisches Großereignis: China und 14 asiatische Staaten unterzeichneten einen Vertrag, der ein Drittel des Welthandels und Volkswirtschaften umfasst, in denen 2,2 Milliarden Menschen leben. Die neu geschaffene Freihandelszone umfasst neben China die Länder Japan, Südkorea, Australien und Neuseeland sowie die zehn ASEAN-Staaten Indonesien, Malaysia, die Philippinen, Singapur, Thailand, Vietnam, Kambodscha, Laos, Myanmar und Brunei.[93]

China bleibt den Idealen von Karl Marx treu

Dabei darf man nicht übersehen, dass sich China keineswegs dem Kapitalismus zuwendet, sondern sich weiterhin den Idealen von Karl Marx verpflichtet fühlt. Der derzeitige Staatskapitalismus wird lediglich als Vorstufe zum Sozialismus verstanden. Bis 2050 will China zur stärksten Wirtschaftsmacht der Welt aufsteigen. Spätestens wenn dieses Ziel erreicht ist, wird sich der globale Wettbewerb der Gesellschaftssysteme stellen: Der westlich-liberale Kapitalismus Europas und Nordamerikas muss sich dann wohl vermutlich auf einen Angriff des marxistisch-sozialistischen Modells gefasst machen. Aus chinesischer Sicht ist der Sozialismus besser geeignet, Wohlstand für den Großteil der Bevölkerung bereitzustellen als der Kapitalismus, der aus dieser Perspektive lediglich einem Bruchteil der Menschen Reichtum beschert. Das Seidenstraßen-Projekt trägt damit sicherlich auch die politische Motivation, dieses Modell sukzessive in ganz Asien, Europa und Afrika zu etablieren. Der zunehmende Keil zwischen Europa und den USA kommt somit der chinesischen Politik sehr entgegen. Der US-Position „America first“ steht das Gegenmodell „China only“ entgegen, während Europa in zunehmender Nationalisierung wohl eher der Kleinstaaterei verfällt. Der 2021 ins Amt gekommene US-Präsident Joe Biden wird diese fundamentalen Entwicklungen schwerlich umkehren können, ja nicht einmal wollen, weil die Verschiebung der globalen Machtverhältnisse jedem amtierenden US-Präsidenten ein Dorn im Auge sein muss.

Die USA wird sich dem Ziel Chinas, die weltweite Innovationsführerschaft zu übernehmen, mit aller Macht entgegenstellen. Damit ist der Konflikt mit Europa vorprogrammiert: China wird künftig noch stärker als bisher versuchen, vor allem know-how- und technologie-starke Unternehmen in Europa zu übernehmen. Tatsächlich ist dieser Prozess längst im Gange. Nachdem US-Präsident Trump China unfaire Handelspraktiken vorgeworfen und das große Defizit im Warenaustausch beider Länder angeprangert hat, beschuldigte China die USA im Gegenzug der „Handels-Tyrannei“. Der deutsche Altbundeskanzler Gerhard Schröder hat längst die Verortung Europas in diesem Konflikt ausgemacht und vorgeschlagen, dass sich Europa keineswegs als Teil eines amerikanischen Handelskonfliktes mit China aufstellen lassen sollte, sondern ganz im Gegenteil die Gelegenheit beim Schopfe ergreifen und sich an die Seite China stellen sollten. „Wir können uns nicht gefallen lassen, dass wir wie ein besetztes Land behandelt werden“, sagte Gerhard Schröder mit Blick auf das Verhalten der USA.[94] Es wäre eine Abkehr von der transatlantischen Freundschaft hin zu einer eurasischen Brücke.

Europa ist allerdings ein Kontinent, der primär auf sich selbst schaut. Die europäische Gesellschaft hat kaum eine Vision für die Zukunft des eigenen Kontinents geschweige denn der Welt. Die europäische Politik folgt weitgehend dieser Fantasielosigkeit der Gesellschaft, die im Grunde nur den heutigen Wohlstand bewahren und ihr bequemes Leben weiterhin führen will. Allerdings beschleicht immer mehr Menschen in Europa die Ahnung, dass diese Bequemlichkeit und diese Visionslosigkeit zum Abstieg Europas führen werden. Die hiesige Politik denkt kaum fünf Jahre voraus, die chinesische Politik denkt und lenkt in Zeiträumen von 50 Jahren und länger.

Bestes Beispiel hierfür stellt die Entwicklung eines euro-asiatischen Eisenbahnnetzes dar, die China vorantreibt. Mit einem Investitionsvolumen von über 130 Milliarden Dollar baut China ein Hochgeschwindigkeits-Eisenbahnnetz zwischen Asien und Europa auf. Ziel ist der Warentransport von China nach Europa innerhalb eines Tages. In den 2020er Jahren will China Millionen von Containern auf diesem Landweg transportieren. Schon seit 2020 bringt die Bahn fahrbereite Autos – also nicht etwa nur Komponenten – aus China nach Europa.

Russland zwischen den Stühlen

Russland hängt zwischen den Stühlen: Europa will Russland letztlich nicht in die eigene Wertegemeinschaft integrieren mit der Begründung, dass Russland diese Werte nicht teilt. Auf der anderen Seite steht Chinas stark wachsender Machtanspruch. In dieser Situation kämpfte Russland unter Wladimir Putin für eine eigenständige Position. Putin hatte sein Amt im Jahr 2000 mit der Agenda eines Wirtschaftsreformers angetreten. Es gehe um „die Prinzipien der Stärkung des Staates und der marktwirtschaftlichen Reformen“. In den zehn Jahren nach Putins Amtsantritt wuchs Russlands Wirtschaftsleistung in absoluten Zahlen von 260 Milliarden Dollar auf 1,9 Billionen Dollar, eine Verachtfachung. Die Arbeitslosigkeit sank auf fünf Prozent, die Einkommen stiegen dreimal schneller als die Produktivität. Mussten im Jahr 1999 noch sechs Prozent der Russen mit weniger als zwei Dollar pro Tag auskommen, so war diese Armut 2013 beinahe vollständig besiegt.[95] Allerdings befindet sich Russland nach mehr als einem Jahrzehnt des Aufstiegs Anfang der 2020er Jahre eher in einer Phase der Stagnation wieder. Seit Putins Rückkehr in den Kreml 2012 ist die wirtschaftliche Entwicklung eher ernüchternd. So wuchs die Wirtschaft in den Jahren vor 2020 gerade einmal zwischen 1,5 und 2 Prozent pro Jahr. Den wirtschaftlichen Herausforderungen zum Trotz gibt sich Russland seit 2020 anscheinend fest entschlossen, seinen wiedererstarkten Anspruch als Supermacht, der unter dem Zusammenbruch des Ostblocks nach dem Kalten Krieg stark gelitten hatte, nicht erneut aufzugeben, sondern vielmehr ganz im Gegenteil, weiter auszubauen.

Gleichzeitig wehren sich die Vereinigten Staaten von Amerika mit aller Macht gegen einen Abstieg der Supermacht. Überdeutlich betonte US-Präsident Donald Trump den Anspruch der USA, die einzige wirkliche Supermacht auf der Erde zu sein, die ihre Interessen überall auf der Welt durchsetzen kann, durch politischen Druck, durch wirtschaftliche Maßnahmen wie Zölle oder Sanktionen und erforderlichenfalls durch militärisches Eingreifen. US-Präsident Joe Biden formuliert diesen Anspruch eleganter, wie schon sein Vorvorgänger Barack Obama, aber die gemäßigte Rhetorik mindert den Anspruch als solches nicht.

Im Zwist zwischen China und den USA steht Deutschland als größtes Land Europas spätestens seit dem Coronavirus-Ausbruch Anfang der 2020er Jahre beinahe äquidistant zu beiden Großmächten. Bei einer Umfrage mitten in der Krise 2020 zeigte sich die deutsche Bevölkerung gespalten in der Frage, ob für Deutschland enge Beziehungen zu den USA oder zu China wichtiger sind. Danach gefragt, nannten 37 Prozent die USA und 36 Prozent China. Weitere 13 Prozent setzten auf beide Länder. Noch ein Jahr zuvor hatte sich jeder zweite Deutsche

(50 Prozent) für ein enges Verhältnis mit den USA ausgesprochen. Nur knapp jeder Vierte (24 Prozent) hatte China den Vorzug gegeben.[96] Mehr als 75 Jahre nach dem Ende des Zweiten Weltkrieges kann man angesichts dieser Entwicklung wohl von einer Neuordnung im geopolitischen Machtgefüge in den 2020er Jahren sprechen.

US-Soldaten erwarten baldigen Krieg

Der Cyberterrorismus sowie Russland und China stellen nach Ansicht der US-Soldaten die größten Bedrohungen dar, hat eine Umfrage der Military Times schon im Oktober 2018 zutage gefördert. Demnach erwartete beinahe die Hälfte der US-Streitkräfte, dass ihr Land schon bald in einen neuen großen Krieg hineingezogen wird. Die Soldaten schätzten die Weltlage als derart instabil ein, dass es zu einem Krieg mit Russland oder mit China in den 2020er Jahren kommen könnte. Im Jahr zuvor hatte dieser Anteil gerade einmal bei 5 Prozent gelegen. Seit 2018 spitzte sich die internationale Lage in den Augen des US-Militärs also zu. Die Pandemie 2020/21/22 hat den Konflikt zwischen China und den USA weiter verschärft.

Dabei gingen die US-Streitkräfte offenbar von einem „regulären Krieg" aus, also Staat gegen Staat, mit China und Russland als primären Feindbildern. So sahen 71 Prozent der Befragten Russland als Bedrohung der nationalen Sicherheit für die USA ab 2019 an, das waren 18 Prozentpunkte mehr als im Vorjahr, und 69 Prozent China, 24 Punkte mehr als im Jahr zuvor.

Dies stand indes im klaren Gegensatz zu den Erfahrungen und Erwartungen der vorherigen Jahre, die vor allem durch asymmetrische Kriege und Kriege gegen „Schurkenstaaten" wie etwa Nordkorea oder Iran geprägt waren. Nordkorea und Iran sahen in der Befragung übrigens 46 bzw. 40 Prozent der US-Soldaten in den 2020ern als Bedrohung an. Noch 2017 stand Nordkorea an erster Stelle mit 72 Prozent.

Die erhöhte Kriegsgefahr resultierte wohl unmittelbar aus der Kriegsrhetorik von US-Präsident Donald Trump in seiner Amtszeit 2016 bis 2020. Er hatte nicht nur unüberhörbar Nordkorea mit einem Atomkrieg gedroht, sondern in Syrien direkt angegriffen und damit einen militärischen Konflikt mit Russland riskiert. Für den Fall, dass in der syrischen Provinz Idlib Giftgas zum Einsatz kommt, drohten die USA gemeinsam mit Frankreich und Großbritannien mit einer Offensive. Die drei UNO-Vetomächte seien „entschlossen zu handeln, sollte das Assad-Regime erneut Chemiewaffen einsetzen" wie beim Giftgasangriff auf Ghuta bei Damaskus am 21. August 2013.[97] Mexiko warnte den damaligen US-Präsident vor dem Einsatz des Militärs und ließ Truppen an die mexikanische Grenze verlegen, sollte das Land die Einwanderung in die USA nicht stoppen.

Noch bedrohlicher als konventionelle Kriege schätzten die Soldaten mit 89 Prozent die Gefahr durch Cyberterrorismus ein. Allerdings sahen sie die USA schlecht gewappnet gegen Angriffe über das Internet. Lediglich 13 Prozent der Soldaten standen hinter den staatlichen Abwehrmaßnahmen, ein Drittel lehnte die Bemühungen zur Bekämpfung des Cyberterrorismus schlichtweg ab.[98]

USA fallen militärisch zurück

Im November 2018 wurde der Bericht einer überparteilichen Kommission für den US-Kongress bekannt, der unter den US-Politikern für Entsetzen sorgte. Im Kern kam das Papier zu der

Einsicht, dass die Vereinigten Staaten von Amerika auf dem Weg sind, ihren militärischen Vorsprung gegenüber anderen Großmächten einzubüßen. Es sei nicht gewährleistet, dass die USA einen Krieg gegen China oder Russland auf jeden Fall gewinnen würden. Sowohl China als auch Russland rüsten nach Erkenntnissen des Berichts weiterhin massiv auf; schlimmer noch: Die Rüstungsmaßnahmen beider Länder richteten sich augenscheinlich unmittelbar gegen die USA.

Kathleen H. Hicks, eine frühere Pentagon-Beraterin unter der Obama-Regierung und Mitglied der Kommission, warnte unverhohlen vor dem selbstzufriedenen Gefühl, dass „die USA alles, was sie wollten, in aller Welt erreichen könnten, auch militärisch“. In der Tat ist dies der Anspruch der USA nicht erst seit der Amtszeit von Donald Trump im Oval Office. Hierfür gaben die USA im Jahr des Berichts, 2018, beachtliche 716 Milliarden Dollar aus, viermal mehr als China und zehnmal mehr als Russland.[99]

Das Wettrüsten ist also schon lange im vollen Gang – und es wird sich wohl weiter beschleunigen unter US-Präsident Joe Biden. Eigentlich wollte bereits US-Präsident Trump die Verteidigungsausgaben massiv kürzen, um von den Einsparungen die 2016 der Wählerschaft versprochenen Steuersenkungen zu finanzieren. Den Ausgleich wollte er den anderen NATO-Mitgliedsstaaten aufbürden, deren deutliche Zurückhaltung bei der Finanzierung des gemeinsamen Militärbündnisses den USA schon seit US-Präsident Barack Obama ein Dorn im Auge war.

Hypothetischer Angriff auf Europa

Für einen hypothetischen Angriff auf ein europäisches Land setzen Militärstrategen auf eine Kombination aus Präzisionsraketen, Cyberangriffen und sozialen Medien. Ziel wäre es, schlichtweg den Alltag der Bevölkerung durcheinander zu bringen. Wenn die Versorgung mit Strom, Wasser, Internet und Lebensmitteln unterbrochen wird, würde jedes europäische Land als besiegt gelten, ohne dass nur ein einziger Soldat einmarschieren müsste. Würden über die sozialen Medien Angst und Panik geschürt, gilt die Kapitulation binnen zwei Wochen als sicher.[100] Die Pandemie 2020 hat in der Tat bewiesen, dass schon vergleichsweise einfache Einschränkungen im Alltag die Bevölkerung gegen die eigene Regierung aufbringen. Hoffentlich wird es nie zu einem solchen Angriff kommen, wobei schon die Drohung damit reichen würde, die berechenbare Welt des Westens an den Abgrund zu treiben.

Der Wirtschaftskrieg ist längst in vollem Gang

Auch auf dem wirtschaftlichen Sektor verdeutlicht sich die Abkehr vom Multilateralismus und das Wiedererstarken des Bilateralismus. Ein typisches Beispiel hierfür stellt der tobende Handelskrieg zwischen China und den USA dar. Der Warenaustausch zwischen den Vereinigten Staaten und China betrug 2017 rund 635 Milliarden US-Dollar, wobei die Volksrepublik einen Handelsbilanzüberschuss von knapp 376 Milliarden US-Dollar verbuchen konnte. Angesichts dieser Zahlen lässt sich die Einseitigkeit der Handelsbeziehungen tatsächlich nicht bestreiten, die die US-Regierung 2018 zu einem Handelskrieg ermunterten. So legte die US-Regierung im Sommer 2018 eine lange Liste mit Zöllen vor allem auf Nahrungsmittel und Konsumgüter aus China vor. Insgesamt hätten die jährlichen Einfuhren dieser Waren zuletzt einen Wert von 200 Milliarden US-Dollar gehabt.[101]

Im Vorfeld des Jahrestreffens der G20-Staaten Ende November 2018 wurde öffentlich, dass US-Präsident Donald Trump ein bilaterales Handelsabkommen mit dem Präsidenten der weltweit zweitgrößten Volkswirtschaft, Xi Jinping, abschließen wollte. Der Auslöser dafür war – wie im damaligen Trumpschen Regierungsstil nicht unüblich – ein ausführliches Telefonat der beiden Regierungschefs am 1. November 2018, das Trump als „lang und sehr gut" bezeichnete: „Wir haben über viele Themen gesprochen, wobei der Schwerpunkt klar auf Handel lag." Wer glaubte, dass der Handelskrieg zwischen China und den USA damit beendet war, hat allerdings sowohl die Wankelmütigkeit des damaligen US-Präsidenten als auch den fundamentalen Konflikt zwischen beiden Nationen unterschätzt.

Seit der Pandemie 2020/21/22 ist offensichtlich geworden, dass zwischen China und den USA ein „Neuer Kalter Krieg" im Gange ist, der mutmaßlich über die 2020er Jahre anhalten und sich über diese Dekade hinaus anheizen wird.[102] Wie beim ersten Kalten Krieg stehen die USA auf der einen Seite, nur auf der anderen Seite hat sich der Gegner geändert: beim ersten Mal die Sowjetunion, beim zweiten Mal China. Es ist sicherlich kein Zufall, dass es sich in beiden Fällen um ein kommunistisches Regime handelt. Die beiden grundsätzlichen Gegenentwürfe eines Staatsgebildes – Demokratie und Kommunismus – stehen sich in der Welt und damit auch in der UNO gegenüber, das gilt auch unter US-Präsident Joe Biden.

UNO-Generalsekretär António Guterres warnte indes auf der 75. Generalversammlung der Vereinten Nationen 2020: „Wir bewegen uns in eine sehr gefährliche Richtung. Unsere Welt kann sich keine Zukunft leisten, in der die beiden größten Volkswirtschaften die Erde spalten." Dies würde eine technologische und wirtschaftliche Kluft entstehen lassen, die sich zu einer militärischen Kluft ausweiten könnte. Es müsse alles getan werden, um eine weitere Eskalation zu vermeiden.[103] Es steht zu befürchten, dass diese Warnung in den 2020er Jahren wenig Beachtung finden wird.

Vielmehr sind längst neue Kriegsschauplätze hinzugekommen, von der unübersehbaren Aufrüstung im Weltraum bis hin zum Krieg der Hacker, dem Cyber War. So erklärte US-Präsident Joe Biden 2021 ernsthaft: „Ich denke, dass wenn wir in einem Krieg enden werden – einem echten Krieg mit einer Großmacht – dass es wahrscheinlich als Folge eines Cyberangriffs von großer Tragweite sein wird, und die Wahrscheinlichkeit nimmt exponentiell zu.“[104] Deutlicher kann man die Gefahr eines Cyber War wohl nicht heraufbeschwören.

Cyber War – der Krieg im Internet

Studien gehen davon aus, dass die Welt mit rund 75 Milliarden mit dem Internet verbundenen Geräten in die 2020er Jahre eingetreten ist. Etwa 90 Prozent der Weltbevölkerung über sechs Jahre besaß 2020 ein mobiles Endgerät. Das weltweite Datenvolumen betrug den Schätzungen zufolge 2020 etwa 50 Billionen Gigabytes. Smart Factories, Smart Homes, selbstfahrende Autos – die digitale Revolution ist in vollem Gang und eröffnet leider auch den Verbrechern vielfältige neue Möglichkeiten. Das gilt für kriminelle Banden, aber natürlich auch für Staatsverbrecher, also beispielsweise Computerhacker, die im staatlichen Auftrag im Internet unterwegs sind.

Tatsächlich dürften die Informationssysteme und die von ihnen abhängigen Infrastrukturen die anfälligsten Angriffsflächen praktisch aller Staaten sein. Allein die Tatsache, dass sich die, wie man annehmen sollte, sicherste Behörde der Welt, die National Security Agency der USA, vom Mitarbeiter einer externen Beratungsfirma – Booz Allen Hamilton – Millionen von geheimen Dokumenten hat stehlen lassen (Stichwort: Snowden-Affäre), sagt im Grunde alles aus über den Schutz der staatlichen Computeranlagen. Booz Allen Hamilton ist keine Hackergruppe, sondern zählt mit mehr als 24.000 Mitarbeitern zu den führenden Technologieberatungen der US-Regierung. Wer solche Freunde hat, braucht wahrlich keine Feinde mehr.[105]

Kommen die Feinde dennoch ins Spiel, wird es noch viel dramatischer. Anfang 2018 gelang es chinesischen Hackern, 614 Gigabyte an streng geheimen Informationen über das

Rüstungsprojekt „Sea Dragon" der US-Navy zu erbeuten. Die Angreifer drangen in das kaum gesicherte Netzwerk einer Firma ein, die für das Naval Undersea Warfare Center (NUWC) arbeitete. Dabei handelt es sich um eine militärische Organisation, die Forschung und Entwicklung für U-Boote und Unterwasserwaffen betreibt. Dem Vernehmen nach konnten die Hacker die streng geheimen Pläne der neuen Überschall-Antischiffsrakete „Sea Dragon" erbeuten, die in den 2020ern für maritime Sicherheit sorgen soll. Die Marine bescheinigt dem „Seedrachen" eine „durchschlagende Offensivfähigkeit". Militärexperten stufen sie als Vorreiter einer neuen Generation hochvernetzter „intelligenter" Waffensysteme ein, die von einem „dummen Träger" wie etwa einem Containerschiff aus gestartet werden könnten.

Dies ist möglich, weil die neue Rakete nicht vom startenden Schiff aus befehligt wird, sondern in ein komplexes Leitsystem integriert ist. Weiterhin gelangten „Signale und Sensordaten, U-Boot-Informationen zu Verschlüsselungssystemen und zur elektronischen Kriegsführung" in die Hände der Cyberkriminellen. Wenn die US-Militärs ihre eigenen Projekte derart „gut" schützen können, wie sehr liegt ihnen dann wohl der Schutz der personenbezogenen Daten ihrer Bevölkerung am Herzen?

Cyberangriffe, die bekannt werden, sind lediglich die Spitze eines Eisbergs: die meisten Attacken inklusive Datenklau werden von den Unternehmen gar nicht gemeldet, erst recht nicht von staatlichen Einrichtungen oder gar dem Militär. Dementsprechend hoch ist auch die Dunkelziffer. Im Jahr 2015, also schon vor einiger Zeit, wurden ca. 59 Millionen (!) Cyberattacken weltweit aufgedeckt. Im Jahr 2009 waren es noch lediglich 3,4 Millionen Angriffe gewesen. 2020 waren erstmals mehr als eine Milliarde Cyberangriffe zu verzeichnen gewesen;

der wirtschaftliche Schaden überstieg zum ersten Mal weltweit die Marke von 1 Billion Dollar.[106]

Wie tief die Unsicherheit sitzt, zeigen die als „Spectre", „Meltdown" und „Foreshadow" bekannt gewordenen Sicherheitsprobleme. In allen drei Fällen handelt es sich um gravierende Sicherheitslücken in den Mikroprozessoren (CPU) aller gängigen Chiphersteller wie Intel, AMD, ARM, Apple, IBM und Motorola, über die die Angreifer die Kontrolle über die zentralen Chips eines Computers übernehmen können. Man kann getrost vom GAU, also dem „größten anzunehmenden Unfall" sprechen, denn es handelte sich um grundlegende Fehler bei der Chipentwicklung, die mindestens bis in das Jahr 1991 zurückreichten und mit jeder neuen Prozessorgeneration einfach übernommen wurden. Erst 2019 wurden sichere Prozessoren verfügbar; erst Computer, Tablets und Smartphones, die nach 2019 gebaut wurden, können als sicher gelten – zumindest solange, bis sich ein neuer grundlegender Fehler in den Prozessorgenerationen der 2020er Jahre findet.

Warnung an die digitale Gesellschaft

Am 12. Mai 2017 nahm die bislang größte Warnung an die digitale Gesellschaft ihren Lauf. An diesem schwarzen Freitag der Digitalwelt startete unter dem Namen WannaCry ein globaler Cyberangriff, bei dem über 230.000 Computer in 150 Ländern infiziert wurden. In allen Fällen verlangten die Angreifer Lösegeld. Das Schadprogramm verschlüsselte etwa 1.000 ausgewählte Dateien auf dem Rechner und verlangte dann vom Benutzer, binnen einer genau festgelegten Frist einen bestimmten Betrag in der Kryptowährung Bitcoin zu zahlen; andernfalls drohte Datenverlust. Darüber hinaus versuchte WannaCry sofort, nachdem es sich selbst installiert hatte, so viele weitere

Rechner wie möglich zu infizieren. Der Angriff wurde von der europäischen Strafverfolgungsbehörde Europol in Bezug auf sein Ausmaß als ein zuvor noch nie da gewesenes Ereignis beschrieben. Es waren Ziele in mindestens 99 Ländern betroffen.

Geheimdienste machen die Cyberwelt unsicher

In vielen Fällen stecken staatliche Geheimdienste hinter den Attacken oder – wenn sie schon nicht angreifen – nutzen sie aufgedeckte Sicherheitslücken schamlos aus, um ihre Spionagesoftware in Unternehmen und Behörden anderer Länder einzuschleusen. So auch bei WannaCry. Es war eine im Grunde kleine Sicherheitslücke im Umfeld des Windows-Computersystem von Microsoft, das die US-amerikanische National Security Agency NSA entdeckte und über mehr als fünf Jahre hinweg für ein eigenes Spionageprogramm nutzte, bevor ihr genau dieses Programm von fremden Hackern vermutlich aus Nordkorea gestohlen wurde. Hätte die NSA den Hersteller Microsoft von Anfang an über die Lücke informiert, wäre sie schnell zu schließen gewesen und die bis dato weltweit größte Cyberattacke hätte niemals stattfinden können.

Es ist kein Einzelfall, dass die Geheimdienste ihnen bekannt werdende Sicherheitslücken für sich behalten und ausnutzen, anstatt den Hersteller zu benachrichtigen, damit dieser für Abhilfe sorgen kann. Microsofts Präsident und Rechtsvorstand Brad Smith verwies bereits im Jahr 2018 auf wiederholtes Bekanntwerden von derartigen Angriffsprogrammen aus den Beständen der CIA und der NSA. Er verglich dies mit dem Abhandenkommen von Marschflugkörpern aus militärischen Einrichtungen und warf „den Regierungen der Welt“ vor, nicht ausreichend vor Software-Schwachstellen zu warnen, welche ihre

Geheimdienste entdecken. Der Microsoft-Präsident forderte: „Wir brauchen Regierungen, die sich des Schadens für Zivilpersonen bewusst sind, der aus dem Anhäufen und Ausnutzen solcher Software-Sicherheitsprobleme entsteht“.[107]

Angriff auf die Impfstoffe

Als ob es noch einer Bestätigung bedurft hätte über das Gefahrenpotential des Cyber War musste die Europäische Arzneimittelbehörde EMA kurz vor Weihnachten 2020 einen „unrechtmäßigen Zugriff“ vermelden.[108] Die Hacker hatten Zugang zu den Impfstoffdokumenten der deutschen Firma Biontech erhalten, einem der Impfstoffe, die die Welt gegen das Coronavirus immun machen sollten. Zur Klarstellung: Die Hacker sind nicht bei Biontech selbst zu den Informationen gekommen, sondern bei der zuständigen staatlichen Zulassungsbehörde. Immerhin: Die Behörde leitete „umgehend“ eine Untersuchung ein. Man muss sich die damalige Situation vergegenwärtigen: Praktisch die ganze Welt suchte händeringend nach Impfstoffen gegen das Coronavirus, die Firma Biontech hatte endlich einen wirksamen Impfstoff gefunden und die für die Zulassung dieses Impfstoffs zuständige europäische Behörde war nicht in der Lage, die von dem Pharmahersteller eingereichten Dokumente ausreichend zu schützen. Wer hinter dem Hackerangriff steckte, wurde nicht bekannt, aber die Vermutung, dass es ein Staat war, liegt sehr nahe, beispielsweise China, Russland oder die USA.

Der deutsche Bundesnachrichtendienst schrieb schon 2015 in einem als geheime Verschlusssache klassifiziertes Planungsdokument, das nur durch die Snowden-Enthüllungen bekannt wurde. *Cyber-Angriffe stellen durch mögliche Informationsabflüsse aus Staat und Wirtschaft, Beeinflussung, Störung oder*

Schädigung von Informations-, Kommunikations- oder Steuerungssystemen im öffentlichen wie im privaten Bereich hohes Bedrohungspotenzial dar und gefährden Deutschland als führendes Hochtechnologieland und wichtigen Wirtschaftsstandort. Mit den Cyber-Aufrüstungen zahlreicher Länder, darunter China und Russland, sowie krimineller und terroristischer Akteure haben die Bedrohungen deutlich an Professionalität und Quantität zugenommen. Das unaufhaltsam wachsende „Internet der Dinge" wirkt verstärkend. Unscheinbare Dinge des täglichen Gebrauchs, wie zum Beispiel fernsteuerbare Glühlampen oder Internet-Fernseher, können plötzlich von einem Cyber-Angreifer „übernommen" und zu digitalen Waffen umfunktioniert werden, und dies von jedem beliebigen Winkel des Erdballs aus.

Weitsichtiger könnte man die Gefahren einer künftigen digitalen Pandemie auch heute kaum beschreiben. Das World Economic Forum hat in seinem „Global Risk Report 2020" Cybercrime als das zweitgrößte Sicherheitsrisiko für die Weltwirtschaft bis zum Jahr 2030 bezeichnet. Das gilt indes nicht nur für die Wirtschaft, sondern für die Welt, und auch nicht nur für Angriffe über das Internet, sondern ebenso für Angriffe mit Biowaffen.

Biologische Waffen

Spätestens seit im Jahr 2020 die Coronavirus-Pandemie einsetzte, ist klar: Neben dem Angriff auf die IT-Infrastrukturen ist die Gefahr von Bioterrorismus mindestens ebenso groß. Ein kleines Virus kann die ganze Welt das Fürchten lehren. „Die Schwächen und die mangelhafte Vorbereitung, die durch diese Pandemie offengelegt wurden, geben Einblicke darin, wie ein bioterroristischer Angriff aussehen könnte – und erhöhen möglicherweise das Risiko dafür", skizzierte der Generalsekretär der Vereinten Nationen António Guterres mitten in der Krise 2020 das weltweite Bedrohungspotential. Konkret führte er aus: „Nichtstaatliche Gruppen könnten Zugang zu virulenten Stämmen erhalten, die für Gesellschaften auf der ganzen Welt eine ähnliche Verwüstung bedeuten könnten."[109]

Tatsächlich kam praktisch gleichzeitig mit dem Erreger im Jahr 2020 die Hypothese auf, das neuartige Coronavirus sei menschengemacht, also eine Art Biowaffe. Je nach Quelle des Gerüchts waren es wahlweise die Amerikaner oder auch die Chinesen, die das Virus im Labor gezüchtet und dann bewusst oder aus Versehen auf die Menschheit losgelassen haben. Doch die Analysen der Wissenschaftler sprachen dagegen: Wäre das Virus als Biowaffe vorgesehen gewesen, hätten es seine Konstrukteure leicht viel tödlicher machen können, lautete die Gegenargumentation.[110] Beruhigend ist diese Aussicht, dass man ganz leicht ein deutlich gefährlicheres Virus hätte herstellen können, allerdings nicht.

WHO-Experten in China

Neben der Frage nach der besten Lösung zur Bekämpfung des Virus eskalierte 2020/21 der Konflikt zwischen den USA und China um die Frage, wer die Schuld am Ausbruch der Pandemie trägt. Die USA und bald auch weitere Länder deuteten mit dem Finger auf China, weil sich im ersten Epizentrum der Pandemie, in der chinesischen Stadt Wuhan, ein Institut für Virologie befindet. Das Institut und die chinesische Regierung widersprachen erwartungsgemäß.[111]

Anfang 2021 entsandte die Weltgesundheitsorganisation ein Expertenteam nach China, um den Ursprung des Virus‘ auszumachen. Etliche diplomatische Verhandlungen gingen voraus, damit China die Fachleute für vier Wochen ins Land ließ, um dem Coronavirus auf die Spur zu kommen. Das Ergebnis ließ sich mit den Worten „genaues weiß man nicht" zusammenfassen.[112] Oder wie es der dänische Leiter des internationalen WHO-Forscherteams, Peter Ben Embarek ausdrückte: „Wir haben keine dramatischen neuen Erkenntnisse gewonnen". Aber man habe bestehendes Wissen vertiefen können.[113]

Das Coronavirus war Ende 2019 erstmals in Wuhan von einem Tiermarkt – genau wie schon 2002 das Sars-Virus – ausgegangen. Die Frage ist, ob das Virus aus dem Labor auf den Markt gekommen ist. Das Wuhan Institut für Virologie beheimatet in seinem „Bio Lab 4" die größte Virusbank Asiens: das chinesische Zentrum für die Sammlung von Viruskulturen. Mehr als 1.500 verschiedene Erregerstämme sind laut der Website des Instituts dort vorhanden. Das Zentrum ist das erste Bioforschungslabor der höchsten Sicherheitsstufe in ganz Asien. In solchen Laboren dürfen hochansteckende Krankheitserreger der Klasse vier – etwa Ebola-Viren – aufbewahrt werden. Das Institut erhielt eigenen Angaben zufolge am 30. Dezember 2019 erstmals Proben des damals noch unbekannten Virus und entschlüsselte sein Genom am 2. Januar 2020. Die Informationen über den Krankheitserreger wurden am 11. Januar 2020 der Weltgesundheitsorganisation WHO übergeben.[114]

Das Anfang 2021 entsandte WHO-Team kam zu dem Schluss, dass durchaus sehr wahrscheinlich ist, dass das Coronavirus in Fledermäusen entstanden ist – übrigens genau wie das Ebolavirus. Weil es aber in Wuhan keine große Fledermauspopulationen gibt, war nicht anzunehmen, dass das Sars-CoV-2 genannte Coronavirus direkt von den Fledermäusen auf den Menschen übergesprungen ist, stellte die WHO fest. Welcher Virus-Zwischenwirt, also welches Tier, erstmals den Menschen mit dem Coronavirus angesteckt hat, konnte das WHO-Team bei seiner Untersuchungstour nach Wuhan Anfang 2021 allerdings nicht herausfinden.[115]

Es war nicht die WHO, sondern der renommierte Wissenschaftler Roland Wiesendanger, der in einer an der Universität Hamburg durchgeführten Studie 2021 zu dem Schluss gelangte, dass Corona auf einen Laborunfall in Wuhan zurückzuführen ist. Die Tatsache, dass die WHO-Experten kein Zwischenwirtstier gefunden haben, wertete er als klares Indiz für den Laborunfall. Gegen die Theorie, dass das Virus über Fledermäuse auf dem Fischmarkt von Wuhan stammte, sprach auch, dass dort keine Fledermäuse angeboten wurden. Außerdem könnten die Sars-CoV-2-Viren „erstaunlich gut“ an menschliche Zellrezeptoren ankoppeln und in menschliche Zellen eindringen – laut Wiesendanger ein Hinweis darauf, dass der Virusursprung nicht natürlich ist. Gleichzeitig gab es aber im virologischen Institut der Stadt eine der weltweit größten Sammlungen von Fledermauserregern. Außerdem gab es dokumentierte Sicherheitsmängel in dem Labor. Als ein weiteres Indiz für einen Laborunfall wertete die Hamburger Studie, dass sich eine junge

Wissenschaftlerin des virologischen Instituts in Wuhan als erste infiziert habe und zwar bereits im Oktober 2019. Das alles waren keine Beweise, aber doch starke Indizien.[116] Es stellt sich die Frage, ob die WHO aus politischer Rücksichtnahme gegenüber China einer derartig auf offensichtlichen Indizien begründeten Schlussfolgerung überhaupt hätte folgen können.

China ist verantwortlich

Doch unabhängig davon, ob das Virus aus dem Labor entwichen war oder von Tieren abstammte, stellte sich die Frage nach der Verantwortung Chinas für die Ausbreitung. Tatsächlich hatten die chinesischen Behörden wochenlang probiert, die Ausbreitung des Virus zu vertuschen. Bei frühzeitigem Eingreifen wäre die globale Pandemie vermutlich vermeidbar gewesen. Doch China wies nicht nur die Laborvariante und die Vertuschung von sich, sondern drehte den Spieß um und beschuldigte das US-Militär, das Virus nach Wuhan eingeschleppt zu haben. Und diese Story, verbreitet von Zhao Lijian, dem Sprecher des chinesischen Außenministeriums, ging so:

Das US-Militär ist verantwortlich

Der Ausbruch des Coronavirus steht mit der Teilnahme der US-Armee an den 7. Militärweltspielen (Military World Games) des Internationalen Weltsport-Verbands International Military Sports Council (CISM), die im Oktober 2019 in Wuhan stattfanden, im Zusammenhang. Zu der Veranstaltung kamen fast 10.000 Militärangehörige aus über 100 Ländern, darunter die USA, Russland und übrigens auch Deutschland, in Wuhan zusammen, um – wie der Veranstalter formulierte – „die Ehre des Militärs hochzuhalten und für den Weltfrieden einzustehen.“[117] Demnach trafen rund 300 US-Militärs am 19. Oktober 2019 in

Wuhan zu den militärischen Weltspielen ein. Der erste Coronavirus-Fall erschien zwei Wochen später, am 2. November. Die Inkubationszeit des Coronavirus beträgt 14 Tage.

Und weiter: Im August 2019 hat die US-Behörde CDC (Centers of Disease Control and Prevention) das Biowaffenlabor auf dem US-Militärstützpunkt in Fort Detrick aufgrund von Mängeln geschlossen. Damit wollte die CDC verhindern, dass aus dem Labor experimentelle Krankheitserreger entweichen. Nach chinesischer Lesart stammte das Coronavirus aus eben diesem US-Labor. Kurz nach der Schließung hat demnach ein taiwanesischer Arzt bemerkt, dass die USA im August 2019 eine Häufung von Lungenpneumonien und ähnlichen Krankheiten hatten. Das führten die Amerikaner auf das „Vaping" von E-Zigaretten zurück, deren Symptome aber nach Ansicht chinesischer Wissenschaftler nicht durch E-Zigaretten erklärt werden konnten.

Laut einem ominösen Artikel, der in den chinesischen Sozialen Netzwerken während der Militärübungen 2019 kursierte, sollen fünf ausländische Athleten wegen einer unbestimmten Infektion ins Krankenhaus eingeliefert worden sein. Der Artikel erklärt zudem, dass die Wuhan-Version des Virus nur aus den USA stammen konnte, weil es sich um einen „Strang" handele, der bis dato nur in den USA existierte. Soll heißen: Es könnte sein, dass sich einige Mitglieder des US-Teams durch einen Ausbruch in Fort Detrick mit dem Virus infiziert haben, aber ihre Symptome bei einer langen anfänglichen Inkubationszeit unmerklich waren und diese Personen während ihres Aufenthalts bei den Militärübungen in Wuhan möglicherweise Tausende von Anwohnern an verschiedenen Orten infiziert haben, von denen viele später auf den Seafood-Markt gingen, von wo aus sich das Virus wie ein Lauffeuer verbreitet hat.[118]

In einem Ende Januar 2020 in der renommierten Zeitschrift *Science* veröffentlichten Artikel hieß es dazu: „Mehrere Forschungsgruppen haben berechnet, dass sich das Virus etwa Mitte November 2019 auszubreiten begann“ – was die These unterstützt, dass die Ausbreitung vor den mit dem Markt verbundenen Fällen stattgefunden haben könnte. Eine Gruppe gab den Ursprung des Ausbruchs mit 18. September 2019 an. Das Krankenhaus in Wuhan, in das während der Militärspiele im Oktober 2019 fünf Teilnehmer eingeliefert worden waren, stellte allerdings klar, dass diese an Malaria, nicht Covid19, erkrankt seien.[119] In dem *Science*-Artikel wird indes ein Arzt namens Bin Cao mit den Worten zitiert: „Es scheint klar, dass der Seafood-Markt nicht der einzige Ursprung des Virus ist, aber um ehrlich zu sein, wissen wir immer noch nicht, woher das Virus kam.“[120]

Genetisch manipuliertes Virus

Ganz anders sah das der Medizinnobelpreisträger Prof. Dr. Luc Montagnier. Er kam 2020 zu der Überzeugung, dass Sars-CoV-2, also das Coronavirus, ein genetisch manipuliertes Virus ist, also nicht natürlichen Ursprungs. Montagnier, der als Entdecker des HIV-Virus 1983 gilt, entdeckte nämlich im neuen Coronavirus HIV-artige Einschlüsse in der Genomstruktur. Diese HIV-ähnlichen Mutationen deuten auf Verbindungen zum Wuhan Institute of Virology hin, weil die dortigen Forscher schon länger damit befasst waren, einen Impfstoff gegen Aids zu entwickeln, das bekanntlich durch das HIV-Virus verursacht wird. Wörtlich führte Prof. Dr. Montagnier 2020 aus: „Um eine HIV-Sequenz in dieses (Coronavirus-)Genom zu injizieren, werden molekulare Instrumente benötigt, was sich einzig und allein in einem Labor durchführen lässt.“ Dieser Erklärung folgend ist im Rahmen der Bemühungen der chinesischen Virologen in Wuhan, einen Impfstoff gegen HIV/Aids zu entwickeln, das todbringende Coronavirus im vierten Quartal 2019 versehentlich aus dem Labor entwichen. In dieses Narrativ reiht sich ein, dass ausländischen Experten Anfang 2020 über lange Zeit hinweg eine Inspektion der Provinz Hubei, in der die Stadt Wuhan liegt, verwehrt wurde.[121] Als eine Delegation der Weltgesundheitsorganisation Anfang 2021 nach China reisen wollte, um dort nach dem Ursprung zu suchen, verweigerte die chinesische Regierung zunächst die nötigen Visa erneut.[122] Die später im Jahr 2021 nach China entsandten WHO-Experten stellten fest, das Virus komme möglicherweise vom Markt in Wuhan, sei möglicherweise von Fledermäusen übertragen worden oder könnte eventuell auch aus einem Labor stammen.[123] Mit anderen Worten: genaues weiß man nicht, alles ist möglich, nichts ist bewiesen.

Perfekte Waffe für gewaltbereite Gruppen

In Deutschland warnte das Robert Koch-Institut schon 2019 vor den Gefahren von Bioterrorismus[124] Bereits 1998 schätzte der US-Friedensforscher Richard Betts in der renommierten sicherheitspolitischen Fachzeitschrift *Foreign Affairs*, dass Nuklearwaffen eine stark zerstörerische Wirkung haben, aber schwierig zu beschaffen seien, chemische Waffen zwar recht leicht zu beschaffen, aber weniger destruktiv als Atombomben seien, biologische Waffen hingegen beide „Qualitäten" besäßen. Sie seien die nahezu perfekte Waffe für kleine, gewaltbereite Gruppen, die es darauf anlegten, mit ihren Anschlägen möglichst viel Angst und Schrecken zu verbreiten.[125] Als die gefährlichsten B-Waffen gelten die Bakterien Milzbrand, Pest, Tularämie, Brucellose, Q-Fieber und Rotz/Melioidose, die Viren Pocken, Enzephalitis, Ebola und härmorrhagisches Fieber sowie die Toxine Rizin, Botulinustoxin und Enterotoxin B. In der

Fachwelt heißt diese Gruppe der zwölf Erreger das „Dreckige Dutzend“, weil sie als sehr wahrscheinliche Ausgangsstoffe zukünftiger B-Waffen gelten.[126]

Bioterroristen könnten auf die seit langem anhaltende und umstrittene Forschung an „Killerviren“ in Laboren rund um den Globus zurückgreifen. „Gain of Funktion“ (GOF) heißt dieses Forschungsgebiet, bei dem Viren im Labor versuchsweise mit zusätzlichen Funktionen ausgestattet werden. Wissenschaftler wollen mit den virologischen Frankensteins herausfinden, wie die Menschheit gegen künftige „Monsterviren“ geschützt werden kann. Als ein Vorreiter der GOF-Forschung gilt das Erasmus Medical Center in Rotterdam. Das Institut hatte 2012 Vogelgrippeviren vom Typ H5N1 genetisch so verändert, dass sie leichter übertragbar wurden. Aus Angst, dass dies eine „Bauanleitung“ für Terroristen sein könnte, forderte das US National Science Advisory Board for Biosecurity damals die Wissenschaftsmagazine *Science* und *Nature* ausdrücklich auf, die Detailergebnisse nicht zu veröffentlichen.[127]

Es handelt sich um das Dilemma der „Dual Use Research of Concern“ (DURC): Forschung, die zwar zum Wohl bestimmt ist, jedoch auch missbraucht werden könnte.[128] Einerseits sorgt die Natur ständig für Virenmutationen und es ist nicht auszuschließen, dass irgendwann einmal eine Variante dabei sein wird, die sich ähnlich leicht wie das Coronavirus ausbreitet und ebenso tödlich wie das Ebolavirus wirkt. Dann wäre es gut, in der Forschung vorbereitet zu sein. Andererseits kann genau diese Forschung dazu führen, dass ein solches Virus gezüchtet wird – und entweder aus Versehen freikommt oder durch Bioterroristen gezielt eingesetzt wird.

Vorbeugendes Denken und Handel sind urmenschliche Eigenschaften. Wir können uns ein Bild von der Zukunft machen, egal, ob es richtig oder falsch ist. Besonders kreative Köpfe vermögen dies per se, andere holen sich Anregungen aus Büchern und Filmen. Der Action-Thriller „Outbreak – Lautlose Killer“ brachte schon 1995 das Horrorszenario eines tödlichen Virus auf die Leinwand – und zeigte einen potenziellen Konflikt bei der Bekämpfung auf: Die Zivilgesellschaft suchte verzweifelt ein Gegenmittel, das Militär suchte genau dies zu verhindern, weil es ein Killervirus als beste Waffe aller Zeiten für seine Zwecke nutzen wollte. Die stellt indes nur ein Beispiel für die vielfältigen Katastrophenszenarien dar, die uns in Büchern und Filmen vorgespielt werden und die tatsächlich eintreffen könnten.

Kriegspropaganda und Asoziale Medien

Krieg beginnt bei der Sprache. Andreas Hofer, Wilhelm Tell, Che Guevara – je nachdem, aus welcher Warte man sie betrachtet, sind sie Freiheitskämpfer oder Rebellen, heute würde man sie wohl eher Terroristen nennen. Jesus Christus wurde als Terrorist ans Kreuz geschlagen, heute erscheint er der halben Menschheit als Symbol des Friedens. Wer verstehen will, warum Kriege geführt werden, muss das Phänomen der Kriegspropaganda begreifen.

Wilhelm Tell, Che Guevara und Jesus Christus

Propaganda (von lateinisch *propagare*, weiter ausbreiten, ausbreiten, verbreiten) bezeichnet – modern ausgedrückt – alle zielgerichteten Versuche, politische Meinungen oder öffentliche Sichtweisen zu formen, Erkenntnisse zu manipulieren und das Verhalten in eine vom Propagandisten oder „Herrscher" (beispielsweise Regierungen) erwünschte Richtung zu steuern.[129]

Wer Propaganda betreibt, verfolgt damit immer ein bestimmtes Interesse. In Verbindung mit dem Krieg machen Politiker und Militärs von Propaganda Gebrauch, um zum Beispiel die eigene Bevölkerung von einem Krieg zu überzeugen. Sie betonen die Notwendigkeit des Krieges (vernichtenswerte Feinde, Sicherheit der eigenen Bevölkerung, Absetzung eines brutalen Regimes etc.) und blenden alle anderen Aspekte aus (eigene Macht- und Wirtschaftsinteressen, ausgelöstes Kriegsleid,

Kriegsverbrechen der eigenen Soldaten etc.). Propaganda wird aber auch eingesetzt, um Soldaten für den Krieg zu rekrutieren oder die Kampfbereitschaft des Militärs aufrechtzuerhalten. Ein Mittel hierfür ist beispielsweise, die Bedrohlichkeit des Feindes hervorzuheben, um Aggressionen gezielt auf ihn zu lenken. Gegenüber dem Kriegsgegner verfolgt Propaganda vor allem das Ziel, die Kriegsmoral der gegnerischen Bevölkerung und Soldaten zu schwächen oder durch die Verbreitung falscher Informationen den Gegner zu täuschen. Staaten, die Mitglieder militärischer Bündnisse sind, versuchen darüber hinaus häufig, durch Propaganda die Bündnispartner von der Notwendigkeit eines Kriegseinsatzes zu überzeugen und ihre Beteiligung an militärischen Aktionen zu erreichen.

Der Begriff Propaganda wird heute vor allem im Zusammenhang mit Beeinflussungsstrategien in autoritären und totalitären Staaten verwendet. Dort ist Propaganda meist verbunden mit anderen Formen staatlicher Informationskontrolle wie direkter Zensur, Monopolisierung der Medien oder Verfolgung Andersdenkender.

In demokratischen Staaten unterliegen die Medien keiner direkten staatlichen Kontrolle. Aufgrund der hohen Bedeutung, die Medien für die öffentliche Meinungsbildung haben, versuchen aber auch demokratische Staaten im Zusammenhang mit Kriegen aktiv Einfluss auf die Medien zu nehmen. Dies erfolgt durch gezielte Öffentlichkeitsarbeit bzw. PR (Public Relations) vor, während und nach dem Kriegsgeschehen. Teilweise werden hierfür auch externe PR-Agenturen und -Berater beauftragt. Die staatlichen Akteure verfolgen dabei das Ziel, das eigene Handeln im Zusammenhang mit einem Krieg in der öffentlichen Wahrnehmung in einem möglichst positiven Licht erscheinen zu lassen. Die mediale Darstellung eines Kriegsereignisses soll nach Möglichkeit gemäß ihrer Deutung erfolgen. Zumindest soll die eigene, aktiv verbreitete Wahrnehmung des Krieges oder eines Kriegsereignisses akzeptiert und von den Medien weitertransportiert werden. Dies erfolgt mittels verschiedener Strategien wie zum Beispiel der Verbreitung eigener Medienbeiträge, der Durchführung von Medienevents, der öffentlichen Reaktion auf unvorteilhafte Berichte oder der Initiierung eines öffentlichen Austauschs mittels Medien.

Der Lyriker, Romancier und Publizist Zafer Senocak beschrieb dieses Phänomen 2006 beispielhaft wie folgt: „Ein Feind wird ausgemacht. Das Gefühl der Bedrohung kultiviert, Fronten werden geschaffen, Alliierte gesucht... Die verfeindeten Parteien liefern einander Munition. Der iranische Präsident leugnet den Holocaust. Die USA treten im Irak ihre eigenen Werte mit Füßen... Israel weitet seinen berechtigten Kampf gegen die selbsternannten Gotteskrieger der Hisbollah auf ganz Libanon aus und schneidet dem zarten Pflänzchen der libanesischen Demokratie die Lebensader durch.“[130]

Kann es einen guten Diktator geben?

Ein typisches Beispiel für die manipulative Sprache stellt das Wort „Diktator“ dar, weil sich damit jedes Staatsoberhaupt unmittelbar diskreditieren lässt. Ein Diktator ist nicht demokratisch gewählt und damit per se ein Bäh-Regierungschef. Um den Bäh-Faktor auf die Spitze zu treiben, bietet sich höchstens noch der Vergleich mit Hitler oder Stalin an, den wahrscheinlich größten Despoten der Weltgeschichte. So verglich etwa Trumps Sprecher Sean Spicer im April 2017 den syrischen Staatschef Baschar al-Assad mit Adolf Hitler, indem er sagte: „Nicht einmal Hitler ist so weit gesunken, Chemiewaffen einzusetzen.“ Diese Aussage erhitzte die Gemüter vieler Historiker und selbstverständlich auch die einiger jüdischer Organisationen, wodurch Spicer wieder zurückruderte, doch das Gift war gesäht, das Ziel wurde erreicht: Die Medien schrieben weltweit sinngemäß, dass Assad so schrecklich ist, wie seinerzeit Hitler.[131] Auch Nordkoreas Kim Jong-Un wird in den Medien vornehmlich als Diktator bezeichnet, um damit zumindest indirekt an Hitler, Stalin und die beiden Weltkriege mit unzähligen Todesopfern anzuknüpfen. Kurz gesagt verfolgt der Begriff Diktator das Ziel, das „feindliche" Staatsoberhaupt zu dämonisieren. Übrigens wird auch Wladimir Putin in den Medien gerne als Diktator bezeichnet. Auf diese Weise bleibt Russland als Feindbild in den Köpfen der westlichen Bevölkerung nachhaltig verankert.

Wenn wir das Wort „Diktator" hören, denken wir automatisch an machthungrige Verbrecher, die über Leichen gehen. Jedoch stimmt diese Schlussfolgerung nicht in jedem Fall, denn erstens treffen wir häufiger auf eine Diktatur, als wir vielleicht ahnen, und zweitens gibt es durchaus Argumente für eine derartige Staatsform. Für das eine Land mag eine Demokratie ideal sein, für das andere wiederum ist es möglicherweise die Diktatur. In einer traditionellen westlich-demokratischen Denkweise mag diese Überlegung verpönt sein. Aber anders herum ausgedrückt: Wer die Meinung vertritt, in einem Land, in dem 80 bis 90 Prozent Analphabeten leben, sei die Demokratie die einzig sinnvolle Lösung, der beweist auf eindrucksvolle Weise nur seine eigene politische Ahnungslosigkeit. Diese Diskussion soll keineswegs einer Diktatur das Wort reden, geschweige denn Demokratien in Frage stellen. Aber die Überzeugung, die eigene Staatsform sei die einzig wahre und eine daraus abgeleitete Gewissheit der eigenen moralischen Überlegenheit ist bei der Suche nach der Antwort auf die Frage, wie ein Dritter Weltkrieg zu verhindern ist, auf keinen Fall hilfreich.

Es wäre wohl eine sinnvolle Vorgehensweise, wenn sich kein Land in die Belange eines anderen Staates einmischt, es sei denn, es werden dort vorsätzlich Menschenrechtsverletzungen begangen oder die Bevölkerung erleidet ganz bewusst Schaden durch die Regierung. Doch in diesen Fällen sollte es der Staatengemeinschaft, also den Vereinten Nationen, obliegen, Maßnahmen zu ergreifen, nicht einzelnen Staaten.

Als ein positives Beispiel für eine erfolgreiche Diktatur mag man Pakistan ansehen. Hätte dieser Staat nach seiner Gründung im Jahre 1947 unter einer Legislative wie etwa England gestanden, wäre die rasante Entwicklung Pakistans sicherlich unmöglich gewesen. Damals mussten viele Entscheidungen relativ schnell getroffen werden. Mit einem demokratischen System hätten diese Schritte vermutlich zu lange gedauert. Es würde den Rahmen dieses Buches sprengen, die dramatische Entstehungsgeschichte Pakistans im Ringen mit den großen Nationen England und Indien im Detail zu beleuchten. Jedoch sei festgestellt, dass nach dieser Anfangsphase am 23. März 1956 die erste Verfassung Pakistans beschlossen wurde, die ein allgemeines aktives und passives Wahlrecht für Erwachsene ab 21 vorsah.[132] Damit wurde übrigens in der ersten islamischen Republik der Welt, das Frauenwahlrecht in gleichem Umfang wie das Wahlrecht für Männer gewährt.[133] Zum Vergleich: In der Schweiz wurde das Wahlrecht für Frauen erst im Jahr 1971 eingeführt.[134]

Es bleibt festzuhalten, dass die Frage nach dem „richtigen Staatswesen“ nicht so schwarz-weiß zu beantworten ist, wie es häufig dargestellt wird. Das zeigt ein Blick auf unser Wirtschaftssystem geradezu exemplarisch, denn unsere Unternehmen sind alles andere als demokratisch geführt.

Ganz im Gegenteil werden Unternehmen in der Regel nach einem System geführt, das einer Diktatur ähnlich ist. Dabei steht der CEO, Vorstand, Geschäftsführer oder Inhalber allen voran und trifft die Entscheidungen. Bei Konzernen gibt es zwar einen Aufsichtsrat, der sein Veto einlegen und bei groben Fehlgriffen den Vorstandsvorsitzenden absetzen kann, doch im Tagesgeschäft trifft der CEO seine Entscheidung meist mehr oder minder allein, auf jeden Fall nicht basisdemokratisch nach einer Abstimmung aller Beschäftigten. Sicherlich hinkt der Vergleich zwischen einer Staats- und einer Unternehmensform an vielen Ecken und Kanten, wie jeder Vergleich. Aber es ist dennoch bemerkenswert, dass wir diktatorische Verhältnisse in unserer Wirtschaft als völlige Normalität akzeptieren, während wir jeden Anflug davon bei anderen Ländern strikt ablehnen.

Opfer und Täter tauschen ihre Rollen

Der Friedensnobelpreisträger Desmond Tutu sagte: „Als die ersten Missionare nach Afrika kamen, besaßen sie die Bibel und wir das Land. Sie forderten uns auf, zu beten. Und wir schlossen die Augen. Als wir sie wieder öffneten, war die Lage genau umgekehrt: Wir hatten die Bibel und sie das Land.“[135]

Will heißen: Es stellt sich leider nur selten die Frage, auf welcher Seite das Recht steht, sondern es geht fast immer nur darum, wer es schafft, das Recht zu seinem Verbündeten zu machen. Das war im Falle des Abhörskandals mit der NSA ebenso wie in Afrika zur Zeit der Kolonisation oder wie bei den vielen Kriegen und Militärschlägen, die gegen Staaten wie Irak, Syrien, Ex-Jugoslawien und vielen anderen geführt wurden.

Neben vagen Andeutungen und die Verwendung von Begriffen, die meist negative Implikationen hervorrufen, wird sehr häufig jene Nation für einen bevorstehenden Krieg verantwortlich gemacht, die angegriffen werden soll. Im Falle des Irak führten die USA bereits einige Jahre lang Sanktionen durch, die sich in erster Linie gegen die Bevölkerung des Landes richtete, um dann schließlich zu behaupten, der Diktator Saddam Hussein betreibe Laboreinrichtungen, in denen er Giftgas herstellen lässt. Natürlich „musste" die USA - bzw. eine Allianz aus Streitkräften verschiedener Staaten, darunter auch Großbritannien _ der irakischen Bevölkerung „helfen" und sie griffen das Land an. Ohne Genehmigung des UNO-Sicherheitsrates, wie später hinlänglich bekannt wurde. Auch im Konflikt mit Nordkorea betonten die USA inzwischen mehrmals, sie wären für einen militärischen Schlag gegen Nordkorea bereit, um die eigene Bevölkerung, oder gleich die ganze Welt zu beschützen. So drohte etwa die US-Botschafterin Nikki Haley: „Wenn die USA sich oder ihre Verbündeten in irgendeiner Weise verteidigen müssen, wird Nordkorea zerstört."

Die USA sind unbestreitbar die mächtigste Nation auf Erden und sie werden von dem im Vergleich dazu kleinen Land Nordkorea derart bedroht, dass die Zerstörung des Zwergenstaates möglicherweise unausweichlich erscheint? Es war ein typisches Beispiel für Kriegspropaganda, aber nur eines unter ganz vielen.

Kritisches Lesen erwünscht

Mehrere Faktoren erscheinen angesichts der zerstörerischen Wirkung von Kriegspropaganda klar:

Erstens kann eine Bevölkerung bei Medieninformationen nur schwer zwischen eindeutigen Fakten und geschickt formulierten Behauptungen unterscheiden, die als Verschleierungstaktik fungieren. Zweitens wäre es hochgradig naiv zu denken, dass die Regierungen dieser Welt ihre Wortwahl zugunsten einer besseren Verständlichkeit für die breite Bevölkerung verändern werden. Drittens ist ein Zusammenhang zwischen der Meinung der Bevölkerung eines Landes und der daraus resultierenden Bereitschaft der jeweiligen Regierung, sich auf einen militärischen Konflikt mit einem anderen Staat einzulassen, kaum abzustreiten. Daraus resultiert eine hohe Verantwortung der Medien, der die Presse nicht in jedem Fall gerecht wird, um es gelinde auszudrücken.

Massenmedien wie Fernsehen oder Tageszeitungen haben naturgemäß seit jeher einen großen Anteil an der öffentlichen Meinungsbildung – und hierbei verläuft die Grenze zwischen einer weitestgehend objektiven Meinungsbildung und einer gezielten Propaganda beinahe fließend. Journalisten und Redakteure agieren nun einmal nicht weitestgehend unbeeinflusst und verfassen ihre Artikel, Berichte und Nachrichtentexte lediglich in seltenen Fällen auf einer Basis objektiver Berichterstattung.

Und genau hier befinden wir uns am kritischen Punkt: Manche Medien verzichten durchaus bewusst auf eine möglichst neutrale Veröffentlichung, weil sie in der breiten Öffentlichkeit eine ganz bestimmte Meinung – oder Haltung – erzeugen oder verstärken wollen. Die Motivation dafür ist relativ breit gestreut und spannt sich von einer politischen Orientierung zu einem entsprechenden Lager hin, über gezielten öffentlichen bzw. politischen Druck, dem manche Medien nachgeben, bis hin zur bewussten Stimmungsmache aus wirtschaftlichen Gesichtspunkten. Schließlich verkaufen sich Schreckensmeldungen immer noch am besten.

Generell lässt sich feststellen: Die westlichen Medien zeigen sich stark USA-geprägt. Natürlich lesen wir durchaus kritische Stimmen, doch im Allgemeinen erfährt der Leser in Mitteleuropa, dass die Vereinigten Staaten von Amerika so ziemlich alles dafür unternehmen, um den Weltfrieden herzustellen, zu überwachen oder zu verteidigen. Notfalls mit Waffengewalt, aber nur, wenn sämtliche anderen Alternativen bereits ausgereizt wurden.

Russland und die Achse des Bösen

Russland hingegen wurde in der Vergangenheit, also noch vor etwa 30 Jahren (zur Zeit der UdSSR), gewissermaßen als die Achse des Bösen gebrandmarkt. Der Begriff „Achse des Bösen" (Axis of Evil) wurde übrigens 2002 vom damaligen US-Präsidenten George W. Bush geprägt. Er bezeichnete damit Länder, die den Terrorismus unterstützen und nach Massenvernichtungswaffen streben. Dieser Begriff wurde in abgewandelte Form (Evil Empire) bereits zuvor von Ronald Reagan verwendet, der damit die Sowjetunion bezeichnete.[136]

Aus westlicher Sicht, also in den US-amerikanischen und den meisten europäischen Medien, zeigt sich somit weitestgehend folgendes Bild, das den Menschen eingetrichtert wird: Pakistan, Afghanistan, Syrien, Oman, Irak, Iran, Jemen und natürlich Nordkorea sind böse. Dazu kommen noch Russland, zeitweise die Türkei und ein paar Staaten in Afrika und Mittelamerika. Bei China ist man sich da noch nicht so sicher, zumal dieses riesige Land über einen enormen Hunger nach westlicher Technologie verfügt. Diese Aussicht auf unzählige Milliarden an Dollars aus Wirtschaftsprojekten dämmt diese Furcht scheinbar (bisher) auf ein erträgliches Maß ein. Es scheint das Motto zu gelten: „If you are not with us, you are against us“, also: „Wer nicht unser Freund ist, ist unser Feind.“

Hingegen zählen die USA, die meisten Staaten in Europa (mit Ausnahme der Türkei), Südkorea und ein paar Staaten in Südamerika zu den „guten“ Ländern. Solange wir solche oder ähnliche Fronten zwischen den „Guten“ und den „Bösen“ bilden, wird es schwierig bis unmöglich sein, am Weltfrieden zu arbeiten. Die Überwindung von Propaganda, die die Fronten zu verhärten sucht, wird entscheidend sein, um mehr Frieden in die Welt zu bringen. Im Zeitalter der sogenannten Sozialen Medien ist genau dies allerdings schwieriger als je zuvor.

Der Dritte Weltkrieg beginnt in den Sozialen Medien

Der Dritte Weltkrieg könnte als Folge eines Hackerangriffs auf die USA beginnen, stellte US-Präsident Biden 2021 sinngemäß fest. Er könnte jedoch auch in den sozialen Medien beginnen, genau genommen, wird er dort durch Halbwahrheiten, „alternative“ Wahrheiten und platte Lügen längst vorbereitet. Die Coronakrise, der Kampf gegen das Virus, hat seit 2020 in erschreckenden Maße gezeigt, mit welcher Leichtgläubigkeit ein bemerkenswert hoher Anteil der Bevölkerung in einer unsicheren Situation auf geradezu absurd-abenteuerliche Falschbehauptungen hereinfällt.

Auf Facebook & Co verbreiteten Besserwisser, selbsternannte Experten, sogenannte Publizisten und Verschwörungstheoretiker jedweder Couleur mit Bezug auf vermeintlich seriöse Quellen ihre feste Überzeugung, dass Corona gar nicht so schlimm sei, wohl aber die Maßnahmen zur Bekämpfung der Seuche. Zitiert wurden dabei ehemalige Lungenärzte, emeritierte Professoren der Mikrobiologie, Klinikdirektoren und Virologen.

Natürlich fand man immer irgendeinen aus dieser Gruppe, der gerne interviewt werden mochte, sich im Glanz der erhöhten Aufmerksamkeit sonnen wollte oder einfach nur tatsächlich eine andere Meinung vertrat. Andere selbsternannte Aufklärungsseiten erklärten die Coronakrise wahlweise als eine Ausgeburt des Faschismus, eine Verschwörung der Eliten oder schlichtweg als Hysterie. Als Treiber des Bösen mussten je nach „Quelle" Xi Jinping, Putin oder Bill Gates herhalten, letzterer, weil er seit dem Ebola-Ausbruch 2014 immer und immer wieder vor einer Pandemie gewarnt hatte.[137]

Man mag dieses Sammelsurium als „Spinnereien" abtun, aber spätestens in der Pandemie wurde klar, dass das Gedankengut etlicher vermeintlicher Verschwörungen weit in die demokratische Mitte der Bevölkerung hineinreicht. Dabei erwiesen sich die sozialen Medien als ein scheinbar unaufhaltsamer Fake-Multiplikator. Mal wurden vorgeblich wirksame Heilmittel propagiert, ein andermal vor angeblichen Impfgefahren durch die Implementierung von Chips gewarnt. Keine noch so absurde These war in der Krise abstrus genug, um nicht ihre Anhänger zu finden. Wenn man die Methoden dahinter genauer betrachtet, wird klar, warum die Vorbereitungen für einen Dritten Weltkrieg ebenfalls in den (a)sozialen Medien einen ähnlichen Nährboden finden würden.

Sternstunde der Storyteller

Corona war die Sternstunde der Storyteller, frei nach dem Motto „Eine glaubwürdige Geschichte ist tausendmal besser als alle Fakten". Eine lebendige Geschichte gewinnt die Aufmerksamkeit viel leichter als eine logisch-sachliche Faktendarlegung, unabhängig davon, ob sie wahr oder frei erfunden ist. Das gilt heute, in der Zeit der Informationsüberflutung, mehr als je zuvor. Vor allem, wenn es ein Narrativ ist, also eine sinnstiftende Erzählung, bei der es um Emotionen und Werte geht. Der Erfolg einer Story hängt nämlich nicht von der faktenbasierten Stichhaltigkeit ab, sondern von der Vermittelbarkeit des zugrundeliegenden Narrativs. Dabei ist es für den Erfolg völlig unerheblich, ob das Narrativ nur *ge*funden oder *er*funden ist.

Einige Leser mögen sich an Platos berühmten Kampf gegen die Sophisten erinnert fühlen. Er warf ihnen vor, ihre Kunst bestehe darin, „den Verstand mit Argumenten zu bezaubern", die nicht der Wahrheit dienten, sondern darauf abzielten, Meinungen zu erzeugen. Solange diese plausibel erscheinen, „liegt ihnen die Kraft der Überzeugung inne". Es ist der Sieg der Argumente auf Kosten der Wahrheit.

Besonders wirksam sind monokausale Narrative auf Grundlage von Daten. Dabei werden beliebige mit einer Studie oder einer Umfrage vermeintlich belegbare Daten als unumstößliche Wahrheit verstanden und darauf aufbauend wird eine einzige in sich geschlossene und logisch erscheinende Kausalkette als Argument präsentiert.[138] Dieses Vorgehen der „datengestützten Wahrheiten" ist schon lange zu beobachten, spätestens seit der Flüchtlingskrise 2015 ist es nicht nur in den sozialen Medien in vielfältiger Weise zu finden. Das besonders Fatale dabei: Wer solche „Wahrheiten", die auf „unverrückbaren Daten" zu fußen scheinen, übernimmt, wird zu einer Art gläubigen Kämpfers für diese „Wahrheit". Er glaubt, die absolute Wahrheit zu kennen, besitzt die totale Gewissheit, im Recht zu sein. Aus dieser „absoluten Gewissheit" resultiert auch die Vehemenz, mit der unterschiedliche Argumente aufeinander prallen.

Dunning-Kruger und Social Bots

Die Experten nennen dieses Phänomen den Dunning-Kruger-Effekt.[139] Man versteht darunter die systematische fehlerhafte Neigung im Selbstverständnis inkompetenter Menschen, das eigene Wissen und Können zu überschätzen. Vereinfacht gesagt haben die beiden Wissenschaftler David Dunning und Justin Kruger 1999 folgende These, die viele Menschen intuitiv schon immer ahnten, belegt: Je weniger man weiß, desto größer ist die Überzeugung, dass man Recht hat. „Wenn jemand inkompetent ist, dann kann er nicht wissen, dass er inkompetent ist. Die Fähigkeiten, die man braucht, um eine richtige Lösung zu finden, sind genau jene Fähigkeiten, die man braucht, um eine Lösung als richtig zu erkennen", fasste David Dunning die Erkenntnis zusammen.[140] Der Dunning-Kruger-Effekt war übrigens keineswegs nur in der Pandemie seit 2020 zu verzeichnen. Er war ebenso beispielsweise in der Flüchtlingskrise seit 2015 und der Umweltdebatte seit 2018 zu beobachten.

In allen Fällen spielten Social Bots eine Schlüsselrolle bei der Verbreitung von Fake News. Dabei handelt es sich um kleine Softwareprogramme, die sich in den sozialen Medien wie Facebook, Twitter, LinkedIn oder Xing zuhauf tummeln. Sie sammeln Informationen, verstärken Meinungen, setzen eigene Themen und treiben Thesen voran. Dabei „handeln" sie stets im Sinne eines Auftraggebers, etwa einer politischen Partei, einer Regierung oder eines Landes. Obgleich es sich um Programme handelt, sind sie von echten Menschen kaum zu unterscheiden. Sie verbreiten Falschmeldungen, betreiben tendenziöse Berichterstattung und beeinflussen die Meinung aller anderen, die sich der sozialen Medien für ihre eigene Meinungsbildung bedienen. In den USA kamen in der Krise 2020 auf dem Kurznachrichtendienst Twitter rund die Hälfte aller Forderungen nach Öffnung der Wirtschaft und Lockerung der Restriktionen, die die Virusausbreitung verhindern sollten, von Social Bots.[141] Wie sagte schon der Philosoph Epikur im antiken Griechenland: „Entscheidend sind nicht die Fakten. Auch nicht die Meinungen über die Fakten. Sondern die Meinungen über die Meinungen.“ Das mag damals schon richtig gewesen sein, aber erst durch das globale Netz der sozialen Medien und die Heerscharen automatisierter Meinungsfälscher wie die Social Bots potenziert sich diese Entwicklung in eine Dimension bisher unbekannten Ausmaßes. Doch es kommt noch schlimmer.

„Mit eigenen Augen gesehen“

„Ich habe es mit eigenen Augen gesehen“ gilt als Inbegriff dafür, dass man sich persönlich von der Wahrheit einer Sache überzeugt hat. Im Zeitalter von Deepfaking wird genau dieser Wahrheitsbeweis ad absurdum gefügt. Durch die sogenannte Deepfake-Technologie lassen sich Videos erzeugen, in denen Personen Dinge sagen, die sie in Wirklichkeit niemals von sich gegeben haben – entweder werden ihnen die Sätze in den Mund gelegt oder es gibt diese Personen erst gar nicht. Ganze Handlungen können vollständig am Computer generiert werden. Dass Fotografien manipulierbar sind, wissen wir schon lange. Doch erst mit Hilfe von Künstlicher Intelligenz (KI) wird es möglich, Videos derart täuschend zu manipulieren, dass die Fälschungen nicht auffallen. Die Technologie dahinter heißt Generative Adversarial Networks (GANs), wurde 2014 an der University of Montreal entwickelt, und funktioniert, indem man zwei KI-Netzwerke gegeneinander antreten lässt. Die erste KI erzeugt aus einem realem Filmmaterial fortlaufend neue Videosequenzen, die zweite KI hat zu unterscheiden, welche davon real sind, also dem Ausgangsmaterial entstammen, und welche synthetisch erzeugt wurden. Beide KI-Instanzen arbeiten mit sogenannten neuronalen Netzwerken, also mit selbstlernenden Computern. Vereinfacht gesagt lernen beide KI-Netze ständig hinzu: das erste, wie es Videos erzeugt, die nicht als Fälschung zu erkennen sind, und das zweite, wie man Fälschungen erkennt. Binnen kürzester Zeit sind beide so perfekt, dass die generierten Fakevideos nicht mehr als Fälschungen zu erkennen sind, nicht von Computern und erst recht nicht von Menschen.

Deepfakes gibt es seit Ende 2017. Einige der Deepfake-Videos haben für großes Aufsehen gesorgt; etwa US-Präsident Barack Obama, der seinen Nachfolger auf das Übelste beschimpft, oder Facebook-CEO Mark Zuckerberg, der zugibt, dass das Ziel seines Netzwerkes darin besteht, die Nutzer zu manipulieren und auszubeuten.[142] In die 2020er Jahre ist die Welt mit mehr als 15.000 Deepfake-Videos gegangen. Es dürfte der Beginn einer Welle an computergefälschten Videos sein, die auf uns zurollt. An Gefährlichkeit ist diese Welle kaum zu überschätzen: Mit Videos, die anscheinend etwas Unglaubliches „beweisen", lassen sich demokratische Wahlen manipulieren, Volksgruppen gegeneinander aufhetzen, Bürgerkriege anzetteln, Regierungen hinwegfegen und Staaten erobern. So erschien mitten in der Pandemie 2020 ein Video des belgischen Premierministers, in dem er den Coronavirus-Ausbruch direkt auf Umweltschäden zurückführte und zu drastischen Maßnahmen gegen den Klimawandel aufrief. Das Video schien glaubhaft genug, um wahr zu sein, war tatsächlich jedoch ein Deepfake.[143] Übrigens kann allein die Tatsache, dass Deepfakes immer gängiger werden, politisch genutzt werden, indem ein echtes Video vom Gegner als Fälschung gebrandmarkt wird. Wer will schon entscheiden, was wahr und was falsch ist, wenn man sich auf seine eigenen Augen nicht mehr verlassen kann.

In einer Zeit, in der die Grenze zwischen Wahrheit und Lüge immer mehr verschwimmt, kann selbst der bestgemeinte Aufklärer kaum noch etwas ausrichten. Dieses Phänomen wird sich in den 2020er Jahren weiter verbreiten, bis selbst der Klügste und Kritischste Gefahr läuft, auf Falschnachrichten hereinzufallen, und sei es auf Deepfakes.

Für eine Kriegspropaganda, gleichgültig welcher Coleur und welcher Herkunft, stellen diese modernen Fälschungsmöglichkeiten natürlich Verfahren dar, um die Welt und ihre Gefahrenlagen im jeweils eigenen Licht darzustellen.

Syrien – der kleine Weltkrieg

In kaum einem Konflikt wurde die Ohnmacht der UNO so deutlich wie seit 2011 in Syrien. Es ist sicherlich nicht übertrieben, von einem „kleinen Weltkrieg“ zu sprechen. Er ist insofern klein, als er regional stark begrenzt ist, aber gleichzeitig eine Art „Weltkrieg“, weil er etliche Nationen, darunter auch die Großmächte Russland und USA, involviert. Der Krieg in Syrien ist ein unaufhörliches Gemetzel, in dem seit 2011 mehr als 400.000 Menschen getötet und über eine Million Menschen verletzt, verstümmelt und verkrüppelt wurden. Mehr als elf Millionen begaben sich auf die Flucht, viele davon in Richtung Europa, wo sie maßgeblich zur sogenannten „zweiten Flüchtlingskrise“ beitrugen. Immer und immer wieder bemühten sich die Vereinten Nationen, diesem Blutbad in Syrien in Ende zu bereiten. Doch alle Bemühungen waren vergebens.

Vier Jahrzehnte Assad

Über vier Jahrzehnte regierte die Familie des Präsidenten Al-Assad in Syrien, einem der repressivsten Länder der arabischen Welt. Baschar Al-Assad beerbte seinen Vater im Jahr 2000. Als im Dezember 2010 in mehreren arabischen Staaten Proteste gegen die Regierungen laut wurden und der so genannte „arabische Frühling“ seinen Lauf nahm, begann sich auch in Syrien der Widerstand gegen den Präsidenten zu regen. Während die Revolutionen in Tunesien, in etlichen Staaten im Nahen Osten und in Nordafrika zu Veränderungen führten, wehrte sich der syrische Präsident von Anfang an und bis zum Erscheinen dieses Buches gegen alle Versuche, ihn aus dem Amt zu jagen.

Dabei setzte er konsequent auf Gewalt gegen die Demonstranten. Schulkinder, die im März 2011 den Satz „Das Volk will den Umsturz des Regimes“ an Wände schrieben, wurden von den Sicherheitskräften verhaftet und gefoltert. Gegen friedliche Demonstrationen, die am 18. März die Freilassung der Kinder sowie eine Demokratisierung des Landes forderten, ging das Regime gewaltsam vor mit der Begründung, „bewaffnete Gangs und Terroristen“ seien schuld an der eskalierenden Situation. Rufe nach dem Rücktritt Al-Assads verhallten ungehört.

Die Welle zunächst weitgehend friedlicher Proteste und gewaltsamer Repressionen erfasste schnell eine Reihe syrischer Städte, darunter die wichtigen Großstädte Hama und Homs, sowie das Umland der Hauptstadt Damaskus. Zeitweise verlor das Regime die Kontrolle, aber es brach nicht zusammen, sondern startete den Gegenangriff. Damit begann ein langer Weg Syriens an den Rand des Abgrunds, man kann auch sagen, in den Abgrund. Politische Rufe nach einem Reformkurs selbst von den Verbündeten Syriens wie Russland und dem Iran verhallten ungehört. Augenscheinlich hatte das Assad-Regime Angst davor, sich auf einen Reformprozess einzulassen, an dessen Ende – wie etwa in Ägypten und Tunesien geschehen – Rechenschaft abverlangt werden könnte. Allein die Verwicklung weiter Teile der politischen Elite des Landes in die massiven Menschenrechtsverletzungen des Jahres 2011 ließen nicht erwarten, dass Al-Assad und seine Schergen bei einem solchen Prozess glimpflich davonkommen würden.[144]

Der Plan der UNO

Vor diesem Hintergrund ernannten die Vereinten Nationen im Februar 2012 ihren ehemaligen Generalsekretär Kofi Annan zum Sondergesandten für Syrien. Mit einem 6-Punkte-Plan wollte er einen Waffenstillstand bis April 2012 erreichen und damit die Grundlage für eine UNO-Beobachtermission in Syrien schaffen.[145] Der UNO-Sicherheitsrat verabschiedete dazu am 21. April 2012 die Resolution 2043, die diese Beobachtungsmission genehmigte.[146] Es war die erste Maßnahme in einer langen Reihe von Verhandlungen und Erklärungen, die allesamt von Misserfolg geprägt waren. Denn schon nach wenigen Wochen musste die UNO ihren Beobachtungsposten räumen, weil die Gefahr selbst für Militärbeobachter zu groß wurde.

Aber natürlich blieb das Land weiterhin unter Beobachtung und etwa ein Jahr später stellte es sich heraus, dass es am 21. August 2013 zu Giftgasangriffen gegen die Bevölkerung in der Region Ghuta östlich von Damaskus gekommen war. Die UNO kam zu dem Schluss, dass Boden-Boden-Raketen mit dem chemischen Kampfstoff Sarin in hoch konzentrierter Form verschossen worden waren.[147] Die Zahl der Toten schwankte je nach Quellenangabe zwischen 281 und 1729.[148] Tausende von Menschen wurden mit neurotoxischen Reaktionen in die Krankenhäuser eingeliefert. Als Angreifer wurde das Assad-Regime verdächtigt, weil das Sarin-Gas aus den Beständen der syrischen Armee stammte, aber nachweisen ließ es sich dieser Bezug nie.[149]

Es konnte somit nie ausgeschlossen werden, dass eine andere Bürgerkriegspartei für die Gasgräuel verantwortlich war. Man darf nicht übersehen, dass in Syrien die Kampflinie nicht etwa geradlinig zwischen „den Rebellen“ und „dem Regime“ verlief, sondern viele der Rebellengruppen untereinander verfeindet waren und dementsprechend eher das Prinzip „jeder gegen jeden“ zur Anwendung kam. So kämpften auf Seiten der Regierung neben den regulären Truppen vor allem schiitische Milizen, wie etwa die libanesische Hisbollah, weil Assad der schiitischen Alewitensekte angehörte. Diese erfuhren wiederum

Unterstützung durch den Iran, der auf syrischem Boden eine Art Stellvertreterkrieg gegen Saudi-Arabien austrug.

Daher kämpften verschiedene sunnitische Gruppierungen mit saudischer Unterstützung gegen das Assad-Regime. Sunniten stellen die Bevölkerungsmehrheit in Syrien, wobei es ebenso gemäßigte wie radikale Rebellen gab. Damit nicht genug, nutzte auch die Terrororganisation „Islamischer Staat“ (IS) das Chaos des Bürgerkrieges, um weite Teile Syriens zu erobern. Die im Irak entstandene Terrormiliz war mit dem Ziel angetreten, ein arabisches Kalifat zu errichten. Die IS-Kämpfer machten mit Folter und Massenmorden von sich reden.

Aber nicht die UNO warf sich dem IS entgegen, sondern eine „Internationale Allianz gegen den Islamischen Staat“ unter Führung der USA. Die Vereinigten Staaten gründeten dieses Militärbündnis am 5. September 2014 beim NATO-Gipfel gemeinsam mit Großbritannien, Frankreich, Italien, Deutschland, Polen, Dänemark, Australien, Kanada und der Türkei.[150] Später kamen die Niederlande (Oktober 2014 bis Juli 2016) und Belgien (seit Juni 2016) hinzu.[151] Laut dem damals regierenden US-Präsidenten Barack Obama beteiligten sich mehr als 60 Länder am Kampf gegen den IS, allerdings nicht alle militärisch.

Ihrem Auftrag gemäß ging die Anti-IS-Koalition unter Führung der USA rigoros gegen die IS-Stellungen vor. Beginnend im August 2014 organisierte die mächtigste Militärmacht der Welt Luftangriffe auf Ziele im Irak, nachdem die US-Regierung eigenen Angaben zufolge eines Hilferufes aus Bagdad erhalten hatte. Seit September 2014 kamen völkerrechtlich durchaus umstrittene Angriffe in Syrien hinzu. Sie galten neben dem IS auch der Al-Kaida-nahen islamistischen Chorasan-Gruppe. Tatsächlich gelang es dem Militärbündnis, die Dschihadisten aus den meisten Gebieten Syriens und weiten Teilen des Iraks zu vertreiben.

Der neue Stellvertreterkrieg

Vor dieser US-geführten Militärkoalition war natürlich auch das Verhalten Russlands, das dem Assad-Regime nahestand, im Sicherheitsrat der Vereinten Nationen zu werten. Der an Unübersichtlichkeit ohnehin kaum zu überbietende Bürgerkrieg in Syrien wurde zugleich ein – nach Korea und Vietnam – erneuter Stellvertreterkrieg zwischen den beiden Supermächten USA und Russland. Unter allen Umständen wollte Russland verhindern, dass die USA und ihre NATO-Partner ähnlich wie beim Niedergang der Sowjetunion die „freiwerdenden" Länder unter ihre Fittiche nehmen. Doch auch die Türken mischten in Syrien kräftig mit. So nutzte die Türkei ihre Zugehörigkeit zum internationalen Militärbündnis, um gegen die kurdischen Milizen vorzugehen, obgleich die kurdischen Kämpfer andererseits das Bündnis beim Vorgehen gegen den „Islamischen Staat" unterstützten.

Im Norden Syriens gingen die Türkei dennoch militärisch gegen die Kurden vor, um deren Autonomiebestrebungen zu unterbinden. Der Versuch, die Kurden auszulöschen, wurde als ein völkerrechtswidriger Angriff gewertet. Besonders absurd verhielt sich dabei der Iran. Das Land stand hinter Syriens Präsidenten Baschar al-Assad und war damit nicht Teil der Anti-IS-Koalition, aber es war eines der ersten Länder, die den Irak und die Kurden mit Waffen zum Kampf gegen den IS belieferten. Dieser undurchsichtigen Interessenslage muss man sich bewusst sein, um die Entscheidungen oder besser gesagt

Nicht-Entscheidungen der UNO beim Syrien-Krieg zu verstehen.

Natürlich befasste sich der UNO-Sicherheitsrat in New York mit den Giftgaseinsätzen, die USA legten eine Resolutionsvorlage vor, Russland sogar zwei, aber alle drei scheiterten am Veto. Der zweite Vorschlag Russlands bestand im Wesentlichen darin, eine Untersuchung durch die Organisation für ein Verbot von Chemiewaffen (OPCW) anzuregen. Nach der Ablehnung begannen OPCW-Experten den Vorfall in Syrien unabhängig von der UNO zu untersuchen. Es waren übrigens keineswegs nur die USA und Russland, die mit gegenseitigem Veto Entscheidungen blockierten. So erklärte beispielweise die britische UNO-Botschafterin Karen Pierce unumwunden, ihr Land habe gegen diese zweite russische Resolution gestimmt, weil ein OPCW-Ermittlerteam bereits auf dem Weg nach Syrien sei. Diese untersuche zudem nur, ob Giftgas eingesetzt wurde, aber nicht, wer für den Einsatz verantwortlich ist. Das mag durchaus stimmen, aber ob es ein guter Grund ist, die Zerstrittenheit der UNO vorzuführen, darf bezweifelt werden.[152]

Am 24. Februar 2018 verabschiedete der Sicherheitsrat der Vereinten Nationen auf seiner 8188. Sitzung einstimmig die Resolution 2401 zur Situation in Syrien. Darin forderte das mächtigste Gremium der UNO von allen Konfliktparteien eine Waffenruhe für mindestens 30 Tage. Die kurze Friedenszeit sollte humanitären Organisationen Zugang zu den schwer umkämpften Gebieten ermöglichen, um Kriegsopfer zu versorgen und in Sicherheit zu bringen. Der UNO-Hochkommissar für Menschenrechte, Seid Ra'ad al-Hussein warnte, dass die beinahe 400.000 verzweifelten und hungernden Kinder, Frauen und Männer im Rebellengebiet Ost-Ghuta vor einer „Apokalypse" stünden. Während der Feuerpause sollten Helfer mit ihren Konvois genügend Essen und Medikamente an die darbende Bevölkerung liefern sowie die Verwundeten und Kranken evakuieren. Die kurze Zeit ohne Gefechte sollte vor allem den Menschen im Kessel von Ost-Ghuta zugutekommen.

Lange rang der UNO-Sicherheitsrat um die Formulierungen in der Resolution, die wenigstens für kurze Zeit die erhoffte Waffenruhe bringen sollte. Russland setzte durch, dass der Beschuss von dschihadistischen Gruppen in Syrien wie „Islamischer Staat" und Al-Qaida sowie „anderen Individuen, Gruppen, Einheiten mit Verbindungen zu Al-Qaida und IS" in dem Resolutionstext von der Feuerpause ausgenommen wurden. Es durfte also weiterhin geschossen werden, nur eben selektiver als zuvor. Damit war die Resolution von Anfang an sinnlos, weil Syriens Machthaber Baschar al-Assad alle Rebellen per se als Terroristen einstufte, selbst solche, die vom Westen ausdrücklich unterstützt wurden.

Somit war das Dokument der Vereinten Nationen das Papier nicht wert, auf dem es gedruckt wurde. In der Tat schaffte das Regime des Machthabers Baschar al-Assad während der geforderten Feuerpause in Ost-Ghuta weiterhin blutige Fakten. Davon, dass „alle Parteien die Feindseligkeiten beenden", wie es im UNO-Papier hieß, konnte keine Rede sein. „Das Regime spaltet das belagerte Ghuta in zwei Teile", stellte die syrische Beobachtungsstelle für Menschenrechte fest. Zwar schafften es tatsächlich einige mutige Helfer nach Ost-Ghuta durchzukommen, um die Bevölkerung zu versorgen, aber die Gewalt zwang sie schnell zum Abbruch ihrer Operationen.

Dabei war klar, dass das Vorgehen der Assad-Truppen und der mit ihnen verbündeten Milizen nur durch den Militärbeistand Russlands möglich war, also einem der Länder, die die UNO-Resolution unterzeichnet hatten. Noch deutlicher konnte man das Papier der Vereinten Nationen, das ohnehin kein völkerrechtlich bindendes Druckmittel zur Durchsetzung vorsah, nicht mit den Füßen treten.

Das Gemetzel ging der UNO-Resolution 2401 zur Situation in Syrien zum Trotz weiter. Doch noch perfider nutzte das Assad-Regime sogar die „Feuerpause“, um mit der Unterstützung Russlands den Krieg gegen das eigene Volk auf eine neue Spitze zu treiben. Der UNO blieb einmal mehr nichts anderes übrig, als dem blutigen Treiben hilflos zuzusehen.

Private Söldner auf dem Vormarsch

Wenn Staaten keine Soldaten schicken wollen, entsenden sie private Söldner. Meistens erfolgt das eher verdeckt, aber der russische Präsident Wladimir Putin stellte schon 2019 klar, dass er darin nichts Verwerfliches sieht. Er wählte dazu allerdings eine Umwegargumentation: Es sei völlig legitim, dass der Putin-Vertraute und Oligarch Jewgeni Prgoschin die sogenannte Wagner-Gruppe – eine Söldnertruppe – anheuere, um seine Interessen egal wo auf der Welt durchzusetzen – allerdings nur, solange er dabei nicht gegen russisches Recht verstößt. Wörtlich sagte Putin: „Ich wiederhole, sie brechen nicht die russischen Gesetze und haben das Recht überall auf der Welt zu arbeiten und ihre Geschäftsinteressen zu verteidigen. Sollte die Wagner-Gruppe irgendwelche Gesetze missachten, muss die Staatsanwaltschaft eine rechtliche Bewertung abgeben.“ Das bestätigt indirekt die Vermutung, dass der Kreml die Söldner auch im syrischen Bürgerkrieg eingesetzt hat. Zugegeben hat Putin dies allerdings nie.[153]

Insgesamt zehn Syrien-Resolutionen scheiterten im Sicherheitsrat der Vereinten Nationen am Veto Russlands. Der Einsatz von Militärbeobachtern, Waffenruhen oder Sanktionen wegen Giftgasangriffen – alles wurde von Russland verhindert. Und diejenigen Resolutionen, die vom Sicherheitsrat tatsächlich herausgegeben wurden, waren inhaltlich derart abgeschwächt, dass sie keine Wirkung entfalten konnten. Dennoch lässt sich den Vereinten Nationen eine wichtige Rolle in Syrien testieren, nämlich die humanitäre Rolle. Das UNO-Flüchtlingshilfswerk UNHCR, die Kinderhilfsorganisation UNICEF, die WHO, die WFP und viele weitere Unterorganisationen der UNO sammelten Spendengelder ein, von denen sie Flüchtlingslager in Jordanien, im Libanon und in der Türkei einrichteten und unterhielten. Konfliktfrei war selbst die humanitäre Hilfe allerdings auch nicht: Mehrere Menschenrechtsorganisationen warfen der UNO eine zu enge Kooperation mit dem syrischen Regime vor, um die humanitäre Arbeit zu ermöglichen.

Tatsächlich verstand es das Assad-Regime augenscheinlich, sogar mit der humanitären Hilfe für die eigene Bevölkerung ein lukratives Geschäft zu machen. Typisches Beispiel hierfür war die Anweisung, dass alle Medikamente in Syrien beschafft werden mussten. Das erschwerte die Logistik, trieb die Preise in die Höhe und führte zu einer Unterversorgung der Menschen vor Ort.[154]

Das Dilemma der UNO

Darüber hinaus stürzte die Syrienhilfe die Vereinten Nationen in ein grundlegendes Dilemma, verbunden mit der Frage, wie eng die UNO mit Kriminellen und Terroristen zusammenarbeiten will, um humanitäre Hilfe zu leisten. Es ist eine Gratwanderung. Die Akzeptanz der Hilfe beruht im Allgemeinen auf der Einhaltung der humanitären Prinzipien der Unparteilichkeit, Unabhängigkeit, Neutralität und Menschlichkeit. Wenn allerdings die UNO ihre Hilfe vor allem in denjenigen Gebieten leistet, zu denen ihr ein Regime Zugang gewährt, kann das als Stellungnahme gegen andere Gruppierungen gewertet werden und das Vertrauen in die Neutralität verschwinden.

So entschied der UNO-Sicherheitsrat im Falle Syriens mit der Resolution 2165, Hilfslieferungen über Syriens Außengrenzen etwa in die Türkei und nach Jordanien auch ohne Zustimmung des Assad-Regimes zu leisten. Die damit unweigerlich verbundenen Grenzübertritte wurden vom Assad-Regime allerdings als Aggression verstanden und standen damit der Suche nach friedlichen Lösungen im Wege.

Dieses Spannungsfeld führte in Syrien und nicht nur dort letztlich dazu, dass die UNO tatsächlich weniger Hilfe für weniger Menschen leisten konnte, als es ihre Ressourcen ermöglichen würden. Der grundlegende Konflikt, dass die Mitgliedsstaaten der UNO überwiegend völlig unterschiedliche politische Ziele verfolgen – und das gilt natürlich auf für andere nichtstaatliche Beteiligte –, der die Vereinten Nationen auf der politischen Bühne lähmt, steht der UNO letztlich auch bei allen humanitären Hilfsmaßnahmen im Wege.

Die Ukraine – der neue Kalte Krieg

Es drohe ein großangelegter Krieg, warnte der ukrainische Präsident Petro Poroschenko gegen Ende 2018. Wenige Wochen zuvor – am 26. November 2018 – hatte er das Kriegsrecht über die Ukraine verhängt, als Antwort auf eine massive Konzentration russischer Truppen entlang der Grenze zwischen beiden Ländern. Während die EU in ersten Äußerungen mögliche neue Sanktionen gegenüber Russland ins Spiel brachte, warnte der stellvertretende russische Außenminister Alexander Gruschko den Westen ausdrücklich vor diesem Schritt.

Kein Tag ohne Besorgnis

Auch dem UNO-Generalsekretär António Guterres ließ der drohende Krieg keine Ruhe, er äußerte sich sehr besorgt, wieder einmal. Tatsächlich verging kaum ein Tag, an dem er nicht seine Besorgnis über irgendeine Entwicklung auf der Welt öffentlich ausdrückte. Konflikte, Kriege, Dürre, Hungersnöte, Flüchtlinge, humanitäre Katastrophen – es gibt nichts, was der UNO-Generalsekretär nicht entweder verurteilt oder bedauert oder beides. Es ist gut, dass jemand in dieser bedeutungsvollen Position auf das Elend und die Kriegstreiberei in der Welt aufmerksam macht. Aber abgesehen vom Bedauern und Ermahnen sind die Auswirkungen in der Regel vernachlässigbar. So auch beim Aufflammen der Ukraine/Russland-Krise Ende 2018, zu der Guterres in New York erklärte, eine weitere Eskalation müsse auf jeden Fall vermieden werden und beide Seiten müssten sich zurückhalten und sofort Schritte zur Reduzierung der Spannungen unternehmen. Zu diesem Zeitpunkt hatte der bewaffnete Konflikt in der Ukraine bereits mehr als 10.000 Menschen das Leben gekostet.[155]

Die Krise 2018/2019 hatte am 25. November 2018, dem Totensonntag, mit einer Marine-Konfrontation im Schwarzen Meer begonnen. Die russischen Streitkräfte hatten drei ukrainische Marineschiffe beschossen und aufgebracht. Dabei wurden mehrere ukrainische Marinesoldaten verletzt und weitere festgenommen. Russlands Präsident Wladimir Putin und der ukrainische Präsident Petro Poroschenko stellten die Vorgänge auf See völlig unterschiedlich dar. Was genau passiert war, blieb unklar. Aber wenn ein Krieg ausbricht, ist die Frage, wer ihn begonnen hat, zweitrangig nach der Frage, wie er eingedämmt und beendet werden kann.

Annäherung an die EU scheitert

Der Krieg in der Ukraine ging mit einer Eskalation ins Jahr 2019, aber er begann lange zuvor im Jahr 2004, als der damalige ukrainische Präsident Wiktor Juschtschenko bekundete, dass sein Land eine baldige Mitgliedschaft in der Europäischen Union anstrebe. Am 9. September 2008 trafen die Ukraine und die EU tatsächlich eine Vereinbarung über ein Assoziierungsabkommen.[156]

Die Europäische Kommission ließ verkünden: „Die EU strebt eine zunehmend engere Partnerschaft mit der Ukraine an, die die allmähliche wirtschaftliche Integration und eine Vertiefung der politischen Zusammenarbeit zum Ziel hat.“[157] Umso überraschender kam die Ankündigung der ukrainischen Regierung im November 2013, das Assoziierungsabkommen mit der Europäischen Union vorerst nicht unterzeichnen zu wollen. Daraufhin brachen in der Ukraine Bürgerproteste aus, der sogenannte

Euromaidan, die sich über Monate hinweg immer weiter verstärkten und von der ukrainischen Polizei mit exzessiver Gewalt bekämpft wurden.[158]

In dieser Lage sah die russische Regierung augenscheinlich ihre Chance gekommen, die Annäherung der Ukraine an die Europäische Union zu unterbinden und sich selbst zumindest Teile der Ukraine einzuverleiben, vor allem die ostukrainischen Verwaltungsbezirke Oblasten Donezk und Luhansk. In beiden Gebieten begannen prorussische Kräfte auf die Abspaltung hinzuwirken. Unklar blieb, in welchem Umfang genau die russische Regierung die aufkommenden Unruhen anfachtete, aber klar war, dass in die Kampfhandlungen von Russland unterstützte Milizen, reguläre russische und ukrainische Truppen sowie Freiwilligenmilizen involviert waren. Der militärische Konflikt ging allem Anschein nach nicht von den Bewohnern aus – insofern kann man also nicht von einem Bürgerkrieg sprechen –, sondern von den bewaffneten Einheiten. Geradezu eine tödliche Posse spielte Russland, als Staatsmedien verkündeten, russische Soldaten seien freiwillig – teilweise sogar als Touristen – in das Kampfgebiet gereist und vor Ort als „Helden" gestorben. Mehrere Fallschirmjäger seien aus Versehen in der Ukraine gelandet, spielte die russische Informationspolitik geradezu mit der Welt.[159] Die ukrainische Regierung erklärte die wohl rund 4.000 prorussischen Kämpfer für Terroristen.[160]

Doch Russland wehrte sich nicht nur militärisch, sondern auch diplomatisch. So verlangte der russische Präsident Wladimir Putin am 15. April 2014 in einem Telefonat mit dem UNO-Generalsekretär Ban Ki-moon, dass die Vereinten Nationen „das verfassungswidrige Vorgehen der Machthaber in Kiew verurteilen" müsse. Zuvor hatte bereits die Ukraine die UNO angerufen und den Einsatz von Blauhelmen gefordert. Dies lehnte Ban Ki-moon mit den Worten „Ohne ein klares Mandat des Sicherheitsrates können wir keinen Einsatz einleiten“ ab. Dabei war dem UNO-Generalsekretär längst klar, dass angesichts des Vetorechts Russlands der Sicherheitsrat niemals einem Mandat in der Ukraine zustimmen würde. Die Vereinten Nationen saßen – wieder einmal – in der Vetofalle.

Immerhin beklagten die Vereinten Nationen im Juni 2014, also kurze Zeit später, massive Menschenrechtsverletzungen in der Ukraine.[161] Einen Monat später erklärte die UNO den totalen Zusammenbruch von Recht und Ordnung und sprach von einer Terrorherrschaft der bewaffneten Gruppen über die Bevölkerung mit Freiheitsberaubungen, Entführungen, Folterungen und Exekutionen.[162]

Die UNO schaltet die OSZE ein – vergebens

Dennoch vermied die UNO eine über die Beobachtung und Kommentierung hinausgehende direkte Einmischung und trat den Konflikt an die ihr nach Kapitel VIII der UNO-Charta verbundene Organisation für Sicherheit und Zusammenarbeit in Europa (OSZE) ab, eine Art dauerhafte Staatenkonferenz zur Friedenssicherung. Wie der Name schon sagt, ist die OSZE primär für Europa zuständig – und damit durchaus für den Ukrainekonflikt –, allerdings gehören zu den 57 Teilnehmerstaaten, darunter alle Länder Europas einschließlich der Türkei und alle Nachfolgestaaten der Sowjetunion, auch die USA und Kanada. Damit spiegelt die OSZE in gewisser Weise die Fronten des Kalten Krieges wider und der Konflikt in der Ukraine entpuppte sich in der Tat als eine Art Wiederaufleben des wohl längst vergessen geglaubten Kalten Krieges.

Der OSZE gelang es in keiner Weise, den militärischen Konflikt zu entschärfen. Selbst in der Zeit eines brüchigen Waffenstillstands – dem sogenannten „Protokoll von Minsk I" – ab September 2014, den die OSZE überwachte, starben binnen vier Monaten 1.300 Kämpfer und Zivilisten.[163] Auch nach einem erneuten Waffenstillstandsabkommen im Februar 2015 – Minsk II – hörten die Kämpfe nicht auf, sondern setzten sich Jahr für Jahr fort.

So registrierte die OSZE allein im Jahr 2017 über 400.000 (!) Verletzungen des Waffenstillstands. Das ist wie ein Schweizer Käse mit so vielen Löchern, dass man gar keinen Käse mehr sieht. Die OSZE hatte über 700 Beobachter im Einsatz, die Tag für Tag einen Bericht erstellten, in dem jedes noch so kleine Detail der Veränderung festgehalten wurde.[164] Das war angesichts der äußerst unübersichtlichen Lage zwar eine bürokratische Mammutaufgabe, brachte aber den Menschen in den umkämpfen Regionen keinen Deut an Linderung.

Es war von Anfang an so offensichtlich, dass die Unterwanderung der Ukraine durch die russischen Truppen Teil eines Plans Russland war, sein mit dem Ende der Sowjetunion zusammengeschrumpftes Territorium wenigstens in kleinen Teilen wieder zu vergrößern. Schon im Februar 2014 kursierte ein Strategiepapier, das in sieben Punkten das mögliche russische Verhalten gegenüber der Ukraine beschrieb.[165] Kurze Zeit später fielen die ersten Truppen ohne Hoheitskennzeichen auf der Halbinsel ein. Es handelte sich offensichtlich um russische Truppen, wie Russlands Präsident Wladimir Putin rund ein Jahr später im russischen Staatsfernsehen zugab. Am 18. März 2014 wurde die Krim von Russland offiziell annektiert.[166]

Krim gehörte zu Russland seit Katharina der Großen

Aus russischer Sicht holte sich der Staat nur, was schon immer zu Russland gehörte. Schließlich wurde die Krim bereits am 8. April 1783 formell von der russischen Kaiserin Katharina II. – auch „Katharine die Große“ genannt – „von nun an und für alle Zeiten“ als russisch deklariert, nachdem sie die Halbinsel im russisch-türkischen Krieg von 1768 bis 1774 aus dem osmanischen Reich herausgelöst hatte. Seit der Annexion 2014 gehört die Krim faktisch wieder zu Russland, wenngleich die Staatengemeinschaft die Krim weiterhin als Autonome Republik innerhalb des ukrainischen Staatsgebiets einstufte. Das war auch die Haltung der Vereinten Nationen, als sie in der Resolution A/RES/68/262 der UNO-Generalversammlung mit dem Titel „Territoriale Integrität der Ukraine“ die Wahrung der territorialen Integrität der Ukraine innerhalb seiner international anerkannten Grenzen anmahnte.

Im UNO-Sicherheitsrat war eine entsprechende Resolution zunächst von Russland abgelehnt worden, so dass sich die Generalversammlung des Themas annahm.[167] Auswirkungen hatte die Resolution keine, einen Blauhelmeinsatz hätte ausschließlich der Sicherheitsrat beschließen können. Aber dafür gab es weder ein Mandat noch wäre ein Einsatz von UNO-Truppen gegen das russische Militär eine auch nur für einen Augenblick denkbare Option gewesen – das hätte den Dritten Weltkrieg auslösen können.

Nordkorea und Nazi-Deutschland

Nordkorea steht geradezu als Inbegriff eines Schurkenstaates, der verteufelt wird – jedenfalls in der westlichen Welt. Wenn es einen Staat gibt, dem man die Störung des Weltfriedens per se zutraut, dann ist es Nordkorea. Das Land wird in eine Reihe gestellt mit Nazi-Deutschland.

Dabei ist eine differenziertere Betrachtung Nordkoreas durchaus angebracht. Dazu ist ein Blick in die Geschichte erforderlich, um die heutige Situation zu verstehen und vor allem, um daraus resultierend eine Antwort auf die Frage zu finden: Sind vermeintliche „Schurkenstaaten" wie etwa Nordkorea wirklich so gefährlich als mögliche Auslöser eines Dritten Weltkriegs, wie dies häufig dargestellt wird?

Die Entstehungsgeschichte Nordkoreas

Im Jahre 1945 warfen US-amerikanische B-29 Superfortress Langstreckenbomber zwei Atombomben über Japan ab. Zur Beendigung des Zweiten Weltkriegs in Asien gab US-Präsident Harry S. Truman am 26. Juli 1945 im Namen der Vereinigten Staaten, der Republik China (das heutige Taiwan) und des Vereinigten Königreichs (Großbritannien) die sogenannte Potsdamer Erklärung ab, in der er die japanische Führung zur sofortigen und bedingungslosen Kapitulation aufforderte und als Drohung hinzufügte:

„Die volle Anwendung unserer militärischen Macht, gepaart mit unserer Entschlossenheit, bedeutet die unausweichliche und vollständige Vernichtung der japanischen Streitkräfte und ebenso unausweichlich die Verwüstung des japanischen Heimatlandes."[168]

Als Japan nicht darauf einging, warfen die USA die Atombomben „Little Boy" auf Hiroshima am 6. August 1945 und „Fat Man" auf Nagasaki am 9. August 1945 ab; es sind bis heute die bislang einzigen Einsätze von Atomwaffen in einem Krieg geblieben. Die Explosionen töteten rund 100.000 Menschen sofort, beinahe ausschließlich Zivilisten. An Folgeschäden starben bis Ende 1945 weitere 130.000 Menschen. In den nächsten Jahren kamen etliche hinzu – insgesamt etwa eine viertel Million Menschen.[169]

Sechs Tage nach dem zweiten Bombenabwurf gab der japanischen Kaiser Hirohito mit der Rede vom 15. August die Beendigung des „Großostasiatischen Krieges" bekannt. Mit der Kapitulation Japans endete am 2. September der Zweite Weltkrieg auch in Asien, nachdem er in Europa mit der Kapitulation der deutschen Wehrmacht bereits seit dem 8. Mai 1945 vorüber war.[170]

Das alles geschah in der unmittelbaren Nachbarschaft zu Nordkorea und natürlich auch zu anderen Ländern wie China. Der Atombombeneinsatz der USA kam für Japan, China, Russland und alle anderen Staaten in der Region völlig überraschend. Er zeigte über die Region hinaus indes der gesamten Welt, welche Gefahr von diesem Land ausging – und genau darin bestand wohl auch das Kalkül der Vereinigten Staaten. Denn damit zeigten die USA, dass sie nicht nur in der Lage waren, jedes Land auf diesem Planeten mehr oder minder zu vernichten, sondern dass sie auch die Entschlossenheit dazu besitzen. Es war eine Lektion, die damals alle asiatischen Staaten lernten, nicht nur Japan. Man muss bedenken, dass die

USA in den meisten Weltregionen entweder Krieg führten, kriegsähnliche Militäraktionen durchführten (entweder direkt oder durch Unterstützung regional ansässiger Militärapparate) oder mittels Sanktionen starken Druck auf Bevölkerung und Regierung ausübten. Einzig in Europa traten die USA nach dem Zweiten Weltkrieg bislang als Unterstützer auf, allerdings mit Ausnahme von Ex-Jugoslawien.

Der Atombombenabwurf zählte sicherlich zu einem der Hauptgründe, weshalb viele Länder schlichtweg Angst vor diesem mächtigen Land hatten und immer noch haben. Was geschah weiter, nachdem die beiden Atombomben auf Japan abgeworfen wurden? Diese Bombenabwürfe beendeten schließlich den Zweiten Weltkrieg und sie führten zu einer Loslösung von Korea aus der Kontrolle Japans.[171]

Davor war die Geschichte Koreas eng mit jener von China verbunden. Erst im Zeitraum von 1897 bis 1910 schaffte es der kleine Staat, eigenständig zu bleiben. Danach wurde Korea von Japan endgültig annektiert und als japanische Kolonie mit dem Namen Chōsen geführt, nachdem es bereits seit dem 17. November 1905 als japanisches Protektorat geführt wurde.[172]

Nach der Kapitulation des Japanischen Kaiserreichs am 15. August 1945, galt Korea – einmal wieder – als freier Staat. Diese Freiheit währte jedoch nicht lange, da bereits kurz darauf sowjetische Soldaten (im Norden) und amerikanische Militärs (im Süden) das Land besetzten, wobei die Grenze entlang des 38. Breitengrades gezogen wurde. Dieser Schritt wurde im Rahmen der offiziellen amerikanisch-britisch-chinesischen Bedingungen für die Kapitulation Japans – die in der sogenannten „Potsdamer Erklärung“ festgehalten wurden – vereinbart. Unter Punkt sieben der Potsdamer Erklärung stand: Bis diese neue Ordnung erreicht und der japanische Kriegsapparat ausgeschaltet sei, würde es eine gezielte Besetzung Japans durch die Alliierten geben.[173] Dies betraf in Folge auch Korea, obwohl es im Grunde gar nicht mehr dem Japanischen Kaiserreich angehörte, jedoch nach wie vor dort zahlreiche Soldaten der Kaiserlich Japanischen Armee stationiert waren. Diese mussten sich also – vereinbarungsgemäß – dem sowjetischen und amerikanischen Militär ergeben.

In der Folge verhandelten die beiden Supermächte bis zum Jahre 1947 über ein vereintes Korea, und als diese Verhandlungen ergebnislos blieben, trug die USA die „Koreafrage" an die Vereinten Nationen weiter. Dies führte schließlich am 14. November 1947 zu einer UNO-Resolution, die den Abzug aller ausländischen Truppen sowie zusätzlich freie Wahlen und die Installierung einer UNO-Kommission vorsah. So kam es zum Truppenabzug seitens der damaligen Sowjetunion und der USA, der bis Ende 1948 abgeschlossen war. Bereits am 10. Mai 1948 kam es zu Neuwahlen im südlichen Teil Koreas, worauf Rhee Syng-man offiziell die Regierungsgeschäfte von der US-amerikanischen Militärregierung übernahm. Die Antwort des Nordens ließ nicht lange auf sich warten und es wurde – unter sowjetischer Führung – am 9. September 1948 die Demokratische Volksrepublik Korea mit Kim Il-sung als Präsident gegründet.[174]

Damit lag die Chance auf einen einheitlichen Staat Korea in etwa so fern wie vergleichsweise eine gemeinsame Staatenlösung zwischen Israel und Palästina. Nachdem die Truppen der Supermächte abgezogen waren, standen plötzlich zwei Länder einander gegenüber, die jeweils für sich den Anspruch auf die Führung und Kontrolle gesamt Koreas geltend machten. Jegliche Friedensbemühungen gingen unter dem Einfluss der ehemaligen Besatzungsmächte USA und Sowjetunion unter, wodurch es schließlich am 25. Juni 1950 zur unvermeidlichen Eskalation kam: Nordkorea griff den Süden an.

Der Koreakrieg

Schon bald nach Kriegsbeginn schalteten sich zwei Supermächte ein – diesmal jedoch der „alte Bekannte“ USA und ein neuer Akteur, nämlich China – und so sorgten amerikanische sowie chinesische Panzer und Bomben für eine beispiellose menschliche Tragödie. In den Jahren von 1950 bis zum Kriegsende am 27. Juli 1953, als die UNO und Nordkorea in Panmunjom ein Waffenstillstandsabkommen schlossen, verloren in diesem Konflikt über 4,5 Millionen Menschen ihr Leben. Zu einer Million getöteter Südkoreaner kamen 2,5 Millionen Nordkoreaner und etwa eine Million Chinesen, die im Laufe dieses Krieges umkamen. Außerdem starben in diesem Krieg knapp 37.000 US-Amerikaner sowie etwa 3.000 UNO-Soldaten. Alleine von US-amerikanischer Seite wurden knapp eine halbe Million Tonnen an Bomben von Kampfbombern auf Nordkorea abgeworfen, und das bei einem Land, das mit einer Landfläche von 120.538 Quadratkilometern gerademal ein Drittel von Deutschland (357.385 Quadratkilometer) aufweist. Recherchen ergaben, dass wirklich jede Familie in Nordkorea in diesem Krieg Familienmitglieder verlor.[175] Man muss sich diese Dimension vergegenwärtigen, um zu begreifen, dass es für Nordkorea unmöglich ist, die USA und die westlichen Staaten an der Seite der USA als „Friedensbringer“ zu akzeptieren.

Zum Vergleich: Im Verlauf des gesamten Zweiten Weltkrieges (1938 bis 1945) warfen die Alliierten insgesamt zwei Millionen Tonnen an Bomben über Deutschland ab. Die USA deckten also ein Land mit der Größe von etwa Österreich und der Schweiz zusammen (Gesamtfläche: 125.163 Quadratkilometer) mit einer

Bombenmenge ein, die noch nie ein einzelner Staat zuvor – oder danach – abgeworfen hatte.

Nordkorea heute

Die Demokratische Volksrepublik Korea umfasst neben der bereits erwähnten Gesamtfläche von über 120.000 Quadratkilometer mehr als 24 Millionen Einwohner, wodurch es zu einer Bevölkerungsdichte von 200 Personen pro Quadratkilometer kommt, in etwa vergleichbar mit Deutschland, das bei 231 Personen liegt. Seit 1960 verdoppelte sich die Bevölkerung in Nordkorea, wobei die Lebenserwartung mit 67,2 Jahren bei Männern und 74,1 Jahren bei Frauen unter jener in Gesamteuropa mit 75 und 81 Jahren liegt und am besten mit der Lebenserwartung der Menschen in Osteuropa verglichen werden kann (68 und 78 Jahre).[176] Die Sterberate bei Säuglingen lag im Jahre 2008 laut offiziellen Angaben bei knapp unter zwei Prozent und die Fertilität pro Frau lag 2016 bei 2. Somit gibt es pro Familie zwei Kinder.[177]

Wer in Nordkorea als junger Mensch studieren möchte, kann auf einer der 27 Universitäten bzw. Fachhochschulen des Landes gehen. Davor muss er jedoch die schulische Grundausbildung absolvieren, die grundsätzlich kostenlos ist und insgesamt elf Jahre dauert. Danach gehen wohl die meisten Männer zum Militär und nur ein geringer Prozentsatz besucht die Oberstufe als Vorbereitung zur akademischen Weiterbildung.[178]

Es handelt sich also durchaus um ein gebildetes Volk und nicht um einen rückständigen und ungebildeten Bauernstaat, in dem primär Analphabeten leben, wie Nordkorea in den Medien gerne unterschwellig dargestellt wird. Die Alphabetisierungsrate Nordkoreas – darunter wird eine Person verstanden, die im Alter von 15 Jahren lesen und schreiben kann – liegt bei 99,9 Prozent und damit befindet sich dieses Land noch vor Nationen wie beispielsweise Italien, Ungarn, Spanien oder Kroatien.[179]

Die wirtschaftliche Entwicklung des Landes ist natürlich geprägt von umfangreichen Sanktionen. Da Nordkorea lediglich über geringe eigene Bodenschätze verfügt und auf Zukäufe aus dem Ausland angewiesen ist, kommt es immer wieder zu gefährlichen Engpässen im medizinischen Bereich, aber auch in der Versorgung von Nahrungsmitteln für die Bevölkerung, wodurch es immer wieder zu Hungersnöten – wie zuletzt 1996 und auch teilweise in den vergangenen Jahren seit 2020 – kommt.[180] Unter anderem durch diese Umstände beläuft sich das Pro-Kopf- Bruttoinlandsprodukt mit etwa 600 US-Dollar nur auf etwa ein Vierzigstel dessen von Südkorea.[181]

Auch der Tourismussektor – als mögliche zusätzliche Einnahmequelle – stagniert auf einem ausgesprochen niedrigen Wert: Etwa 4.000 bis 6.000 Touristen besuchen jährlich das Land.[182] Kein Wunder, bei Fällen wie jener des US-amerikanischen Studenten Otto Frederick Warmbier, der nach der Entwendung eines Plakates im Jahre 2016 zu einer Freiheitsstrafe von 15 Jahren verurteilt wurde und 2017 verstarb, kurz, nachdem er – im Wachkoma liegend – in die USA ausreisen konnte. Die Hintergründe, die zum Tod des Amerikaners führten, konnten bislang nicht geklärt werden und auch der Verdacht auf Folter in Nordkorea konnte weder bewiesen noch widerlegt werden, aber der begründete Verdacht genügt natürlich völlig, um beinahe jedweden Tourismus zu unterbinden.

Gerade in einem Land, das als isoliertester Staat der Welt gilt, finden derartige Ereignisse in den weltweiten Medien weitaus mehr Beachtung, als wenn ein vergleichbarer Fall in beispielsweise so beliebten Urlaubszielen wie Mexiko Stadt, Kairo oder auch London, Berlin oder irgendwo in den USA, übrigens das Land mit der weltweit höchsten Rate an Gewaltverbrechen, stattgefunden hätte.[183] So wurde beispielsweise in Baltimore, der größten Stadt im US-Bundesstaat Maryland, im Jahr 2017 jeden Tag ein Mensch ermordet, statistisch betrachtet.[184] Mit diesem Vergleich soll das Schicksal Otto Warmbiers keinesfalls verharmlost werden, im Gegenteil: Jegliche Form von Misshandlung und Gewalt muss kompromisslos verurteilt werden. Aber die Zahlen lassen durchaus den Schluss zu, dass ein Urlaub in den USA gefährlicher ist als in Nordkorea.

Die nordkoreanische Armee zählt mit etwa 1,3 Millionen aktiven Soldaten und 4,7 Millionen Reservisten neben China, Indien und den USA zu einer der zahlenmäßig größten Streitmächte der Welt. Im Verhältnis zur Einwohnerzahl handelt es sich bei Nordkorea ohnehin bei Weitem um das am stärksten militarisierte Land überhaupt. Hingegen wird bezüglich der Waffen und der Ausrüstung von insgesamt veralteten Technologien ausgegangen.

Allerdings betreibt Nordkorea ein Nuklearprogramm. Im Rahmen dieses Programms fand im Jahre 2006 auf nordkoreanischem Boden erstmals eine Kernwaffenexplosion statt, die für heftige internationale Kritik sorgte.[185] Damit stieg das Land zur Gemeinschaft jener Staaten auf, die Nuklearwaffen besitzen. Weltweit verfügen acht weitere Länder über ein militärisches Atomwaffenprogramm, und von den weltweit etwa 15.000 offiziell existierenden Nuklearsprengköpfen befinden sich Russland und die USA mit jeweils rund 7.000 Stück an der Spitze, gefolgt von Frankreich (300), China (270), Großbritannien (215), Pakistan (130 bis 140), Indien (120 bis 130) und Israel (80 Nuklearsprengköpfe). Nordkorea wird auf 10 bis 20 dieser verheerenden Waffen geschätzt.[186] 2021 sorgte Nordkorea einmal mehr für

Entsetzen, als die Internationale Atomenergiebehörde (IAEA) berichtete, dass Nordkorea den Atomreaktor im umstrittenen Nuklearzentrum Yongbyon wieder in Betrieb genommen hat. Der Reaktor ist zwar klein, kann aber Plutonium zur Herstellung von Atombomben liefern. Die IAEA hat seit 2009 keinen Zugang zu Nordkorea. Sie überwacht das Land hauptsächlich mit Hilfe von Satellitenbildern.[187]

Wie gefährlich ist Nordkorea wirklich?

Diese Frage lässt sich schwerlich beantworten. Ebenso wenig, wie sich eine Frage nach der Gefährlichkeit etwa von Russland, Israel oder den USA beantworten lässt. Die unbestreitbare Tatsache ist jedoch, dass Nordkorea seit dem Jahre 1953 in keinem einzigen militärischen Konflikt mehr verwickelt war. Von den neun Ländern, die über Atomwaffen verfügen ist Nordkorea tatsächlich das einzige Land, das seit 1953 keinen militärischen Konflikt austrug, geschweige denn, dass es Kriege ohne UNO-Mandat führte, wie es bei einigen anderen Atommächten durchaus vorkam.

Nordkorea führte also seit über 65 Jahren keinen Krieg und könnte daher als eines der friedlichsten Länder der Welt aufgeführt werden. Der Grund, weshalb dieser Staat auf keiner Liste der friedlichsten Staaten des World Peace Index zu finden ist, liegt daran, dass offiziell kein Friedensabkommen mit Südkorea existiert, sich also beide Länder – auf dem Papier – noch im Kriegszustand befinden.

Nuklearwaffen hin oder her: Auf Basis der geführten kriegerischen Auseinandersetzungen wäre Nordkorea somit in einem Atemzug mit Ländern wie Island, Neuseeland, Chile oder Dänemark zu nennen, während Staaten wie Großbritannien, USA oder Frankreich zu militärisch hoch aktiven Nationen zählen.[188]

Allerdings wurde die Weltöffentlichkeit in der Vergangenheit immer wieder Zeuge von Schilderungen ehemaliger Gefangener oder Flüchtlingen über grauenhafte Misshandlungen und Folter durch Militärs und Polizei in Nordkorea. Solche Handlungen müssen von der Staatengemeinschaft zweifelsohne rigoros verurteilt werden, keine Frage. Doch es stellt sich schon die Frage, wie es sich mit ähnlichen Menschenrechtsverletzungen, die – laut Amnesty International – in 160 Ländern der Erde verübt werden, verhält? Und davon sind weder Staaten wie Deutschland, noch Russland, USA, Großbritannien und viele andere nicht ausgeschlossen.

Diese Relativierung der Gefährlichkeit Nordkoreas soll das dortige Regime weder rechtfertigen noch die Gefahren verharmlosen, aber doch darauf hinweisen, dass die größeren Gefahrenpotenziale für den Weltfrieden bei anderen Ländern zu sehen sind als bei kleineren vermeintlichen „Schurkenstaaten". Es ist nach allen bisherigen Erfahrungen eher ein theoretisches Konzept, dass ein „verrückter Diktator" die Welt mit einem Atombombenangriff überzieht und die Angst davor ist überwiegend irrational. Tatsächlich werden Kriege bislang vor allem von großen Nationen aus Machtkalkül angezettelt.

Um dies zu verstehen, lohnt es sich, Begrifflichkeiten zu vergleichen, beispielsweise Diktator und Oberbefehlshaber. Man mag geneigt sein, darauf zu beharren, dass es zum Weltfrieden beiträgt, wenn die Diktatoren, die Alleinherrscher, aus ihrer jeweiligen Position gerissen werden, notfalls mit Gewalt durch andere Staaten? Doch ersetzt man das Wort „Diktator" durch den Begriff „Oberbefehlshaber", erhält diese Position einen völlig anderen Charakter – allein schon dadurch, dass das gewählte Staatoberhaup.t des mächtigsten Landes der Erde, der US-Präsident, ebenfalls Oberbefehlshaber der US-Streitkräfte ist. Ein Diktator erscheint vielen von uns nicht akzeptabel, ein Oberbefehlshaber hingegen schon. Wenden wir das „Wortspiel" auf Nordkorea bzw. die USA an: Kim Jong-un ist gefährlich, er schadet der Welt, er ist ein Diktator. Joe Biden hilft der Weltgemeinschaft sozusagen „Frieden" zu bewahren, er ist der Oberbefehlshaber eines der wichtigsten Länder auf diesem Planeten. Die Psychologie der Worte ist übrigens auch eine Strategie, mit der durch die Verwendung bestimmter Begriffe eine gezielte Kriegspropaganda betrieben wird

Die Beispiele in Irak und Libyen zeigten, wohin es führte, als deren Diktatoren – Saddam Hussein und Muammar al-Gaddafi – gejagt und getötet wurden: Beide Staaten versanken im Chaos und das wiederum führte zu einer neuen Welle von terroristischer Aggression auf dieser Welt. Diese – und viele weitere – Beispiele zeigen, dass es in den allermeisten Fällen keinen Sinn macht, den Diktator zu stürzen – unabhängig von moralischen Überlegungen.

Das hängt sicherlich auch damit zusammen, dass „eigentlich" jeder souveräne Staat das Recht besitzt, sein eigenes Regierungssystem zu bestimmen. Häufig wird als Gegenargument Adolf Hitler herangezogen, der als „größter Tyrann aller Zeiten" den Zweiten Weltkrieg heraufbeschwor. In diesem Fall hätten sicherlich die meisten Menschen einen Tyrannenmord für gerechtfertigt erklärt, der Sturz des Diktators hätte der Welt viel Leid erspart. Doch der Blick auf Hitler verstellt die Erkenntnis, dass die meisten Diktatoren bzw. Tyrannen eben keinen Krieg anzetteln, schon gar keinen Weltkrieg oder auch nur überregionalen Krieg. Es trägt daher nicht zum Weltfrieden bei, sondern verhindert ihn ganz im Gegenteil, wenn militärisch hoch aktive Staaten wie die USA jeden Diktator und jeden Tyrannen mehr oder minder mit dem Teufel Hitler gleichstellen und dadurch implizieren, es sei gut, ihn so rasch wie möglich zu vernichten, um den nächsten Weltkrieg zu verhindern. Um im Beispiel zu bleiben: Es ist zweifelsohne viel wahrscheinlicher, dass die USA in den Dritten Weltkrieg verwickelt sind als etwa Nordkorea.

USA versus Nordkorea

Am 20. Januar 2017 trat Donald Trump seine neue Rolle als Präsident der Vereinigten Staaten an, nachdem er am 8. November 2016 bei den Präsidentschaftswahlen als Sieger hervorgegangen war. Bereits am 11. April 2017 formulierte der damalige US-Präsident eine Drohung gegen Nordkorea. Der Auslöser dafür war ein bevorstehender Atomtest des kommunistischen Landes. Über Twitter ließ Trump folgenden Text verlauten: „North Korea is looking for trouble. If China decides to help, that would be great. If not, we will solve the problem without them! U.S.A. (Übersetzung: Nordkorea sucht Streit. Wenn sich China dazu entschließt zu helfen (Anmerkung: vermittelnd einzugreifen, um den Konflikt zu lösen), wäre das großartig. Falls nicht, lösen wir das Problem ohne sie (Anmerkung: China)!“[189]

Einiges deutete darauf hin, dass Donald Trump vom ersten Moment an einen offenen Konflikt provozieren wollte mit dem Ziel, gegen Nordkorea einen massiven militärischen Schlag auszuführen. In Folge kam es zu einer Art Schlagabtausch zwischen dem nordkoreanischen Machthaber Kim Jong-un und Donald Trump. Dieser fand in erster Linie über TV-Sender, Tageszeitungen und diverse Kommunikationsplattformen im Internet statt. Nachdem Trump den verbalen Fehdehandschuh geworfen hatte, verfasste Jong-un eine saftige Antwort, die über das staatliche Fernsehprogramm veröffentlicht wurde, auf dem ein erneuter Kommentar des US-amerikanischen Präsidenten folgte usw. Dieses Geplänkel nahm schließlich an Schärfe zu, als Trump am 8. August 2017 ankündigte, Nordkoreas Drohungen gegenüber den USA mit „Feuer, Wut und Macht zu begegnen, wie es die Welt niemals zuvor gesehen hat".[190] Im Originaltext lautete seine Nachricht: „They will be met with fire and fury like the world has never seen before."[191] Das klang so, als ob die von amerikanischer Seite angekündigte Konsequenz in einem Ausmaß geplant war, das die Atombombenabwürfe auf Japan im Rahmen des Zweiten Weltkrieges bei Weitem übersteigen würde. Selbst wenn man die generell martiarlische Kommunikation des Egomanen Donald Trump berücksichtigte, klang diese Drohnung geradezu monströs. Man wäre möglicherweise geneigt gewesen, dieses Kapitel nach der Ablösung Trumps durch Joe Biden zuzuschlagen, wenn Biden nicht den von seinem Vorgänger angekündigten Abzug der US-Truppen aus Afghanistan wahr gemacht hätte, wie an anderer Stelle in diesem Buch erläutert. Biden hat in Afghanistan durchgesetzt, was Trump während seiner Amtszeit angekündigt hatte; wer wollte ein ähnliches Vorgehen bezüglich Nordkorea ausschließen, „Fire and Fury" also zur Realität bringen.

Anfang September 2017 setzte sich das Säbelrasseln fort und diesmal drohte der US-amerikanische Verteidigungsminister James Norman Matthis der nordkoreanischen Regierung mit massiven Militärattacken. Als Reporter Donald Trump nach seiner Meinung zu diesen Drohungen befragten, antwortete dieser vieldeutig: „Wir werden sehen". Bald darauf kam aus dem Weißen Haus die Information, dass der US-Präsident nach einem Gespräch mit Japans Premierminister Shinzo Abe plant „die volle Bandbreite der diplomatischen, konventionellen und nuklearen Möglichkeiten" einzusetzen. Nachsatz: „Um sich selbst (USA) und seine Verbündeten zu verteidigen". Es schien so und scheint noch immer so, als ob die USA aus ihren jahrzehntelangen Misserfolgen, die Diktatoren dieser Welt zur Räson zu bringen, nichts gelernt haben. Man muss wahrlich kein Freund Nordkoreas sein, um zumindest Zweifel zu hegen, dass es den Vereinigten Staaten von Amerika ansteht, in dieser Region der Welt „für Ordnung“ unter ihrer Kontrolle zu sorgen.

Japan, China, Südkorea und alle weiteren Staaten in Asien sind gut beraten, den Konflikt mit Nordkorea selbst zu lösen. Den USA zu gestatten, sich dort aktiv zu beteiligen, dürfte für den Weltfrieden eher kontraproduktiv sein. Das Weltpublikum war bereits in der Vergangenheit Zeuge, wie die Vereinigten Staaten von Amerika vorgehen, um in anderen Regionen auf dieser Welt ihren Einfluss zu erhöhen. Im arabischen Raum mit dem Krieg gegen den Irak oder in Nordafrika mit dem Angriff auf Libyen wurden die ganze Welt Zeuge, mit welchen verheerenden Folgen für die gesamte Region die USA ihre Strategie der globalen Kontrolle durchsetzten.

Übrigens drohte Donald Trump im Zuge des Konflikts mit Nordkorea auch zahlreichen weiteren Staaten, indem er ankündigte, sämtlichen Handel mit allen Ländern einzustellen, die weiterhin Geschäfte mit Nordkorea betreiben. Diese Drohung wirkte zwar angesichts der Marktmacht Chinas als mit Abstand wichtigster Handelspartner Nordkoreas eher lächerlich, aber sie verdeutlicht das Selbstverständnis der USA als eine Art „Alleinherrscher“ über die Welt.

Die Konfliktspirale dreht sich weiter

Im Zuge dieses gegenseitigen Geplänkels wurde auch Kim Jong-un nicht müde, Öl ins sprichwörtliche Feuer zu gießen. So wurde Kim am 22. September 2017 von der nordkoreanischen Nachrichtenagentur KCNA mit den Worten zitiert: „Ich werde den geistig umnachteten senilen Amerikaner sicher und endgültig mit Feuer bändigen. Ich werde den Mann, der die Hoheit über das Oberkommando in den USA hat, für seine Rede teuer bezahlen lassen."

Es mutete beinahe wie im Kindergarten an. Die mächtigste Nation der Welt und ein im Vergleich dazu zur Atommacht aufgestiegener Zwergenstaat leisteten sich einen verbalen Schlagabtausch, wie man ihn unter zornigen Kindern erwarten würde, nicht unter Staatschefs, die Verantwortung für ein Land geschweige denn für den Weltfrieden tragen. Man wäre möglicherweise geneigt, angesichts derartiger Dialoge zu schmunzeln, doch das Problematische daran lag in der Tatsache, dass sich hier zwei Kindergartenkinder stritten, die mit Atomsprengköpfen spielten, nicht mehr Sandförmchen.

Drohung mit der Wasserstoffbombe

In Zuge dieser immer weiter anziehenden Eskalationsschleife drohte der nordkoreanische Machthaber sogar mit dem Test einer Wasserstoffbombe, der sicherlich verheerendsten Waffe, die jemals gebaut wurde.[192]

Am 23. April entsendete Trump US-Bomber und Kampfflieger Richtung Nordkorea, die entlang der Ostküste des Landes nach Norden flogen. Es war das erste Mal in diesem Jahrhundert, dass die amerikanische Air Force soweit nördlich der entmilitarisierten Zone operierte. Als Grund wurde der Verstoß Nordkoreas gegen UNO-Resolutionen genannt, ausgelöst durch die Nuklear- und Waffenpläne. Kurz davor beantwortete Kim eine flammende Rede Trumps vor den Vereinten Nationen mit den Worten: „Ich werde den geisteskranken, dementen US-Greis gewiss und auf jeden Fall mit Feuer bändigen." Trump schickte

Flugzeuge in die Luft, Kim verdonnerte seinen Außenminister Ri Yong Ho dazu, im Rahmen der UNO-Generaldebatte mit der Aussage: „Besuch unserer Raketen im gesamten US-Festland ist unvermeidlich geworden". Ri Yong Ho ergänzte seine Aussage zudem mit der Feststellung, Nordkorea werde erbarmungslos präventive Schritte ergreifen, wenn die USA Angriffe auf Nordkorea planen sollten.[193]

Es versteht sich von selbst, dass sich Donald derart böse Worte nicht gefallen lässt und bereits einen Tag später, am 24. April, schmetterte er Kim und dessen Außenminister entgegen: „Habe gerade Nordkoreas Außenminister vor der UNO reden gehört. Wenn er Gedanken des kleinen Raketenmannes nachplappert, werden sie nicht mehr lange da sein." Auch diesmal bediente er sich wieder seines „Lieblingsspielzeugs" namens „Twitter". Gleichzeitig drohte der US-Präsident sicherheitshalber auch dem Iran, da dieses Land eine ballistische Rakete testete, die Israel erreichen könnte. Sicherlich könnte diese Rakete auch noch ganz andere Staaten erreichen, doch bei dem Gedanken an ein militärisch bedrohtes Israel durch den Iran sah Trump allen Anschein nach dunkelrot. Er warf dem iranischen Staat vor, mit Nordkorea zusammenzuarbeiten und gab zu verstehen, dass er – Trump – ein strenges Auge darauf richtete.

Übrigens veranstaltete Kim bereits am Samstag, also einen Tag zuvor (23. April), eine Massenkundgebung mit über 100.000 Teilnehmern, die gegen die USA demonstrierten und die entschlossen dafür eintraten, „die US-Imperialisten, den eingeschworenen Feind, vollständig von der Erde zu beseitigen".[194] Natürlich war diese „Demonstration" eine inszenierte Veranstaltung, die von oberster Stelle befohlen wurde. Gleichzeitig zeigte es, wie Kim Jong-un in dieser Phase sein Volk auf eine mögliche militärische Auseinandersetzung einschwor. Das verdeutlichte, wie gefährliche die Situation zu diesem Zeitpunkt bereits war.

Drei Tage später, am 26. April wertete der nordkoreanische Außenminister Donald Trumps Worte sogar als Kriegserklärung und drohte damit, künftig US-Bomber abzuschießen. Darauf meldete sich der Pentagon-Sprecher Robert Manning zu Wort und erklärte: „Wenn Nordkorea seine Provokationen nicht einstellt, werden wir sicherstellen, dass der Präsident Optionen hat, um mit Nordkorea umzugehen.“[195]

Es lässt sich nur darüber spekulieren, wie nah die Welt zu diesen Zeitpunkt am Abgrund eines Krieges zwischen Nordkorea und den USA stand und letztendlich heute immer noch steht. Klar scheint, dass die Staaten in der Region, allen voran China, einem Angriff der USA auf Nordkorea nicht tatenlos zusehen würden. Eine „Ordnungmacht USA“ dürfte nirgendwo in Asien als besonders beliebt gelten. Ein Militäreinsatz der Vereinigten Staaten von Amerika gegen Nordkorea wäre mit unübersehbaren Folgen verbunden und hätte zweifelsohne ein erhebliches Potenzial zur Eskalation.

Doch es gibt neben der militärischen Macht noch eine andere Repressalie, die häufig zum Einsatz kommt, um unliebsame Staaten und Regime zur Räson zu rufen: wirtschaftliche Sanktionen. So riefen mitten im USA-Nordamerika-Kriegsgeplänkel letztendlich einige Staaten – darunter Deutschland – die beiden Streithähne dazu auf, besser auf Dialog, statt auf destruktive Verbalangriffe zu setzen, woraufhin tatsächlich einige Tage lang Ruhe herrschte. Am 10. Oktober 2017 verschärfte die EU die Sanktionen gegen Nordkorea mit dem Ziel, dadurch die Finanzierung des Atomprogramms zu erschweren.[196] Allerdings deutet vieles darauf hin, dass Nordkorea zu diesem Zeitpunkt längt über Atomwaffen verfügte. Es ging dem Anschein nach also eher darum, „die Zähne zu zeigen“, ohne militärische Drohungen aussprechen zu müssen.

Ähnlich ist es wohl zu werten, dass Anfang Dezember 2017 endlich eine angemessene Reaktion seitens der UNO erfolgte. Der Untergeneralsekretär Jeffrey Feltman, der zweithöchste UNO-Diplomat, reiste in die nordkoreanische Hauptstadt Pjöngjang. Es war das erste Mal nach fünf Jahren, dass ein Vertreter der Vereinten Nationen den isolierten Staat besuchte. Zu welchen Ergebnissen die viertägige Reise Feltmans führte, wurde nicht öffentlich gemacht. Es wurde lediglich bekannt, dass er sich nicht mit Kim Jong-un traf, dafür sprach er jedoch mit dem nordkoreanischen Außenminister und einigen anderen politischen Vertretern.[197]

Ein überraschender Klimawandel

Anfang Januar 2018 kam es plötzlich zu einer Art Klimawandel in den von einer jahrzehntelangen Eiszeit geprägten Beziehungen zwischen Südkorea und Nordkorea. In seiner Neujahrsansprache philosophierte Kim Jong-un zwar darüber, dass ein gewissermaßen stets einsatzbereiter Atomknopf ständig auf seinem Schreibtisch stehe, gleichzeitig bot er jedoch dem verfeindeten Nachbarland eine grundsätzliche Gesprächsbereitschaft an, und das, obwohl sich die Lage zwischen beiden Ländern zuspitzte, nachdem Südkorea ausländische Tankschiffe an der Durchfahrt nach Nordkorea zurückhielt, da diese im Verdacht standen Mineralölprodukte zu schmuggeln.[198]

Kurz darauf begannen in Südkorea die Olympischen Winterspiele und angesichts dieses sportlichen Großereignisses kam es zu einer nächsten erfreulichen Klimaerwärmung auf koreanischem Boden: Nordkorea schickte eine Delegation zu den Eröffnungsfeierlichkeiten, mit dabei niemand geringerer als Kim Yo Jong, die Schwester und enge Vertraute des nordkoreanischen Machthabers.[199]

Allen Anschein nach versuchte Nordkorea tatsächlich, sein Image auf der weltpolitischen Bühne wieder aufzupolieren. Das geschah sicherlich nicht ohne Grund, denn die weitreichenden Sanktionen dürften das Land in große Probleme gebracht haben.[200]

Die nächste Eiszeit

Bedeutete diese Annäherung gleichzeitig auch endlich die erhoffte Entschärfung des Konfliktes gegenüber den USA?

Leider nicht. Ganz im Gegenteil reagierte Donald Trump auf Kims Neujahrsansprache am 3. Januar 2018 mit einer Nachricht auf Twitter in der er der Welt erklärte, dass sein Atomknopf viel größer und mächtiger sei als der von Kim (im Originaltext: „Will someone from his depleted and food starved regime please inform him that I too have a Nuclear Button, but it is a much bigger & more powerful one than his, and my Button works!“).[201] Immerhin erklärte Trump am 7. Januar 2018 nach einer Reporterfrage, er sei gewillt, mit Kim selbst telefonisch in Kontakt zu treten. Wer an dieser Stelle vermuten sollte, der US-amerikanische Präsident wollte auf diese Weise dem nordkoreanischen Machthaber lediglich seine neuesten Beleidigungen durch den Hörer brüllen, lag wohl falsch. Trump sagte nämlich: „Wenn etwas aus solchen Gesprächen würde, wäre das eine große Sache für die ganze Menschheit, das wäre eine große Sache für die Welt“.[202]

Ende gut, alles gut? Mitnichten. Ein Monat später, am 7. Februar 2018, kündigte US-Vizepräsident Mike Pence an, die härtesten Sanktionen gegen Nordkorea durchzusetzen, die es jemals gab. „Wir werden unseren maximalen Druck so lange weiter verschärfen, bis Nordkorea konkrete Schritte hin zu einer vollständigen, nachweisbaren und unumkehrbaren Denuklearisierung einleitet", sagte Pence. Zu einem möglichen Militärschlag gegen das Atomwaffenprogramm Nordkoreas äußerte sich der US-Vizepräsident mit den Worten: „Es liegen alle Optionen auf dem Tisch."[203]

Der Konflikt zwischen den USA und Nordkorea befand sich die ganze Zeit über auf einer der höchsten erreichbaren Eskalationsstufen. Die Gefahr eines Militärschlages war äußerst realistisch – mit allen daraufhin folgenden Eskalationsstufen. Im Februar 2018 standen wir einem Dritten Weltkrieg vermutlich so nahe, wie noch nie zuvor und noch immer kann eine winzige Provokation zu einer gewaltigen Katastrophe führen. Diese Gefahr gilt auch aktuell nicht als gebannt, dessen müssen wir uns im Klaren sein. Die Bedrohung ist in etwa so real wie kurz nach dem Ersten Weltkrieg, als die massiven Sanktionen gegen Deutschland – festgehalten im Versailler Vertrag – letztlich als eine der Hauptursachen für den Zweiten Weltkrieg etwa zwanzig Jahre später führte.

Sanktionen wirken selten

Als der amerikanische Vize-Präsident Mike Pence am 7. Februar 2018 die „härtesten Sanktionen aller Zeiten" gegen Nordkorea ankündigte, wurde klar, dass sich dieser Konflikt nicht so schnell von selbst auflösen würde. Nordkorea stand damit sozusagen mit dem Rücken zur Wand, denn eine Verschärfung der

Sanktionen hätte für das ohnehin bereits stark gebeutelte Land den Beginn einer humanitären Katastrophe bedeutet.

Doch stellte dieser Weg tatsächlich den Beginn zur friedlichen Lösung dieses Konfliktes dar? Oder anders gefragt: Wie oft führten Sanktionen gegen einen Staat in der Vergangenheit zu einer dauerhaften Lösung eines Konfliktes? Eher selten, muss eine nüchterne Betrachtung wohl lauten. Die Sanktionen etwa gegen den Irak, den Iran oder auch Russland haben letztendlich dazu geführt, die Situation eher zu verschärfen statt dem Frieden näher zu kommen. Sanktionen münden in der Regel schneller in einen Kalten Krieg als in einen Friedensprozess. Das Konzept, man müsse nur genügend Druck auf eine Regierung ausüben, damit sie klein beigäbe, wie es allen Sanktionen zugrundeliegt, hat sich in der Praxis kaum bewährt.

Ganz im Gegenteil. So trugen etwa im Falle des Irak die Isolierung dieses Landes in Kombination mit der Invasion und der anschließenden US-Besatzung nach dem zweiten Irakkrieg wesentlich dazu bei, dass es zur Gründung des Islamischen Staates kam, einer der tödlichsten Terrororganisationen aller Zeiten.[204]

In einer Studie des German Institute of Global and Area Studies (GIGA) wurde längst festgestellt, dass Sanktionen gegen andere Länder – ganz gleich, welcher Art – zwar ein beliebtes außenpolitisches Mittel darstellen, um Druck zu erzeugen, doch bislang konnte damit nur in Ausnahmefällen ein Regimewandel herbeigeführt werden. Es zeigte sich sogar, dass sich derart sanktionierte totalitäre Regime ausgesprochen resistent gegen einen derartigen Außendruck erwiesen haben.[205]

Versailler Vertrag: Krieg statt Frieden

Der Versailler Vertrag ist wohl eines der markantesten Beispiele dafür, wie Sanktionen zu einer weltweiten Katastrophe führten.

Nach Deutschlands Kapitulation nach dem Ersten Weltkrieg vereinbarten die damaligen Siegermächte die Bedingungen für ein dauerhaftes Friedensabkommen, das im bekannten Versailler Vertrag mündete. Die damit gestellten Sanktionen waren für die junge Weimarer Republik im Prinzip nicht durchführbar, denn diese Sanktionen führten zwangsläufig zu einer humanitären Katastrophe. Bereits zu diesem Zeitpunkt wurden die wesentlichen Gründe für den späteren Zweiten Weltkrieg bereitet, der in seinen mörderischen Ausmaßen den Krieg von 1914 bis 1918 sogar noch an Grausamkeit übertrumpfen sollte.

Doch wie kam es dazu? Nach Ende des Ersten Weltkrieges, aus dem Deutschland als Verlierer hervorging, begannen 1919 die Friedensverhandlungen mit den alliierten Siegermächten, wobei Deutschland an diesen Verhandlungen nicht teilnehmen durfte, sondern erst kurz vor Vertragsunterzeichnung durch schriftliche Eingaben wenige Nachbesserungen vorschlagen durfte. Hier behandelte man den Verlierer, Deutschland, nicht so, wie man eine unterlegene Nation behandeln sollte, nämlich auf Basis von Gerechtigkeit. Die damaligen Siegermächte waren nachtragend und wollten Rache nehmen. Letztlich wurde Deutschland alleinig für den Ausbruch des Krieges verantwortlich gemacht, es wurde zu Gebietsabtretungen und auch zu Reparationszahlungen an die Siegermächte verpflichtet. Die Vertragsbedingungen wurden von der Mehrheit der deutschen Bevölkerung als illegitim und demütigend empfunden, wodurch schließlich der Grundstein für den späteren Hass innerhalb der deutschen Bevölkerung gesät wurde. Vermutlich konnte überhaupt erst dadurch eine Person wie Adolf Hitler an die Macht kommen. Die Lehre daraus ist im Grunde einfach: Wenn innerhalb einer Bevölkerung Hass auf ein anderes Land aufkeimt, dann entsteht viel leichter die Bereitschaft für einen Krieg. Aus diesem Grund sind Sanktionen, die sich primär gegen die Bevölkerung eines Staates richtet, äußerst gefährlich.

Dieses Empfinden – die Demütigung – verstärkte sich, als das Deutsche Reich durch die Vertragsbedingungen schließlich auch wirtschaftlich schwer getroffen wurde. Durch die territorialen Abtretungen verlor es 80 Prozent seiner Eisenerzvorkommen, 63 Prozent der Zinklager und knapp 30 Prozent der Steinkohleförderung sowie 40 Prozent seiner Hochöfen. Auch die Getreideernte und der Viehbestand reduzierte sich schlagartig um 15 bzw. 17 Prozent. Auch der Außenhandel war stark beeinträchtigt, da das Deutsche Reich etwa 90 Prozent seiner Handelsflotte verlor.[206]

All das führte unter anderem zu einer gewaltigen Wirtschaftskrise, nachdem am 24. Oktober 1929 an der New Yorker Börse die Kurse abstürzten. Damals taumelte die Welt in eine Wirtschaftskrise ungeahnten Ausmaßes und Deutschland, respektive die Weimarer Republik – die ohnehin mit den Folgen des Versailler Vertrages zu kämpfen hatte – traf es besonders hart. Die Reichsregierung unter der Leitung von Heinrich Brüning konnte trotz eines strikten Sparkurses den völligen Zusammenbruch der heimischen Wirtschaft nicht verhindern.[207] Dieser Sparkurs führte zu einer enormen Arbeitslosigkeit und dadurch zu einem massiven Elend innerhalb der Bevölkerung.

Unter diesen Rahmenbedingungen hatte der junge Adolf Hitler ein relativ leichtes Spiel, um den verzweifelten Menschen neue Hoffnungen zu machen. Wohin seine Politik führte, wissen vermutlich die meisten Menschen auf diesem Planeten: Im Jahre 1938 kam es zum Zweiten Weltkrieg, der bislang furchtbarsten militärischen Auseinandersetzung mit über 60 Millionen Todesopfern.[208]

Vermutlich wäre der Zweite Weltkrieg nicht so leicht zustande gekommen, wenn es die Sanktionen gegen Deutschland nicht gegeben hätte. Dieses Beispiel zeigt auf, welche Gewaltspirale derartige Repressalien gegen ein anderes Land anheizen können. An dieser Stelle lässt sich gut erkennen, wohin Hass und Verzweiflung in Verbindung mit Armut und Unterdrückung innerhalb einer Bevölkerung führen kann. Motto: „Wenn wir nicht überleben können, dann sollen auch unsere Feinde sterben."

Natürlich ist das heutige Nordkorea weit vom damaligen Nazi-Deutschland entfernt. Aber bestimmte Mechanismen etwa in Bezug auf Sanktionen lassen sich durchaus vergleichen – und über Nazi-Deutschland und Nordkorea hinausgehend auf weitere Staatsgebilde anwenden.

Sanktionen als Keimzelle für neue Kriege

Jeder Staat bzw. dessen Bevölkerung erträgt wohl ein bestimmtes Maß an Einschränkungen, die unter dem Druck anderer Nationen entstehen. Steigt jedoch der Leidensdruck über eine kritische Grenze, reagiert dieser mit Gewalt. Hier existieren mehrere verschiedene Phasen.

Zunächst einmal wird dieser Staat versuchen, auf einer vergleichbaren Ebene zurückschlagen. Ein Beispiel stellen die Strafzölle der USA gegenüber Europa dar: Die Europäische Gemeinschaft reagierte auf der gleichen Ebene und stellte ebenfalls Strafzölle auf US-amerikanische Produkte in Aussicht.

Im nächsten Schritt kommt es zu Drohszenarien. Wenn der Leidensdruck zu hoch wird und die vorangegangenen Phasen keine Verbesserung brachten, kommt es zur dritten Phase und damit schließlich zu militärischen Auseinandersetzungen, sei es als offener Krieg, als terroristische Akte oder als Sabotageakte in Form von Hackerangriffen und ähnlichem.

Ein bekanntes Beispiel für diese Konfliktspirale stellt der Angriff Japans auf Pearl Harbor dar. Am 7. Dezember 1941 griff Japan völlig unerwartet und ohne vorherige Kriegserklärung die US-amerikanische Pazifikflotte auf Hawaii an. Warum kam es zu diesem aggressiven Akt? Im September 1940 schränkte die USA unter ihrem Präsidenten Franklin D. Roosevelt den amerikanischen Export von Erdöl und Stahl nach Japan ein. Der Grund dafür lag am besonders aggressiven Vorgehen Japans im Zweiten Japanisch-Chinesischen Krieg mit vielen Gräueltaten, die an der chinesischen Bevölkerung begangen wurden. Nachdem das japanische Militär nicht einlenkte, sondern sogar noch damit begann, Truppen in Indochina zu stationieren, verhängten die USA ein komplettes Embargo, dem sich auch Großbritannien und Niederländisch-Indien anschloss. Das bedeutete für das Land mit dem roten Punkt in der Flagge, dass es mit einem Schlag 75 Prozent seines Außenhandels und 90 Prozent der Öl-Importe verlor.

Am 26. November 1941 nahm Japan Verhandlungen mit der amerikanischen Regierung auf, jedoch scheiterten diese Verhandlungen, da Japan die Bedingungen der USA als Ultimatum auffassten, die für dessen Militär unannehmbar waren. Zwar führte Japan die Verhandlungen zum Schein weiter, bereitete jedoch bereits alles auf den Angriff auf Pearl Harbor vor – mit den bekannten Folgen.[209]

Natürlich steht außer Frage, dass das Verhalten Japans nicht tolerierbar war. Die Grausamkeiten seiner Soldaten kannten keine Grenzen und man durfte nicht tatenlos zusehen, wie unzählige Menschen von den Japanern abgeschlachtet wurden. Gleichzeitig führten die Sanktionen gegen das Land zu einem Verzweiflungsschlag, der letztendlich weitere hunderttausende Todesopfer forderte (wenn man den Angriff auf Pearl Harbor und den Abwurf der beiden Atombomben auf Hiroshima und Nagasaki zusammenzählt).

Das Land wäre wirtschaftlich innerhalb weniger Monate völlig zusammengebrochen, deswegen reagierte es unter diesem Druck auf diese Weise. Zur Klarstellung: Es geht weder darum, das Verhalten Japans noch das der USA gutzuheißen, sondern darum, aufzuzeigen, welche verheerenden Folgen Sanktionen nach sich ziehen können – völlig losgelöst von der Schuldfrage.

Ein weiteres Beispiel in diesem Zusammenhang stellt der Konflikt mit dem Irak dar. Nach dem ersten Irakkrieg, der mit der gewaltsamen Eroberung Kuwaits durch den Irak im Jahre 1990 seinen Anfang nahm, führte eine Koalition mehrerer Länder, angeführt durch die USA, 2003 einen weiteren Krieg gegen den Irak durch. Davor gab es bereits jahrelange Sanktionen, die sich hauptsächlich gegen die irakische Bevölkerung richteten. Diese Sanktionen kosteten im Irak Millionen Menschenleben, insbesondere deshalb, da unter dieses Importverbot auch lebenswichtige Produkte wie Medikamente und medizinische Geräte fielen, aber auch die Einfuhr von wichtigen Lebensmitteln wie Milchpulver untersagt wurde. Dadurch starben innerhalb weniger Jahre hunderttausende Kinder. Das Land konnte diese wichtigen Produkte schließlich nicht selbst herstellen, da im ersten Irakkrieg sämtliche Produktionsanlagen des Landes entweder zerstört wurden oder unbrauchbar waren.[210]

Man könnte daraus eine Strategie formulieren, die sich wie folgt darstellt: Die USA setzen einen unliebsamen Staat so lange unter Druck – vorzugsweise mit Sanktionen –, bis er so gut wie keinen Handlungsspielraum besitzt. Sobald dieser Staat nun daraufhin aggressiv reagiert, beginnen die Vereinigten Staaten mit einer militärischen Offensive. Aus dieser unsäglichen Spirale ist wohl unter anderem die Terrorgruppe Islamischer Staat (ISIS) entstanden.[211]

Ein besonders gravierendes Beispiel für die Folgen der US-amerikanischen Politik der Rache und der Erzwingung westlicher Werte in anderen Ländern stellt Afghanistan dar, von der Vergeltung für die Terroranschläge am 11. September 2001 bis zum Truppenabzug im Sommer 2021.

Das Versagen in Afghanistan

Wie aus Terrorismus Krieg entsteht, wie dünn die Grenze zwischen Terror und Krieg ist, hat sich wohl in keinem anderen Land so deutlich gezeigt wie in Afghanistan. Wenn im vorliegenden Buch an verschiedenen Stellen Phänomene wie Cyber War oder Bioterror beschrieben werden, dann muss man sich stets klar machen, dass sie das Potenzial haben, sich zu einem Krieg auszuwachsen. Der Nine-eleven-Terror und das Desaster der westlichen Nationen unter US-Führung in Afghanistan stehen beispielhaft dafür, wie Terror in Krieg umschlägt.

Nine-Eleven

Am 11. September 2001 um 8:46 Uhr geschah das zuvor undenkbare: Ein Passierflugzeug (American Airlines 11) wurde von Terroristen in den Nordturm der Zwillingstürme des World Trade Center in New York gesteuert. Die Welt hielt den Atem an, als der Einschlag des United Airlines Flug 175 in den Südturm um 9:03 Uhr live im TV gesendet wurde. Es waren Fernsehbilder, wie sie sich kein Hollywood-Regisseur spektakulärer hätte ausdenken können – aber es war alles bittere Realität. Menschen sprangen aus den Hochhäusern in den sicheren Tod, um nicht im Flammenmeer, das über mehrere Etagen hinweg herrschte, zu verbrennen. Der Krieg war mit einem Schlag und ohne Vorwarnung im Herzen New Yorks ausgebrochen. Im Laufe der folgenden anderthalb Stunden brachen beide Wolkenkratzer in sich zusammen. Am gleichen Tag um 9:37 Uhr steuerten Entführer den American Airlines Flug 77 ins US-Verteidigungsministerium Pentagon nahe der Hauptstadt Washington.

Ein weiteres Zivilflugzeug, United Airlines Flug 93, wurde nach Kämpfen mit Passagieren vom Piloten im US-Bundesstaat Pennsylvania um 10:03 Uhr zum Absturz gebracht und verpasste als einziges von vier entführten Flugzeugen das von den Terroristen anvisierte Ziel. [212] Die als terroristischer Massenmord eingestuften Anschläge forderten 2996 Menschenleben. „Nine-eleven“ (11. September bzw. engl. 9/11) wurde zum Albtraum der USA, zum Trauma für die Nation, die sich für unangreifbar hielt, und zum Symbol dafür, dass Terror jederzeit und ohne jegliche Vorwarnung in unsere zivilisierte Welt einbrechen kann.

Die Live-Übertragung im Fernsehen weltweit vergrößerte die Schmach, die die Vereinigten Staaten von Amerika für jedermann sichtbar über sich ergehen lassen mussten. Nicht zuletzt die öffentliche Zurschaustellung im Fernsehen dürfte dafür verantwortlich sein, dass sich die damalige US-Regierung unser Präsident George W. Bush unter allen Umständen gezwungen sah, die Schuldigen zu finden und zu bestrafen. Die Terroristen, die die Flugzeuge entführt hatten, waren bei den Selbstmordattentaten gestorben, aber es galt, die Drahtzieher dahinter ausfindig zu machen. Unter enormem politischen und öffentlichem Druck erklärten die US-Sicherheitsbehörden das islamistische Terrornetzwerk Al-Qaida (auch „al-Kaida“ geschrieben) unter der Führung des saudi-arabischen und seit 1994 staatenlosen Terroristen Osama bin Laden für schuldig. Die Nine-Eleven-Anschläge waren von ihm geplant und von 19 seiner Mitglieder, darunter 15 Staatsangehörige Saudi-Arabiens, verübt worden, stellte die US-Regierung fest. Al-Qaida wird indes nicht nur von den USA, sondern auch von der Europäischen Union und den Vereinten Nationen als terroristische Vereinigung eingestuft. Die UNO-Mitgliedstaaten sind verpflichtet,

Sanktionen gegenüber Individuen und Vereinigungen durchzusetzen, die mit Al-Qaida in Verbindung stehen.[213]

Für die USA war Osama bin Laden so etwas wie ein „idealer Erzfeind"; schließlich hatte er 1998, nach dem Zweiten Golfkrieg, in einer Fatwa (einer Art Rechtsauskunft einer muslimischen Autorität) das Töten von Zivilisten und Soldaten der Vereinigten Staaten und deren Verbündete überall auf der Welt zur Pflicht jedes Muslims erklärt.[214] Doch 2001 bekannte sich der Terrorführer nicht zu den Anschlägen (dies holte er erst 2004 nach) und überdies war Osama bin Laden selbst für die mächtigen Staaten von Amerika mit ihrer globalen militärischen Reichweite nicht so einfach aufzufinden und zur Rechenschaft zu ziehen.

War on Terror

Als US-Präsident George W. Bush unmittelbar nach den furchtbaren Nine-Eleven-Anschlägen einen „War on Terror" proklamierte, konnte er unmöglich eine vermutlich jahrelange Suche nach einem einzigen Terroristen zum Inhalt des „Kriegs gegen den Terror" erklären. Daher geriet das seit 1996 in Afghanistan herrschende Terror-Regime der Taliban ins Visier der US-Regierung. Die deobandisch-islamistischen Taliban, deren Wurzeln auf die 1866 gegründete islamische Hochschule „Dar ul-'Ulum Deoband" („Haus der Gelehrsamkeit") in der indischen Kleinstadt Deoband zurückgehen, hatten das Islamische Emirat Afghanistan errichtet, das allerdings nur von Pakistan, Saudi-Arabien und den Vereinigten Arabischen Emiraten anerkannt wurde.[215]

Die US-Regierung betrachtete nach den Anschlägen am 11. September 2001 den Terrorismus nicht mehr als bloßen kriminellen Akt, sondern als eine Form des Krieges.[216] Dieser Sichtweise hat sich die internationale Gemeinschaft weitgehend angeschlossen, indem sie den USA gemäß Artikel 51 der UN-Charta das Recht auf Selbstverteidigung zuerkannte und damit das Völkerrecht weiterentwickelte.[217] Nach Überzeugung der damaligen US-Regierung könne sich die amerikanische Nation erst wieder sicher fühlen, nachdem der globale Terrorismus beseitigt worden sei. Präventive Interventionen wurden mit dem Argument legitimiert, dass ein Präventivschlag mitunter die einzige Möglichkeit einer Verteidigung sei. Das mag sein, aber das Prinzip souveräner Staaten, das der UNO-Ordnung zugrunde liegt, wurde damit durch ein System ersetzt, in dem die USA allein entscheiden konnten, ob eine Militärintervention legitim war.[218]

Am 14. September 2001 rief die US-Regierung den Ausnahmezustand aus, der übrigens bis zum Erscheinen des vorliegenden Buches (2021) nicht widerrufen wurde. Es war der Beginn einer Zäsur mit Auswirkungen weit über die USA hinaus. Im Rahmen des „Krieges gegen den Terrorismus“ wurden weltweit sicherheitspolitische Strategien überdacht. Im Spannungsverhältnis zwischen individueller Freiheit und kollektiver Sicherheit kristallisierten sich die Grenzen offener Gesellschaften deutlicher als je zuvor heraus. Das führte zu gravierenden Auswirkungen auf die Rechtsstaatlichkeit westlicher Demokratien, sogar dazu, dass zeitweise am Tabu des absoluten Folterverbots gerüttelt wurde.[219] Insbesondere in Europa setzte sich indes die Erkenntnis durch, dass selbst der schlimmste Terrorismus nur mit den Mitteln der Rechtsstaatlichkeit bekämpft werden darf, dass der Staat also nicht jenseits der Gesetze steht.[220]

Am 20. September 2001 sagte US-Präsident George W. Bush vor dem Kongress der Vereinigten Staaten von Amerika unter anderem: „Unser Krieg gegen den Terror beginnt mit Al-Qaida, aber er endet nicht dort. Er wird nicht enden, bis jede terroristische Gruppe von globaler Reichweite gefunden, gestoppt und geschlagen ist." Er schwor seine Landsleute und die Welt zudem auf eine lange Zeitspanne ein mit den Worten: „Die Amerikaner sollten nicht einen Kampf erwarten, sondern eine langwierige Kampagne, anders als alle, die wir je gesehen haben. Diese könnte dramatische Angriffe einschließen, die im Fernsehen übertragen werden, und versteckte Operationen, die auch bei Erfolg geheim bleiben. Wir werden den Terroristen ihre Geldmittel abschneiden, sie gegeneinander aufbringen, sie von Ort zu Ort treiben, bis es für sie keine Zuflucht oder Ruhe mehr gibt. Und wir werden die Staaten verfolgen, die dem Terrorismus Hilfe zur Verfügung stellen oder ihm einen sicheren Hafen bieten. Jedes Land in jeder Region muss sich jetzt entscheiden – entweder es steht an unserer Seite oder an der Seite der Terroristen."[221]

Eines der Länder, dass die USA auf die Liste der Terrorländer setzte, war Afghanistan unter dem Taliban-Regime. Im Zuge der Militäroperation Enduring Freedom begann am 7. Oktober 2001 der Krieg in Afghanistan, mit dem Ziel, die seit 1996 herrschende Taliban-Regierung zu stürzen und Al-Qaida zu bekämpfen. Zur Begründung des Irakkriegs 2003 bezog sich die US-Regierung übrigens ebenfalls auf die Anschläge von Nine-Eleven, trotz Zweifeln zahlreicher NATO-Verbündeter. Berechnungen zufolge wurden im „Krieg gegen den Terror" weit über eine Million Menschen getötet.[222]

Der geistige Drahtzieher hinter den Anschlägen vom 11. September 2001, der Al-Qaida-Gründer Osama bin Laden, wurde übrigens am 2. Mai 2011 von einer US-Spezialeinheit in seinem Anwesen in Nordpakistan etwa 50 Kilometer nordöstlich der Hauptstadt Islamabad entfernt aufgestöbert und getötet.[223] Er und seine Schergen waren nach allen Erkenntnissen die Schuldigen des Nine-Eleven-Terrors. Doch statt die Terroristen zu jagen, entschloss ich der damalige US-Präsident George W. Bush ganzen Ländern wie Afghanistan den Krieg zu erklären. Es war eine unheilvolle Vermischung zwischen terroristischen Organisationen wie Al-Quaida, Taliban, Islamischer Staat und anderer „Terrorvereine“ und Staaten andererseits. Freilich lässt sich bei einem von den Taliban beherrschten Land nur schwerlich zwischen Terror und Staat unterscheiden, weil es sich im Grunde um Staatsterror handelt, aber „der Fall Afghanistan“ hat einmal mehr gezeigt, dass es wohl unmöglich ist, in einem anderen Land mit einer völlig anderen Kultur eine westliche Demokratie nachzubauen und dauerhaft zu erhalten. Deutschland mag als Gegenbeispiel dienen, denn den USA und den europäischen Staaten ist es nach dem Zweiten Weltkrieg gelungen, mit der Bundesrepublik Deutschland eines der demokratischsten Länder auf der Welt an den Start zu bringen, aber Deutschland hatte schon zuvor in der Weimarer Republik erhebliche Erfahrungen in Sachen Demokratie gesammelt und war und ist zudem von demokratischen Ländern umgeben. Es war eine völlig andere Situation als etwa in Vietnam, Korea, Iran, Irak oder Afghanistan.

Der Krieg in Afghanistan sollte der längste Krieg werden, den die Vereinigten Staaten jemals gekämpft haben. Am 17. August 2021 erklärte US-Präsident Joe Biden: „Wir sind vor beinahe 20 Jahren nach Afghanistan gegangen mit klaren Zielen: diejenigen zu fangen, die uns am 11. September 2001 angegriffen haben – und sicherzustellen, dass al Qaida Afghanistan nicht erneut als Basis für weitere Angriffe nutzen kann. Das haben wir getan – vor einem Jahrzehnt. Unsere Mission war niemals zum Aufbau einer Nation gedacht.“[224] Die damalige deutsche Bundeskanzlerin Angela Merkel formulierte 2021 über den Einsatz in Afghanistan: „Wir wollten ein Land aufbauen mit demokratischer Struktur – das ist nicht gelungen."[225]

Tatsächlich hatte die NATO hierzu ab 2003 die Internationale Sicherheits- und Wiederaufbaumission ISAF (*International Security Assistance Force*) angeführt mit dem erklärten Ziel, in Afghanistan eine Demokratie westlicher Prägung durchzusetzen. In mehreren internationalen Konferenzen, weitschweifigen Erklärungen und mit Genehmigung durch den Sicherheitsrat der Vereinten Nationen (Resolution 1386 vom 20. Dezember 2001) war keine friedenssichernde Blauhelm-Mission, sondern ein sogenannter friedenserzwingender Einsatz vereinbart worden.[226] Doch 2021 stellte sich heraus: Sobald die USA ihren Rückzug antraten, blieb nichts von den 20-jährigen Anstrengungen übrig.

Bedingungslose Kapitulation

2001 begann die Rache Amerikas für die Anschläge am 11. September. 20 Jahre später setzten die Taliban auf Rache für die Vertreibung von der Macht und versuchten alles auszulöschen, was zwischendurch entstanden war. Noch im Juli 2021 erklärte US-Präsident Joe Biden: „Die Wahrscheinlichkeit, dass die Taliban alles überrennen und das ganze Land übernehmen, ist sehr unwahrscheinlich." Einen Monat später, im August 2021, war genau dieser Fall eingetreten. Der von den westlichen Staaten eingesetzte afghanische Regierungschef Ashran Ghani floh Hals über Kopf ins Ausland, die vom Westen ausgebildete afghanische Armee desertierte beinahe vollständig und die Taliban eroberten binnen weniger Wochen das ganze Land. Es war eine bedingungslose Kapitulation.

Die Übernahme durch die Taliban erfolgte im Sommer 2021 derart schnell, dass weder den Amerikanern noch ihren westlichen Verbündeten genug Zeit für einen geordneten Rückzug blieb – kaum für das diplomatische Personal, erst recht nicht für die Unterstützer vor Ort, die sogenannten Ortskräfte, einheimische Helfer beim Aufbau der Demokratie nach westlichem Vorbild, die von den Taliban am meisten zu befürchten hatten. Fernsehbilder, auf denen Hunderte von ihnen versuchen, über eine wacklige Gangway in ein Flugzeug zu gelangen, in dem es nicht einmal für einen Bruchteil der Menge Platz gibt, gingen um die Welt. Andere Aufnahmen zeigten Verzweifelte, die auf der Startbahn neben einer US-Militärmaschine liefen, einige klammerten sich an den Radkästen fest. Schreckliche Bilder dokumentierten, wie Personen von einem Flugzeug fielen, das sich bereits in der Luft befand.[227] „Mit dreizehntausend der Zug begann, einer kam heim aus Afghanistan" dichtete schon Theodor Fontane über die verheerende Niederlage des britischen Empires in Afghanistan.[228] Wie den Briten erging es später den Sowjets und dann den Amerikanern.

Afghanistan 2021 war wie Saigon 1975

Das Afghanistan-Engagement der internationalen Gemeinschaft ging 2021 nach bald 20 Jahren im Chaos zu Ende. Die Szenerie wirkte schlimmer als der Abzug der US-Amerikaner 1975 aus Saigon beim Rückzug aus Vietnam. Tausende von Menschen warteten im August 2021 verzweifelt darauf, über die Luftbrücke der Amerikaner, Briten, Kanadier, Inder und anderer Länder aus Afghanistan ausgeflogen zu werden. Der britische Verteidigungsminister Ben Wallace gestand vor laufenden Kameras mit Tränen in den Augen ein: „Einige werden es nicht schaffen."[229]

Der US-Generalinspekteur für den Wiederaufbau in Afghanistan testierte seiner Regierung zahlreiche Fehlentscheidungen aufgrund „völliger Unkenntnis" über die Lage in Afghanistan – nicht erst beim Truppenabzug 2021, sondern bereits die 20 Jahre zuvor. Die US-

Regierung sei fälschlicherweise davon ausgegangen, dass die Herausforderungen mit Blick auf Staatsführung im Irak und Afghanistan ähnlich seien. „Tatsächlich waren sie es nicht", heißt es in einem Bericht des Generalinspekteurs. Die Fehleinschätzung des sozialen und politischen Umfelds in Afghanistan durch die US-Regierung hätten zur Folge gehabt, dass viele Initiativen zur Stabilisierung und zum Wiederaufbau des Landes nur unzureichend an die lokalen Verhältnisse angepasst worden seien.[230]

Wolfgang Ischinger, ehemaliger Botschafter Deutschlands in London und Washington und seit 2008 Leiter der Münchner Sicherheitskonferenz, analysierte: „Der Fall Afghanistan manifestiert geostrategisch die aktuelle Schwäche des Westens. Westlessness? Das verheißt nichts Gutes für andere Konfliktzonen und wird illiberale Strömungen eher stärken. Deshalb ist Afghanistan ein Lackmustest für die Fähigkeit der gesamten internationalen Gemeinschaft, Konflikte zu regeln. In Syrien, im Jemen, in Libyen hat sie Krisenprävention und Krisenmanagement nicht unter Beweis gestellt, um es freundlich zu sagen. Es wäre ein erbärmliches Signal, wenn die Vereinten Nationen in Afghanistan erneut versagen würden."[231]

Es war eine höfliche Analyse; tatsächlich lässt sich nicht leugnen, dass die internationale Staatengemeinschaft und mit ihr die UNO in Afghanistan kläglich versagt hat. Den Rachegelüsten der USA nach den Anschlägen vom 11. September 2001 folgend hatten sich praktisch alle westlichen Nationen auf ein tödliches Abenteuer in Afghanistan eingelassen. Dabei hätte sie es besser wissen müssen. Schließlich war bereits die sowjetische Intervention in Afghanistan zwischen 1979 und 1989 kläglich gescheitert. Diese begann mit der militärischen Unterstützung der durch einen Putsch an die Regierung gekommenen afghanischen Machthaber durch die Sowjetunion gegen die zahlreichen Gruppierungen der Gotteskrieger, der Mudschahedin, die sich vor allem als Reaktion auf die Säkularisierung Afghanistans bildeten.[232] Doch statt die liberalen Tendenzen in dem Land zu unterstützen, wurden „aus Prinzip", nämlich dem Prinzip, die Sowjetunion zu bekämpfen, die islamistische Rebellengruppen politisch und materiell von den USA sowie einigen NATO-Staaten und Teilen der islamischen Welt unterstützt.[233] Mit anderen Worten: Die USA und zahlreiche westliche Staaten haben über Jahre hinweg selbst extremistische Gruppierungen gefördert, die ihnen später als Feinde gegenüberstanden. Sicherlich nicht nur, aber eben auch durch diese Politik, gab sich die damalige Sowjetunion geschlagen. Der Abzug der sowjetischen Truppen hinterließ Afghanistan politisch und militärisch ohne Ordnung.[234] In diesem Vergleich war der Abzug der USA 2021 anders: Die Vereinigten Staaten hinterließen einen Taliban-Staat, den die Terrororganisation konsequenterweise in „Islamisches Emirat" umbenannte.[235]

Mutmaßlich wird der tschechische Präsident Milos Zeman recht behalten, der den Rückzug der USA und der NATO aus Afghanistan scharf kritisierte: Unter den Taliban werde das Land zu einem „Zentrum des Terrorismus" zu werden. Prompt meldete sich zum 20. Jahrestag der Nine-Eleven-Anschläge in den USA das Terrornetzwerk Al-Qaida mit einer Videobotschlag. Rund 60 Minuten lang rief darin der Nachfolger des von den USA getöteten Osama Bin-Laden zu Kampf gegen die Staaten im Westen und ihre Verbündeten im Nahen Osten auf. Die Anschläge vom 11. September seien „eine Verletzung", wie sie die USA niemals zuvor erlebt hätten, 20 Jahre danach verließen sie Afghanistan „gebrochen und geschlagen".[236] Diese Drohung entspricht der Einschätzung des tschechischen Präsidenten Milos Zeman, es drohten „im Grunde auf der ganzen Welt" islamistische Terroranschläge. Mit dem Rückzug hätten die USA das Prestige der weltweiten Führungsmacht eingebüßt und die NATO habe „Zweifel an ihrer Existenzberechtigung" ausgelöst, kritisierte Zeman. Eine der zentralen Aufgaben des Verteidigungsbündnisses bestehe schließlich im Schutz vor internationalem Terrorismus.[237]

USA als größter Waffenlieferant der Terroristen

Genau das wird künftig schwieriger als je zuvor werden. Mit der Machtübernahme in Afghanistan im Sommer 2021 wurden die Taliban nämlich über Nacht zu einer der am besten ausgestatteten Islamisten-Miliz der Welt. Auf einen Schlag erbeuteten die Taliban eine Million Handfeuerwaffen und Milliarden Schuss Munition, mehr als 600 Schützenpanzer vom Typ M1117 und rund 8.500 Humvees (Militär-Geländewagen), über 150 geschützte Hightech-Fahrzeuge vom Typ MaxxPro, rund 100.000 aufgerüstete Geländewagen der Marken Toyota Hilux und Ford Ranger. 99 Prozent dieser Bestände kamen aus den USA. Dazu kamen etwa 1.000 Schützenpanzer, Panzer und gepanzerte Fahrzeuge aus sowjetischen Beständen, die im Sommer 2021 ebenfalls in die Hände der Gotteskrieger gelangten.

Doch nicht nur für den Bodenkampf wurden die Taliban gut ausgerüstet, auch die Luftflotte ging komplett an die Islamisten über, die nunmehr über 68 leichte Kampfhubschrauber vom Typ MD 500 Defender, 19 brasilianische Bodenkampfflugzeuge vom Typ A-29 und bis zu 16 legendäre Blackhawk-Transporthubschrauber verfügten. Hinzu kamen vier schwere Transportflugzeuge der Baureihe C-130 Hercules und mehr als 100 sowjetische Transport- und Angriffshubschrauber (Mi-17 und Mi-24). Doch die größte Gefahr für das Aufflammen des internationalen Terrorismus stellt wohl die Übernahme der afghanischen Drohnen-Flotte dar. So eroberten die Taliban mehrere Hightech-Exemplare vom Typ ScanEagle des US-Herstellers Boeing.

Auch Teile des Arsenals aus Deutschland fielen in die Hände der Terrororganisation, darunter Panzerhaubitze 2000, ein 55 Tonnen schweres fahrbares Artilleriegeschütz mit großer Feuerkraft, der 600 PS starke Schützenpanzer Marder, der es auf eine Spitzengeschwindigkeit von 65 Stundenkilometern brachte, das Kampffahrzeug Eagl, das speziell für Kriseneinsätze zugeschnitten war, und das bewaffnete Allzweck-Nutzfahrzeug Dingo, ein rund 8,8 Tonnen schwerer Transporter, der bis zu 100 Stundenkilometer schnell war und bevorzugt bei Patrouillenfahrten eingesetzt wurde.

Ob die Taliban ihr stark erweitertes militärisches Arsenal dafür nutzen, international ihre Macht auszubauen, Terrorgruppen wie Al-Qaida mit Waffen zu beliefern und den internationalen Kampf fundamentalistischer Scharia-Kämpfer weiter zu unterstützen, stand 2021 noch nicht fest, aber sehr wahrscheinlich ist genau dieses Szenario schon. Es war indes nicht das erste Mal, dass Islamisten aus einem amerikanischen Truppenabzug profitierten. Als Mitte 2014 die Dschihadistenmiliz Islamischer Staat (IS) die Stadt Mossul im Irak überrannte, fielen Waffen und Fahrzeuge, die von der US-Armee beschafft worden waren, in die Hände des IS. Seitdem stärkte und verbreitete der IS von dort sein selbsternanntes Terror-Kalifat.[238]

Man muss es sich auf der Zunge zergehen lassen: Die IS- und Taliban-Terroristen sind mit modernsten Waffen reichlich ausgerüstet, die aus den Beständen der USA stammen. Viel katastrophaler kann sich ein „War on Terror“ gar nicht mehr gegen denjenigen wenden, der dem Terror den Krieg angesagt hat. Die USA haben den international agierenden Terrororganisationen ungewollt mehr und bessere Waffen „besorgt“ als diese sich mutmaßlich jemals zu erträumen wagten.

Doch es könnte noch viel schlimmer kommen. Kurz nach der Machtübernahme der Taliban in Afghanistan im Sommer 2021 warnte der frühere Nationale Sicherheitsberater der USA, John Bolton, vor einem Griff der Terrororganisation nach Atomwaffen. Er analysierte: „In Afghanistan drohen neue nukleare Risiken, nicht morgen oder in 30 Tagen, aber mittelfristig." Er verwies dabei auf Afghanistans Nachbarstaaten Pakistan und Iran, die beide Nuklearprogramme haben. Bolton dazu: „In Afghanistan ging es nie nur um Afghanistan. Die Präsenz der USA in dem Land hat immer auch dazu gedient, Informationen aus den zwei problematischen Nachbarländern mit Nuklearprogrammen zu sammeln. Unsere Fähigkeit, die Region zu durchleuchten, wird durch den Abzug reduziert."[239]

Russland und China erklären sich zu Afghanistan

Die Auswirkungen des Afghanistans-Desaster werden weit in die 2020er Jahre und darüber hinaus reichen – und zwar nicht nur in Afghanistan, sondern in der gesamten dortigen Region und sogar weltweit. So erklärte Russland beinahe gleichzeitig mit dem Abzug der US-Truppen im Sommer 2021, dass man Gespräche mit den Taliban aufgenommen habe und auf eine gute Verständigung hoffe. Während der Westen die Taliban stets nur als Feinde betrachtet hatte, war Russland bereits über Jahre hinweg mit ihnen im informellen Gespräch, völlig unabhängig von einer offiziellen Anerkennung. Schon seit längerem positionierte sich Russland als eine Art Schutzmacht für die Region. Tadschikische, russische und usbekische Militärs haben bereits gemeinsame Manöver abgehalten. Der Abzug der USA ging 2021 mehr oder minder mit dem Wiedereinzug Russlands in der Region einher.[240] Allerdings sah Moskau auch die von Afghanistan ausgehende Terrorgefahr: „Es gibt die Gefahr, dass Terroristen und verschiedene Gruppierungen, die in Afghanistan Zuflucht gefunden haben, das von unseren westlichen Partnern hinterlassene Chaos nutzen", erklärte der russische Präsident Wladimir Putin. Zu recht stellt er fest, dass der Drogenschmuggel und die illegale Migration vermutlich zunehmen werden – wovon nicht nur Russland, sondern ganz Europa betroffen ist. Gleichzeitig sprach Moskau 2021 eine deutliche Warnung in Richtung der USA aus: Die Stationierung von US-Truppen in Zentralasien lehnte Russland strikt ab. Die Begründung: Jeder Staat, der US-Streitkräfte in seinem Land erlaubt, verliert seine Stabilität.[241]

China sah 2021 im Scheitern der Militärintervention in Afghanistan einen Beleg für die schwindende Macht der USA. „Der Fall Kabuls läutet die Todesglocke für den Niedergang der US-Hegemonie ein", titelte die staatliche chinesische Nachrichtenagentur Xinhua schadenfroh. Das Verhältnis mit Afghanistan ist für China dennoch ambivalent. So sehr das Bollwerk gegen die USA gewünscht ist, so wenig Wert legt China auf den Einfluss der muslimischen Taliban auf die heimische Bevölkerung. Peking hat Angst davor, dass der radikale Islamismus nach China einsickern könnte. Immerhin haben China und Afghanistan eine 76 Kilometer lange gemeinsame Grenze.[242]

China und Russland, aber auch Pakistan, der Iran und die Türkei sehen im Rückzug des Westens eher eine Chance. Schließlich verfügt Afghanistan über Bodenschätze im Wert von mehreren Billionen US-Dollar. Alle diese Länder erhoffen sich von den Taliban lukrative Aufträge und die Möglichkeit, die kostbaren Rohstoffe des Landes auszubeuten.[243] Immerhin liegt in Afghanistan reichhaltig Eisen, Kupfer, Lithium, Seltene Erde, und Gold unter der Erde.[244] Als Hersteller von fast der Hälfte aller Industriegüter auf der Welt braucht China den Löwenanteil aller Rohstoffe. Peking, das der größte ausländische Investor in Afghanistan ist, führt bereits das Rennen an, wenn es darum geht, ein effizientes Bergbausystem in dem Land am Hindukusch aufzubauen.[245] So könnten Millionen und Milliarden von Produkten, die künftig rund um den Globus gekauft werden, zumindest indirekt zur Mehrung des Reichtums der Taliban beitragen.

Doch unabhängig von China können sich die Taliban aussuchen, mit wem sie Geschäfte machen wollen. Sie sind eine der reichsten Terrororganisationen der Welt mit Einnahmen von schätzungsweise bis zu 1,6 Milliarden US-Dollar pro Jahr. Die Taliban haben „finanzielle und militärische Unabhängigkeit" erreicht, hieß es schon 2020 in einem vertraulichen Bericht der NATO. Das Geld kommt überwiegend aus dem Anbau und Handel mit Drogen, vor allem Opium und Heroin. 93 Prozent des Heroins auf der Welt stammt aus afghanischem Anbau.[246] Auch in Deutschland ist das in Afghanistan hergestellte und über die Balkanroute nach Europa geschmuggelte braune Heroin am gebräuchlichsten. Die am häufigsten genutzte Schmugglerroute verläuft über den Iran in die Türkei, wo das Opium zu braunem Heroin verarbeitet wird. Eine alternative Route führt weiter nördlich über das Schwarze Meer nach Bulgarien oder in die Ukraine.[33] Es sind übrigens dieselben Routen wie für den Drogentransport, über die auch die Flüchtlingsströme nicht erst seit 2015 nach Europa gelangen.

Neue Flüchtlingsströme nach Europa

Europa hat für die 2020er Jahre eine steigende Flüchtlingswelle aus Afghanistan zu erwarten, vergleichbar mit dem Flüchtlingsansturm seit 2015 aus Syrien.[247] Der Druck auf die europäischen Staaten wird weiter wachsen, vor allem der innenpolitische Druck aus der Bevölkerung heraus, die keineswegs gewillt sein dürfte, weitere Flüchtlingsströme größeren

Ausmaßes zu akzeptieren. Der politische Rechtsruck, die zunehmende Bedeutung der nationalen Parteien, wie es in Europa seit 2015 zu beobachten war, könnte durch das Afghanistan-Debakel 2021 neue Nahrung erhalten. Es ist vielleicht ein Witz der Geschichte, dass in den USA ausgerechnet ein Präsident der demokratischen Partei dafür verantwortlich sein wird, dass Europa politisch weiter nach rechts rückt.

Der Dritte Weltkrieg

Die Furcht vor einem Dritten Weltkrieg war angesichts des nach 1945 bald aufflammenden Kalten Krieges weit verbreitet und aktualisierte sich schlagartig 1950 anlässlich des Ausbruchs des Koreakrieges (der „Koreaschock“). Der Begriff steht für einen wahrscheinlich als Atomkrieg geführten Krieg, der durch nuklearen Holocaust einen Großteil der Menschheit vernichten könnte. In diesem Sinne bedeutet der Dritte Weltkrieg auch der Letzte Weltkrieg. Dazu wird es hoffentlich nie kommen. Tatsache ist allerdings, dass seit 2018 ein Wiederanziehen beim Wettrüsten der Nationen unverkennbar ist.

Mit 14.465 Atomsprengköpfen trat die Welt in die 2020er Jahre ein. Die meisten davon (Stand 2020) – 6.850 – besitzt Russland, gefolgt von den USA mit 6.450 atomaren Sprengköpfen. Die drittgrößte Atommacht ist übrigens nicht, wie häufig angenommen, China, sondern Frankreich. Der französische Präsident befehligt über 300 Atomsprengköpfe, China kommt auf 280. Dazu kommt eine ganze Reihe von Ländern, die ebenfalls Atomwaffen besitzen: Großbritannien (215), Pakistan (145), Indien (135), Israel (80) und Nordkorea (15).[248]

Das Kriegstriumvirat

Auf jeden Fall die USA, eventuell Russland, möglicherweise auch China – so lässt sich die potenzielle Involvierung der drei Supermächte in einen Dritten Weltkrieg wohl am besten beschreiben. Europa steht dabei durch die NATO gebunden an der Seite der USA. Den Vereinten Nationen dürfte keine maßgebliche Rolle zufallen. Kein Land aus dem Triumvirat der Supermächte – die USA, Russland und China – gesteht der UNO eine nennenswerte Machtfülle zu.

Schon am 2. März 2015 warnten die Politologen Stephan Cohen und John Mearsheimer davor, dass die USA einen Krieg mit Russland provozieren könnten. Kaum jemand nahm Notiz davon, die Medien hatten Wichtigeres zu berichten. Dass die USA einen militärischen Konflikt mit Russland planen könnten, hörte sich wie eine Verschwörungstheorie an.[249]

Seit 2018 positionierte die US-Regierung indes China deutlich stärker als Feindbild. In einem ultimativen Ton forderte die US-Regierung im November 2018, dass China sich den Forderungen der Vereinigten Staaten unterwerfen solle, ansonsten müsse das Land mit einem allumfassenden Kalten Krieg rechnen. Die USA erklärten, nach Asien gekommen zu sein, um zu bleiben. Nachdem kurz vorher der chinesische Präsident dazu aufgerufen hatte, sich auf einen Krieg vorzubereiten, stellte das eine erneute Eskalationsstufe dar, welche die Angst vor einer Konfrontation der beiden Supermächte weiter erhöhte. Die Gefahr, dass aus dem tobenden Handelskrieg ein militärischer Krieg entstehen könnte, war nicht länger von der Hand zu weisen.[250] Die 2021 ins Amt gekommene US-Regierung von Präsident Joe Biden und Vizepräsidentin Kamala Harris vermeidet bislang jedwede Kriegsrhetorik, aber der grundlegende China-USA-Konflikt wird dadurch nicht vermindert.

Russlands Präsident Wladimir Putin warnte bereits 2019 davor, die drohende Gefahr eines Atomkriegs zu unterschätzen. „Wenn, Gott verhüte, so etwa passiert, kann das zur Vernichtung der ganzen Zivilisation führen, wenn nicht des ganzen Planeten“, erklärte Putin auf der Jahrespressekonferenz 2019.

Die Verantwortung für die wachsende Gefahr sah Putin, wenig überraschend, auf Seiten der USA.[251]

Die Falle des Thukydides

Bezüglich des China-USA-Konflikts muss man feststellen, dass es schon häufiger in der Geschichte zum Krieg kam, wenn eine Großmacht zu einer anderen aufgeschlossen hatte. Der Harvard-Politologe Graham Allison nannte diese Konstellation die „Falle des Thukydides" in Anspielung auf den großen Geschichtsschreiber der griechischen Antike. In Thukydides' „Geschichte des Peloponnesischen Krieges" (431 bis 404 vor Christus) wird als „wahrster Grund" für die damals weltkriegsartige Zäsur der Aufstieg Athens und die Furcht der Spartaner vor einem immer weiter erstarkenden Herausforderer genannt. Eine ähnliche Parallele lässt sich zum Aufeinanderprallen des Britischen Empire und des Deutschen Reiches vor 1914 ziehen.[252]

Ob die Falle zwischen den USA als Weltmacht Nummer 1 und dem erstarkenden China wirklich zuschnappt, ist nicht zwangsläufig ausgemacht. Im Unterschied zu früheren Zeiten sind heutzutage nämlich alle Weltwirtschaften derart eng miteinander vernetzt, dass jede politische Konfrontation etwa durch Sanktionen oder gar militärische Maßnahmen zwangsläufig zur direkten Rückkopplung ins eigene Land führen.

Indes ist der Zankapfel Taiwan unübersehbar. Zum Jahrestag der Revolution 2021 forderte Chinas Präsident Xi Jinping öffentlich, dass Taiwan sich wieder dem „Mutterland" anschließe. Er erklärte: „Die historische Aufgabe der vollständigen Wiedervereinigung des Mutterlandes muss erfüllt werden und wird definitiv erfüllt."[253] Taiwans Präsidentin Tsai Ing-wen stellte

2021 ebenso unmissverständlich klar, dass sich die Inselrepublik dem Druck aus Peking nicht beugen werde. Das Land wolle seine Verteidigung ausbauen, um sicherzustellen, dass niemand Taiwan zwingen könne, den Weg zu nehmen, den Peking vorzeichne. Dieser biete „weder ein freies und demokratisches Leben noch Souveränität" für die 23 Millionen Taiwaner. Die Xi-Regierung hatte ihren Worten zuvor Nachdruck verliehen, indem immer wieder verstärkt chinesische Militärflugzeuge in Taiwans sogenannte Identifikationszone zur Luftverteidigung eingedrungen waren.[254] Die USA würden einer Besitznahme Taiwans durch China kaum tatenlos zusehen. Seit Jahren sind US-Spezialeinheiten heimlich in Taiwan stationiert, um – wie ein Sprecher des US-Verteidigungsministeriums 2021 bestätigte – die Insel „gegen die gegenwärtige Gefahr" aus China zu unterstützen. Der Kampf um Taiwan hat das Potenzial, sich zu einer militärischen Auseinandersetzung zu entwickeln, der weit über die Region hinausgehen könnte.[255]

Europa versus Amerika

Am 6. November 2018 sprach Frankreichs Staatspräsident Emmanuel Macron aus, was mutmaßlich viele Europäer dachten: „Wir müssen uns wohl selbst verteidigen mit Blick auf China, Russland und sogar die Vereinigten Staaten von Amerika." Das Staatsoberhaupt einer europäischen Atommacht schlug die Gründung einer europäischen Armee vor.[256] Den Zeitpunkt hierfür wählte er offensichtlich bewusst: wenige Tage vor dem „Weltkriegsgipfel" in Paris, dem Gedenken an die Toten des Ersten Weltkriegs, der eigentlich ganz im Zeichen des Friedens stehen sollte. Auf diesem Gipfel kamen am 11. und 12. November 2018 rund 60 Staats- und Regierungschefs nach Paris, darunter der US-amerikanische Präsident Donald Trump und der russische Präsident Wladimir Putin, um bei einer großen Gedenkfeier am Pariser Triumphbogen der Toten zu gedenken. 100 Jahre zuvor, am 11. November 1918, war der Waffenstillstand des Ersten Weltkriegs in einem umgebauten Speisewagen auf einer Waldlichtung nah der nordfranzösischen Stadt Compiègne unterschrieben worden.

Der damalige US-Präsident Trump nutzte den Vorstoß Macrons als erster, um zum verbalen Angriff überzugehen. Über Twitter verkündet er: „Frankreichs Präsident Macron hat vorgeschlagen, dass Europa sein eigenes Militär aufbauen sollte, um sich gegen die USA, China und Russland zu wehren. Sehr beleidigend, aber vielleicht sollte Europa erst einmal seinen fairen Anteil an der NATO bezahlen, die von den USA in großem Umfang subventioniert wird."[257] 2021 kam es zu einem ähnlich gelagerten Zwischenfall wiederum zwischen Frankreichs Präsident Emmanuel Macron und Trumps Nachfolger im Amt des US-Präsidenten, Joe Biden. Völlig überraschend für Europa und alle NATO-Partner verkündeten die USA gemeinsam mit Großbritannien und Australien im September 2021 ein neues Bündnis zur Sicherung des indopazifischen Raums. Es war ein Vertrauensbruch ohne Beispiel: Das zweifelsohne gegen China gerichtete Bündnis war ohne Absprache mit irgendeiner EU-Regierung erfolgt. Frankreich war besonders überrumpelt: Die französische Naval Group hatte fünf Jahre lang darüber verhandelt, U-Boote des Typs „Shortfin Barracuda" im Wert von 56 Milliarden Euro an Australien zu liefern. Mitte Juni 2021 hatte Macron den australischen Premierminister im Élysée empfangen und angesichts des Vertrages über die zwölf bestellten französischen U-Boote die „vertrauensvolle Beziehung beider Länder" unterstrichen. Auch die Verteidigungs- und Außenminister Frankreichs und Australiens hatten in einem gemeinsamen Kommuniqué die Bedeutung des beschlossenen U-Boot-Programms für die Zukunft betont. Doch nur zwei Monate später platzte der Deal aufgrund der neuen Militärallianz zwischen Australien, Großbritannien und den USA. Der französische Außenminister Jean-Yves Le Drian formulierte unmissverständlich: „Die Wahl, die die USA getroffen haben, einen Verbündeten und europäischen Partner in einer strukturellen Partnerschaft mit Australien zur Seite zu drängen, und das zu einem Zeitpunkt, an dem wir uns neuen, beispiellosen Herausforderungen im indopazifischen Raum gegenüber sehen ..., zeigt einen Mangel an Zusammenhalt, den Frankreich nur feststellen und bedauern kann. ... Diese brutale, einseitige und unberechenbare Entscheidung erinnert mich in vielem an das, was Herr Trump getan hat“.[258]

2018 dachte vermutlich noch niemand daran, einmal eine amerikanische und eine europäische Armee aufeinander prallen zu lassen, aber nach dem Vorfall 2021 wurde erstmals von einem europäischen Staatsoberhaupt das Undenkbare ausgesprochen: Europa braucht eine Armee, um sich gegen die Vereinigten Staaten von Amerika zu verteidigen. Dabei sind beide Seiten über Jahrzehnte hinweg im Militärbündnis Nordatlantikpakt NATO (North Atlantic Treaty Organisation) nach Artikel 51 der UNO-Charta vereint. Der militärisch-politische Pakt wurde nach dem Zweiten Weltkrieg als Verteidigungskomplex gegen die Sowjetunion und den Ostblock ins Leben gerufen. Am 4. April 1949 unterzeichneten Belgien, Dänemark, Frankreich, Großbritannien, Island, Italien, Luxemburg, die Niederlande, Norwegen, Portugal, Kanada und die USA den Nordatlantikvertrag, der am 24. August 1949 in Kraft trat.

Die NATO schlingert

Die Zielsetzung und Strategie der NATO hat sich seitdem mehrmals grundlegend geändert, man könnte auch von einem

Schlingerkurs sprechen. Zunächst galt die am 6. Januar 1950 festgelegte Strategie der Eindämmung (Containment), also der Abwehr eines sowjetischen Angriffs auf das Bündnisgebiet möglichst weit im Osten. Der Ausbruch des Koreakrieges im Juni 1950, in den im November 1950 auch China eingriff, führte zu einer massiven Aufrüstung in Europa, weil man einen sowjetischen Angriff befürchtete. Am 24. Oktober 1950 preschte Frankreich vor: Der damalige französische Ministerpräsident René Pleven unterbreitete den Vorschlag einer Europa-Armee, geführt unter dem Kommando eines europäischen Verteidigungsministers. Nur kurze Zeit später, am 20. Dezember 1950, beschlossen die Mitgliedsstaaten des Brüsseler Paktes – auch Westunion genannt – tatsächlich die Eingliederung der bisherigen militärischen Organisation in die NATO.

Der Brüsseler Pakt wurde am 17. März 1948 von Frankreich, Großbritannien, Belgien, Luxemburg und den Niederlanden als Militärbündnis geschlossen und ging im Jahr 1954 in der Westeuropäischen Union auf, zu der auch die nach dem Zweiten Weltkrieg neu entstandene Bundesrepublik Deutschland gehörte. Ziel war es, die stark dezimierten Militärkapazitäten in Westeuropa zu bündeln, um für einen möglichen Angriff der Sowjetunion gerüstet zu sein. Durch das Zusammengehen mit der NATO am 20. Dezember 1950 wurden salopp formuliert Westeuropa und Nordamerika militärisch „ein Herz und eine Seele" – bis 2018 Frankreichs Staatschef Emmanuel Macron erstmals eine europäische Armee auch mit Blick auf die Vereinigten Staaten von Amerika auf die politische Tagesordnung setzte.

Zwischendurch gab es allerdings schon mehrmals diverse Strategiewechsel bei der NATO einschließlich des Plans zur Vernichtung mindestens der halben Welt bei einem Angriff durch die Sowjetunion. Die USA hatten diese Nuklearstrategie der massiven Vergeltung entwickelt, die vorsah, bei einem Angriff auf einen NATO-Staat gleich welcher Art mit einem vernichtenden nuklearen Gegenschlag zu antworten. Am 21. März 1953 übernahm die NATO diese Strategie im „Overall Strategic Concept for the Defense of the North Atlantic Treaty Organisation".

Das Wettrüsten zwischen West- und Ostblock begann. Als Reaktion auf den NATO-Beitritt Deutschlands am 9. Mai 1955 gründete die Sowjetunion nur fünf Tage später den Warschauer Pakt als militärischen Beistandspakt des Ostblocks und Gegengewicht zur NATO. Am 13. März 1957 kündigten die USA die Ausstattung ihrer Streitkräfte mit Nuklearwaffen an. Der NATO-Oberbefehlshaber General Lauris Norstad schlug am 12. Oktober 1960 der NATO offiziell die Aufstellung einer multilateralen Atomstreitmacht vor. Die USA starteten sodann am 30. Januar 1961 erstmals eine Interkontinentalrakete vom Typ Minuteman aus einem verbunkerten Silo.

Am 10. Mai 1961 betonte US-Präsident John F. Kennedy vor dem NATO-Militärausschuss die Verstärkung der konventionellen Kampfkraft und die Notwendigkeit der Kontrolle nuklearer Waffen. Mit der Stationierung von sowjetischen Mittelstreckenraketen auf Kuba kam es im Oktober 1962 zur Kubakrise. Die Welt stand am Abgrund, niemals zuvor war ein Atomkrieg so wahrscheinlich wie zu diesem Zeitpunkt.

Vor diesem Hintergrund begann Frankreichs Präsident Charles de Gaulle ab 1958 mit dem Aufbau eigener Atomstreitkräfte, der Force de frappe, die ganz unabhängig von den USA agieren sollten. Mit der ersten französischen Atomexplosion am 13. Februar 1960 trat Frankreich in den Kreis der Nuklearmächte ein. Charles De Gaulle verlangte die Unterstellung aller in Frankreich stationierten US-amerikanischen und kanadischen Einheiten unter französisches Kommando und forderte, nachdem die USA dies ablehnten, am 10. Februar 1966 den Abzug aller ausländischen Streitkräfte und der NATO-Hauptquartiere aus Frankreich, und erklärte den Rückzug der französischen Truppen aus der NATO. Frankreich ging also schon unter Charles de Gaulle auf Distanz zur NATO, allerdings als Alleingang, während Emanuelle Macron Frankreich 2018 offenbar gemeinsam mit den anderen europäischen Ländern militärisch aufstellen wollte, losgelöst von den USA, aber im Verbund mit den europäischen Nachbarn.

Nachdem die Strategie der massiven Vergeltung bei der Kubakrise 1962 beinahe zur atomaren Katastrophe – also sozusagen zum Dritten Weltkrieg auf einen Schlag – geführt hatte, wechselte die NATO am 14. Dezember 1967 zur Strategie der abgestuften Reaktion (Flexible Response), die bis zum Ende des Kalten Krieges galt. Statt im Falle eines Angriffs mehr oder minder mit der Auslöschung der Welt zu drohen, galt fortan an eine gemäßigte, an die Situation angepasste, Abwehrstrategie. Zudem setzte die NATO dabei auf eine Zwei-Pfeiler-Doktrin, die einerseits militärische Sicherheit durch konventionelle und die damals neu entwickelten taktischen Nuklearwaffen gewährleisten sollte, und andererseits auf eine Entspannungspolitik.

Schon 1970 kam die Frage der stärkeren finanziellen Beteiligung der europäischen NATO-Partner an dem Verteidigungsbündnis auf, die US-Präsident Trump 2016 mit erneuter Aktualität in den Raum stellte. Damals verabschiedete die Euro Group, die Gruppe der Europäer in der NATO, am 2. Dezember 1970 ein „Programm zur Verbesserung der Verteidigung" mit einem Kostenumfang von 420 Millionen Dollar. Am 12. Dezember 1979 fiel der berühmt-berüchtigte NATO-Doppelbeschluss: die NATO kündigte die Aufstellung neuer mit Atomsprengköpfen bestückten Mittelstreckenraketen und Marschflugkörper an und verlangte gleichzeitig bilaterale Verhandlungen zwischen den Supermächten USA und UdSSR über die Begrenzung ihrer atomaren Mittelstreckenraketen – der Intermediate Nuclear Forces, INF – mit einer Reichweite zwischen 1.000 und 5.500 Kilometern in Europa. Die Nachrüstung und Rüstungskontrolle sollten einander ergänzen.

Dann brach das Zeitalter der Perestroika an, der Umgestaltung des gesellschaftlichen, politischen und wirtschaftlichen Systems der Sowjetunion unter Michail Gorbatschow, seit März 1985 Generalsekretär des Zentralkomitees der Kommunistischen Partei der Sowjetunion (KPdSU), die die UdSSR und damit den gesamten Ostblock regierte. Seitdem bot die Sowjetunion eine weitreichende atomare Abrüstung an. 1987 vereinbarten die USA und die UdSSR im INF-Vertrag den Rückzug, die Vernichtung und das Produktionsverbot ihrer gesamten bestückbaren Flugkörper mit Reichweiten von 500 bis 5.500 Kilometern und ihrer Trägersysteme. Soweit bekannt erfüllten beide Länder diese Verpflichtung – bis die US-Regierung am 1. Februar 2019 ankündigte, den INF-Vertrag zu kündigen und einen neuen Rüstungswettlauf zu beginnen.[259]

1989 fiel der Eiserne Vorhang, der Ostblock löste sich sukzessive auf und die geopolitische Lage in Europa änderte sich grundlegend. Der Warschauer Pakt als erzfeindliches Militärbündnis der NATO verschwand und es wurde ein neues Konzept benötigt. Schließlich wurde am 8. November 1991 die vorherige „Flexible Response" durch eine neue Strategie aus Dialog, Kooperation und Erhaltung der Verteidigungsfähigkeit beschlossen. Das Bündnis bot sich zudem der UNO als Militärbündnis für den Einsatz bei friedenserhaltenden Maßnahmen an. Dazu passten die 1992 vereinbarte Bereitschaft der NATO zu Out-of-Area-Einsätzen, also auch außerhalb des Gebietes der NATO-Staaten: Seitdem sind nach Ermächtigung durch den

UNO-Sicherheitsrat NATO-Einsätze überall auf der Welt möglich. Beispiele dafür stellten der zweite Golfkrieg gegen den Irak 1991 dar, an dem eine Reihe von NATO-Staaten unter Führung der USA und unter Beteiligung weiterer Länder teilnahmen, sowie die Luftangriffe gegen serbische Stellungen in Bosnien-Herzegowina 1994/95. In beiden Fällen wurde überdeutlich, dass der militärische Faktor als konkretes Handlungsmandat in der internationalen Politik nach dem Kalten Krieg massiv an Bedeutung gewann.

Dabei übernahm die NATO teilweise mit militärischen Mitteln ordnungspolitische Aufgaben, die der Sache nach der UNO besser angestanden hätten. Beispielhaft hierfür stand die Auflösung Jugoslawiens: Während die militärische Konfliktregelung des Westens in erster Linie darauf zielte, die damals bestehenden Strukturen aufrecht zu erhalten, sahen diverse Bevölkerungsgruppen darin die Gelegenheit, ihre Vorstellungen von eigenen Staaten umzusetzen. Albanien, Kosovo, Serbien, Kroatien, Bosnien-Herzegowina, Mazedonien – der große osteuropäische Bürgerkrieg wäre mutmaßlich unvermeidbar gewesen, aber das Eingreifen der NATO hat sicherlich nicht zur Befriedung beigetragen. Am 24. März 1999 begann die NATO im Rahmen des Kosovokrieges mit Luftangriffen gegen Belgrad.

Es war der erste NATO-Einsatz außerhalb eines Bündnisfall, und der erste NATO-Militärschlag ohne ausdrückliches UNO-Mandat. Es markierte den Beginn einer neuen Ära, in der die NATO als militärischer Arm der Politik massiv an Bedeutung gewann.[260]

Nine Eleven – der erste Bündnisfall

Die Terroranschläge vom 11. September 2001 erschütterten die Welt. Unmittelbar danach setzte die NATO erstmals in ihrer Geschichte den Bündnisfall nach Artikel 5 des NATO-Vertrages vorläufig in Kraft, am 1. Oktober vollständig. Artikel 5 regelt, dass bei einem bewaffneten Angriff auf einen Bündnispartner, in diesem Fall die USA, dies so gewertet wird, als ob alle NATO-Staaten angegriffen würden. Als Ziel werden die Wiederherstellung und Wahrung der Sicherheit des nordatlantischen Gebietes genannt. Hätte also ein anderer Staat die USA angegriffen, so wäre ein unmittelbarer Gegenschlag vermutlich die Folge gewesen. Indes: Es gab 2001 jedoch keinen staatlichen Aggressor, keine Kriegserklärung, nicht einmal einen eindeutigen Verursacher. Zwar gaben die Bündnispartner Unterstützung durch ihre Geheimdienste und gewährten den US-Streitkräften Überflugrechte und Zugang zu Flugplätzen, Häfen und sonstigen Einrichtungen. Darüber hinaus startete am 26. Oktober 2001 die Operation „Active Endeavour" mit dem Ziel der Seeraumüberwachung zur Erfassung und Dokumentation des zivilen Seeverkehrs. Aber letztlich gingen die Ansichten der NATO-Partner, wie nach dem Terror vom 11. September 2001 zu verfahren sei, weit auseinander. Es tat sich die grundlegende Frage auf, wie die NATO auf einen Angriff einiger weniger Terroristen reagieren sollte.

Da die Angreifer des 11. September 2001 der in Afghanistan gegründeten Terrororganisation Al-Quaida zugeschrieben wurden und sich die in Afghanistan ansässigen Taliban weigerten, dagegen vorzugehen, intervenierte im Oktober 2001 eine US-geführte Militärkoalition und leitete mit der Stationierung von NATO-Truppen eine neue Phase direkter ausländischer Beteiligung am afghanischen Bürgerkrieg ein. Erneut wurde deutlich, dass die NATO eine zunehmend ordnungspolitische Rolle bekam, also der Durchsetzung einer von den westlichen Regierungen wünschenswerten Politik mit militärischen Mitteln diente.

Diese Entwicklung setzte sich fort mit der Internationalen Sicherheitsunterstützungstruppe ISAF (International Security Assistance Force), die von 2001 bis 2014 eine Sicherheits- und Aufbaumission in Afghanistan erfüllte. Nachdem die ISAF zunächst von einer Reihe europäischer Staaten gemeinsam geführt wurde, kam sie mit Genehmigung durch den UNO-Sicherheitsrat unter NATO-Kommando. Sie war jedoch keine Blauhelmmission der UNO, sondern blieb ein so genannter friedenserzwingender Einsatz unter Verantwortung der beteiligten Staaten.

Sowohl in Osteuropa als auch in Afghanistan wurde deutlich, dass die NATO verstärkt zum sogenannten State Buildung, also zum Aufbau von Staatsgebilden, antrat, mit und ohne UNO-Mandat. Die 2021 ins Amt gekommene US-Regierung von Präsident Joe Biden und Vizepräsidentin Kamala Harris verringert die Kluft zwischen den USA und Europa zweifelsohne in vielerlei Hinsicht, auch in Bezug auf die NATO.

Aber die grundlegende Forderung von Seiten der USA und die Einsicht auf europäischer Seite, dass sich Europa stärker um seine eigene Sicherheit kümmern muss, wird die 2020er Jahre dominieren. Dabei dürften die Trump-Regentschaft von 2016 bis 2020 ebenso wie die Coronavirus-Pandemie des Jahres 2020 als „Beschleuniger“ dienen.

Beide Ereignisse waren Weckrufe an die Europäische Union, ihr eigenes Schicksal gemeinsam im wahrsten Sinne des Wortes zu verteidigen.

Europäische Armee vor gewaltigen Hürden

Doch die Organisation einer gemeinsamen EU-Verteidigung ist mit gewaltigen Hürden verbunden. Allein die Koordinierung der unterschiedlichen Waffensysteme, die in den Nationalstaaten im Einsatz sind, scheint unmöglich; auf jeden Fall ist sie unwirtschaftlich. Immerhin gibt es Ansätze wie die EU-Richtlinie zur Waffenexportpolitik, die gemeinsame Zusammenarbeit der EU-Staaten bei militärischen Projekten und den Europäischen Verteidigungsfonds zur Finanzierung. Von dort bis zu einer EU-Armee ist es sicherlich noch ein langer Weg, angetrieben durch die Verschärfung der weltpolitischen Lage, aber behindert durch die innere Zerrissenheit der Europäischen Union.

Vor allem ist die Kernfrage zu lösen, wer die Entscheidung über die Entsendung von Soldaten fällt. Zwar bietet sich dafür das Europaparlament an, das zum Zeitpunkt der Drucklegung dieses Buches jedoch hierfür noch gar keine rechtliche Grundlage besitzt. Zudem wird es den EU-Mitgliedsstaaten kaum abzuringen sein, dass Truppenkontingente aus ihren Ländern zum Einsatz kommen, ohne dass die nationalen Parlamente hierüber befinden. Doch müssten sich für die Entsendung einer EU-Armee erst alle Mitgliedsländer einigen, von denen zumindest einige erst ihre Parlamente befragen müssten, dann bekämen die Soldaten wohl niemals einen Marschbefehl.

Ebenso schwierig dürfte die Harmonisierung der Waffensysteme werden. Während die USA genau einen Typ Kampfpanzer besitzen, gibt es in Europa 17 unterschiedliche Modelle. Bei den Schützenpanzern haben die USA zwei Typen, Europa 20. Kampfjets: USA sechs, Europa 20. Marinefregatten: USA vier, Europa 29. Insgesamt stehen den 30 Hauptwaffensystemen der USA 178 der Europäer gegenüber. Zudem fehlt es in Europa an Schiffen, Flugzeugen, Flugzeugträgern und sogar an Aufklärungsgeräten, um bei Konflikten ernsthaft auftreten zu können. Analysen legen nahe, dass die EU allenfalls humanitäre Katastropheneinsätze alleine schaffen würde. Das ist weit von den eigenen Zielen entfernt, bewaffnete Konflikte in Europa und angrenzenden Regionen verhindern oder gar beenden zu können.[261]

Hinzu kommt, dass der politische Wille Europas, sich tatsächlich auf eine kriegerische Auseinandersetzung einzustellen, seit dem Zweiten Weltkrieg längst erlahmt ist. Für weite Teile der heutigen Bevölkerung ist ein Krieg Europas oder gar in Europa undenkbar – soweit außerhalb ihrer Vorstellungskraft, dass sie sich nicht darauf vorbereiten will und auch keiner politischen Partei ein Mandat zu geben gedenkt, die eine solche Debatte ernsthaft führen will. Den damit verbundenen immensen Verteidigungskosten wird im politischen Alltag die Gegenrechnung der Sozialleistungen aufgemacht, die mit diesen Mitteln zu erreichen wären.

Vor diesem Hintergrund erschienen die öffentlichen Überlegungen von NATO-Generalsekretär Jan Stoltenberg 2019 über eine atomare Nachrüstung in Europa auf den ersten Blick abwegig. Aber die machtpolitischen Erfordernisse könnten diesen Weg zu einem neuen Kalten Krieg dennoch mittel- bis langfristig ebnen.[262]

Immerhin wurde mit dem Austritt Großbritanniens aus der Europäischen Union seit 2021 der Weg frei gemacht für die EU-Verteidigungsinitiative für die Ständige Strukturierte Zusammenarbeit PESCO (Permanent Structured Cooperation). Diese wurde bereits 2017 begründet und umfasste Anfang 2021 immerhin 46 Projekte. Diese beruhten auf 20 rechtlich bindenden Verpflichtungen aller 22 beteiligten europäischen Mitgliedsstaaten, bei der Planung und Entwicklung militärischer Fähigkeiten enger zu kooperieren.[263] Großbritannien hatte – neben Dänemark und Malta – vor dem Brexit als ständiger Bremsklotz gewirkt und die Fortentwicklung von PESCO behindert.[264] Prompte forderte der Vorsitzender Europäischen Volkspartei (EVP), die seit 1999 die größte Fraktion im Europäischen Parlament stellt, Manfred Weber, 2021 eine schnelle EU-Eingreiftruppe und eine Cyberabwehr-Brigade. Europa stehe an einem Wendepunkt. Die USA seien „nicht mehr bereit, der Weltpolizist zu sein“. Er sagte wörtlich: „Belarus, Ukraine, Nordafrika, Naher Osten – diese Probleme werden die Amerikaner nicht für uns lösen… Wir müssen jetzt endlich Verantwortung übernehmen und eigenständig handeln.“[265]

Das arabische Atom

Vielleicht beginnt der Dritte Weltkrieg gar nicht mit der Konfrontation der drei Supermächte – also den USA, Russland und China –, vielleicht ist es auch nicht der Terror, der die Welt in den Wahnsinn treibt, sondern unter Umständen ist es ein arabischer Atomkonflikt, der die Erde entzündet. Jedenfalls war die Welt beunruhigt, als der Kronprinz von Saudi-Arabien, Mohammed Bin Salman, im März 2018 bei einem Besuch in den USA in der reichweitenstarken TV-Sendung „60 Minutes“ unverblümt erklärte: „Saudi-Arabien hat nicht vor, sich eine Atombombe zu verschaffen. Aber es gibt nicht den Hauch eines Zweifels darüber, dass wir, sollte der Iran eine Atombombe entwickeln, sobald wie möglich das Gleiche tun werden.“ Diese Drohung war nicht neu. Schon im Juni 2011 stellte der zur saudi-arabischen Königsfamilie gehörende Prinz Turki al-Faisal glasklar fest: „Wir können nicht in einer Situation leben, in der Iran Atomwaffen hat und wir nicht. So einfach ist das. Wenn Iran eine Atomwaffe entwickelt, werden wir das Gleiche tun.“[266]

Seit 2018 rückte die Realität immer näher an diese Drohung heran. Zuvor haben der Iran und die internationale Staatengemeinschaft zusammen mehr als zwölf Jahre lang über Irans Atomprogramm verhandelt. 2005 erklärte sich die iranische Regierung in Teheran bereit, die Anreicherung von Uran und die Wiederaufbereitung von Brennstäben auszusetzen. Teheran unterzeichnete sodann das Zusatzprotokoll zum Atomwaffensperrvertrag, das den Inspekteuren der Internationalen Atomenergiebehörde IAEA uneingeschränkten Zugang zu allen Atomanlagen des Landes erlaubte. Doch nur ein Jahr später nahm das Land die Urananreicherung wieder auf und verwehrte der IAEA den Zugang. Der UNO-Sicherheitsrat verhängte erste Sanktionen. Später folgten weitere Strafmaßnahmen, weil Teheran offensichtlich sein Atomprogramm immer weiter ausbaute, ohne der internationalen Staatengemeinschaft Einblick etwa in die Errichtung des Forschungsreaktors Fordo zu gewähren. 2013/2014 setzte der Iran sein Atomprogramm augenscheinlich zeitweise aus, um eine Lockerung der Sanktionen, die das Land schwer trafen, zu bewirken. Aus demselben Grund stimmte Teheran 2015 schließlich einer Begrenzung seines Atomprogramms zu. Die Sanktionen sollten aber nur zurückgefahren werden, wenn die IAEA bestätigt, dass der Iran seinen Pflichten tatsächlich nachkommt.

2016 kam US-Präsident Donald Trump für vier Jahre an die Macht – und bezeichnete das Iran-Abkommen ein Jahr später als eines der „allerdümmsten und schlechtesten Abkommen überhaupt, das nie hätte abgeschlossen werden“ dürfen. Man mag den rüden Ton wie stets bei ihm kritisieren, aber in der Sache dürfte Trump nahe an der Wahrheit gewesen sein. Es geht um dieselbe Frage, die sich schon 80 Jahre zuvor bei Hitler stellte: Lässt sich Fanatismus durch Diplomatie bekämpfen?

Vermutlich nicht, bei Hitler war es jedenfalls katastrophal schief gegangen. Eine Politik der ständigen Beschwichtigung und des Entgegenkommens zur Vermeidung von Konflikten dürfte in der Regel ganz im Gegenteil dazu führen, dass der Konflikt später umso stärker ausbricht. Das ist jedenfalls die Lehre aus der Besänftigungspolitik gegenüber Hitler-Deutschland, die im Zweiten Weltkrieg gipfelte. Ende September 1938 schlossen Großbritannien und Frankreich ein Friedensabkommen mit Deutschland, und am 30. September verkündete der britische Premierminister Arthur Neville Chamberlain voller Stolz in seiner Heimat, er habe einen ehrenvollen Frieden mitgebracht: „Ich glaube, es ist der Friede für unsere Zeit. ... Nun gehen Sie nach Hause und schlafen Sie ruhig und gut.“[267] Man könnte es in Anlehnung an Trump zu den „allerdümmsten und schlechtesten Abkommen“ zählen: Nur sechs Monate später besetzte die deutsche Wehrmacht das gesamte Staatsgebiet der Tschechoslowakischen Republik. Es lässt sich wohl nur darüber spekulieren, wie schnell es dem Iran gelingen könnte, eine Atommacht zu werden. Aber wenn ihm die internationale Staatengemeinschaft unter ständigen Verhandlungen jahrelang Zeit gewährt, könnte es gelingen. Aus dieser Erkenntnis heraus verkündete US-Präsident Trump am 8. Mai 2018, dass die Vereinigten Staaten von Amerika aus dem Atomabkommen mit Iran aussteigen.

Am 5. November 2018 traten die Sanktionen wieder in Kraft – und die USA legten höchsten Wert darauf, dass diese nicht nur für US-Firmen gelten. Um den Iran in die Knie zu zwingen, erwarteten die Vereinigten Staaten von Amerika von Unternehmen, egal in welchem Land – also auch in Europa –, dass sie sich strikt an die US-Sanktionen halten. Die US-Regierung stellte alle Länder und Firmen vor die Wahl, entweder mit dem Iran oder mit den USA Geschäfte zu machen – wer wollte angesichts dieser Alternativen schon gegen die Vereinigen Staaten von Amerika handeln?[268] Nun, die Europäische Union versuchte es zumindest, indem sie eine Verordnung aus dem Jahre 1996 zur Abwehr amerikanischer Sanktionen reaktivierte. Im Kern besagte die Verordnung, dass Entscheide aus Drittstaaten, die auf den erfassten Sanktionen beruhen, nicht vollstreckbar seien. Im Prinzip untersagte sie EU-Firmen sogar, sich an die Sanktionen zu halten. Internationale Unternehmen mussten sich also im Grunde entscheiden, ob sie nach EU-Recht oder nach US-Recht legal bzw. illegal handeln – eine völlig absurde Situation, bei der es vermutlich nur einen einzigen Gewinner gab: das iranische Atom(waffen)programm.

Wenn diese Sanktionen gegen den Iran seit 2019 ohnehin greifen, hatte das Land keinen Grund mehr, sich mit seinem Atomprogramm zurückzuhalten – ganz im Gegenteil hat es gute Gründe, seine atomare Entwicklung zu beschleunigen. Im Corona-Jahr 2020 hat der Iran allem Anschein nach alles darangesetzt, sein Atomprogramm besonders aggressiv voran zu treiben.[269] Die Entscheidung des UNO-Sicherheitsrats im gleichen Jahr, das bis dahin bestehende Waffenembargo gegen den Iran nicht zu verlängern, hat weiteres Öl ins Feuer gegossen. Russland und China hatten in dem UNO-Gremium den US-Vorschläg zur Embargoverlängerung abgelehnt, so dass wieder konventionelle Waffen in den Iran geliefert werden dürfen.[270]

Durch den weiteren Aufstieg Irans ist die Drohung Saudi-Arabiens, ebenfalls auf Atomwaffen zu setzen, sehr ernst zu nehmen. Die nie öffentlich bekanntgegebene, aber allseits bekannte Tatsache, dass mit Israel eine weitere Atommacht im Nahen Osten präsent ist, macht die Sache nicht besser. Als im November 2020 der Wissenschaftler Mohsen Fakhrizadeh, eine Schlüsselfigur des iranischen Atomprogramms, einem Anschlag nahe Teheran zum Opfer fiel, machte die Führung Irans sofort Israel dafür verantwortlich.[271]

Zwei der Nahost-Mächte werden von den USA klar unterstützt: Israel und Saudi-Arabien. Während die Nähe zu Israel historisch bedingt ist, verheißt die seit 2018 zu beobachtende starke Annäherung der USA an die Saudis nichts Gutes. Das gilt umso mehr, als Saudi-Arabien am 2. Oktober 2018 mit der brutalen Ermordung des regierungskritischen Journalisten Jamal Khashoggi im saudischen Konsulat im türkischen Ankara weltweit für empörte Schlagzeilen sorgte. Allem Anschein nach hatte das saudische Königshaus ein Mörderteam einfliegen lassen, um Jamal Khashoggi im Konsulat umzubringen, zu zerstückeln und entsorgen zu lassen – eine Vorgehensweise, die man sonst nur aus Mafiafilmen kennt. Das US-Magazin „Time" kürte den ermordeten Journalisten daraufhin zu der „Person des Jahres 2018". [272] Das alles hielt US-Präsident Trump aber nicht davon ab, der saudischen Regierung in Riad weiterhin die Treue zu versichern. Vor allem stellte die US-Regierung den Saudis ein Milliardengeschäft in Aussicht: den Verkauf von Plänen für den Bau von Atomkraftwerken. Je nachdem, wie viele Atomkraftwerke gebaut werden, könnte der Deal ein Volumen von bis zu 80 Milliarden Dollar auf-weisen. Pikant waren dabei zwei scheinbare Details: Saudi-Arabien bestand wohl darauf, selbst Nuklearbrennstoff zu produzieren, und die Regierung wollte auf keinen Fall UNO-Inspektoren Zugang zu ihrem Nuklearprojekt gewähren. Das nährt die Vermutung, dass sich Saudi-Arabien mittels amerikanischer Hilfe mit Atomwaffen ausrüsten will, um etwa dem Iran Paroli zu bieten.

Für die 2020er Jahre und danach steht also eine atomare Bedrohung im Nahen Osten auf der Weltagenda. Muss das zu einem Dritten Weltkrieg führen? Nicht unbedingt, aber das

Potenzial dafür ist zweifellos im Entstehen. Wird es der UNO in Verhandlungsrunden gelingen, diesen Konflikt abzumildern? Wohl kaum und auf keinen Fall, solange die USA ihre eigenen Interessen vertreten, statt sich den Vereinten Nationen unterzuordnen. Und genau das wird wohl niemals geschehen.

Die Welt rüstet auf

Auf jeden Fall rüstet die Welt seit 2017 wieder auf. Schon von 1999 bis 2011 waren die globalen Militärausgaben kontinuierlich gestiegen. Zwischen 2012 und 2016 blieben sie mehr oder minder konstant, bevor sie seit 2017 wieder zunahmen. Insgesamt gaben die Länder der Erde 2020 rund 1,83 Billionen Dollar für Militär aus. Es markierte einen Höchststand seit das Stockholmer Friedensforschungsinstitut Sipri erstmals weltweit einheitliche Vergleichsdaten zur Verfügung stellte.[273] 2020 stiegen die Aufwendungen für Militär rund um den Globus so stark wie die letzten zehn Jahre zuvor nicht.[274] Zwei Drittel des weltweiten Zuwachses entfielen 2020 auf Washington und auf Peking. Amerikas Verteidigungsausgaben umfassten 2020 rund 738 Milliarden Dollar, Chinas Budget für 2020 schätzten Experten auf 193,3 Milliarden Dollar, gefolgt von Indien (64,1), dem Vereinigten Königreich (61,5) und Russland (60,6).[275] Anders formuliert: Die USA gaben 2020 fast so viel für Militär aus wie alle acht darauffolgenden Länder zusammengerechnet. China wendete 2020 für Militär etwa soviel Geld auf wie die vier darauffolgenden Staaten. Zum 26. Mal in Folge steigerte China 2020 seine jährliche Militärausgaben – ein Ende ist nicht abzusehen; ganz im Gegenteil ist für die 2020er Jahre eine weitere Aufstockung zu erwarten.[276]

Das Stockholmer Friedensforschungsinstitut Sipri warnte 2020 vor einer Renaissance der Atomwaffen. In das Jahr 2020 sind Russland mit 6375 Atomsprengköpfen, die USA mit über 5800, China mit 320, Frankreich mit 290, Großbritannien mit 215, Pakistan mit 160, Indien mit über 150 und Israel mit über 90 Atomwaffen gegangen, hat Sipri ermittelt. Das Atomwaffenprogramm in Nordkorea bezeichneten die Forscher mit 30 bis 40 Nuklearwaffen als „aktiv, aber sehr undurchsichtig". Noch erschreckender war 2020 die Erkenntnis der Stockholmer Friedensforscher, dass die Atommächte an einer neuen Generation von Nuklearwaffen arbeiteten. Sowohl Russland als auch die USA hätten teure und umfangreiche Programme in die Wege geleitet, um ihre Atomsprengköpfe, transportfähigen Flugzeuge und Produktionsstätten zu modernisieren. Zudem spielten Atomwaffen in ihrer militärischen Planung für die 2020er Jahre wieder eine wichtigere Rolle, was eine Umkehr eines seit dem Ende des Kalten Kriegs vorherrschenden Trends bedeutete. Beispielhaft wurde die chinesische Entwicklung einer sogenannten Atomtriade aus neuen see- und landgestützten Raketen sowie atomwaffenfähigen Jets genannt.[277]

Flash War – die Killerroboter kommen

Nicht nur die Quantität, vor allem auch die Qualität der Aufrüstung für die 2020er Jahre ist erschreckend. Alle Supermächte arbeiten nämlich schon seit Jahren fieberhaft an der Entwicklung so genannter „Letaler Autonomer Waffensysteme" (LAW), man kann auch „Killerroboter" sagen.[278] Dazu gehören um sich schießende Roboter, selbstgesteuerte Drohnen, autonome Kampfflugzeuge und wer weiß schon so genau, was in den Laboren der Militärs noch alles entwickelt wird. Im Kern geht es um Tötungswaffen, die durch Künstliche Intelligenz (KI) in der Lage sind, weitgehend ohne menschliches Eingreifen zu zerstören. Diese KI-Waffen sollen Ziele selbstständig auswählen, eigenständig feuern und durch „Maschinelles Lernen" fortlaufend dazulernen, wie sie am meisten Schaden beim Feind anrichten können. „Flash War“ nennen die Experten den Einsatz dieser seelenlosen Killermaschinen.

Das Auswärtige Amt der Bundesrepublik Deutschland beschrieb das Horrorszenario der Zukunft bereits 2019 wie folgt: „Schießende Roboter, großflächige Hackerangriffe auf Stromversorgungssysteme, oder KI-gestützte neuartige Raketensysteme sind längst zu einer realen Gefahr für die Kriegsführung des 21. Jahrhunderts geworden. Künstliche Intelligenz in Waffensystemen darf nicht dazu führen, dass Killerroboter ohne jegliche menschliche Kontrolle die Kriege der Zukunft führen. Wir brauchen eine internationale Ächtung dieser Systeme.“[279]

Seit 2014 bemühten sich die Vereinten Nationen, dem seelenlosen Treiben Einhalt zu gebieten. Die Diskussionen fanden vor allem unter ethischen und völkerrechtlichen Gesichtspunkten statt. Die Befürworter argumentierten, durch autonome Waffen würden weniger Menschen sterben, da diese genauer zielen könnten als Menschen. Die Gegner lehnten es grundsätzlich ab, dass die Roboter gleich in welcher Gestalt selbstständig über Menschenleben entscheiden können. Bei den Vereinten Nationen wurde ein LAW-Verbot von Anfang an erst gar nicht ernsthaft in Erwägung gezogen, weil es unrealistisch erschien. Verständlich, denn viele Länder sehen in autonomen Waffensystemen die Zukunft der Kriegsführung und denken gar nicht an ein Verbot, wie es von namhaften Nicht-Regierungsorganisationen wie Amnesty International oder dem Diplomatic Council (DC) gefordert wird. Immerhin nahm sich die UNO vor, weltweite Regeln für den Flash War aufzustellen. Denn unabhängig von ethischen Überlegungen besteht bei autonomen Waffen die reale Gefahr, dass sie von Regierungen rund um den Globus rascher und leichtfertiger eingesetzt werden könnten, weil auf der „Entsendeseite“ scheinbar keine Opfer zu befürchten sind. Fehleinschätzungen und Missverständnisse könnten dadurch schneller eskalieren, die Wahrscheinlichkeit von „Ausversehen-Kriegen“ steigen.[280] Nicht zuletzt aus diesem Grund herrschte bei allen bisherigen UNO-Konferenzen zum Thema über ethische, rechtliche, operative und technische Herausforderungen hinaus weitgehende Einigkeit der Staatengemeinschaft, dass die Entwicklung und der Einsatz autonomer Waffensysteme dem Völkerrecht unterliegen sollen.[281]

Doch in den 2020er Jahren, in denen die zivile Forschung intensiv daran arbeitet, dass Personen- und Lastkraftwagen autonom fahren, in der Künstliche Intelligenz in Smartphones, in die heimischen vier Wände und in die Datenclouds Einzug hält, ist es wohl unrealistisch zu erwarten, dass ausgerechnet die Waffenhersteller auf KI-Waffen verzichten. Ebenso illusorisch wäre der Glaube, dass Weltmächte wie die USA, China oder Russland nicht Unsummen ausgeben werden, um eine militärische KI-Überlegenheit zu erreichen. Andere Staaten in Europa, im Nahen Osten oder in Asien könnten sich gezwungen sehen, ebenfalls auf KI-Waffen zu setzen, um künftig nicht militärisch hilflos zu werden. Damit scheint das nächste Wettrüsten vorprogrammiert. Von den USA, China, Israel, Südkorea, Russland und Großbritannien ist bei Drucklegung dieses Buch bereits bekannt, dass sie die Entwicklung autonomer Waffensysteme massiv vorantreiben.[282]

Sicherlich werden einige Länder mit kräftigem Waffenexportgeschäft wie die Bundesrepublik Deutschland die neuen Killergenerationen bei ihrer künftigen nationalen Rüstungskontrollpolitik berücksichtigen. Dennoch muss man kein allzu großer Pessimist sein, um die Gefahr zu sehen, dass die Tötungsmaschinen in die Hände von Terroristen gelangen könnten. Und es bedarf keiner prophetischen Fähigkeiten, um vorherzusagen, dass die Vereinten Nationen in den 2020ern genau davor warnen werden. Die UNO wird mutmaßlich auch Regeln dazu aufstellen. Aber eine generelle weltweite Ächtung KI-gestützter autonomer Waffensysteme durch die UNO, die sich tatsächlich durchsetzt, erscheint unwahrscheinlich, wenn man die Erfolge und Misserfolge der UNO über die ersten 75 Jahre ihres Bestehens hinweg analysiert. So steht wohl zu befürchten, dass diese Entwicklung, die beim 75-jährigen Bestehen der Vereinten Nationen 2020 noch wie Science Fiction anmutete, zum 100. Jubiläum der UNO im Jahr 2025 bittere Realität sein könnte. Aber vielleicht und hoffentlich ist genau dies alles ein Irrtum und die Menschheit kann ein Stück Utopia für sich gewinnen. Es wäre der Menschheit und auch der UNO zu wünschen!

Wettrüsten im Weltraum

Neben der Aufrüstung durch Künstliche Intelligenz steht für die 2020er Jahre ein weiteres Wettrüsten auf der Agenda, nämlich im Weltraum. Schon seit den 1950er Jahren wird der Weltraum militärisch genutzt, anfangs vor allem von den USA und der Sowjetunion. Bereits damals begannen Bemühungen um Rüstungskontrolle im Weltraum. Wegen neuer technologischer Fähigkeiten insbesondere zur Entwicklung von Anti-Satelliten-Waffen und „Killer-Satelliten", aber auch der möglicherweise nicht mehr völlig utopischen Vision einer Besiedlung fremder Planeten in ferner Zukunft, erlangte die Rüstungskontrolle im Weltall im 21. Jahrhundert wieder eine wachsende Bedeutung. Als Weltraumwaffen gelten zum einen bewaffnete Systeme wie etwa waffentragende Satelliten, die im Weltraum stationiert sind, und bewaffnete Raumgleiter, als auch Flugkörper, die im All um die Erde kreisen. Solche Systeme könnten Ziele im Weltraum oder auf der Erde angreifen. Zum anderen zählen auch bodengestützte Raketen, die zum Beispiel gegen Satelliten eingesetzt werden können, zu dieser Kategorie.

Schon der Vertrag über einen partiellen Atomteststopp von 1963 verbot Atomtests unter Wasser, in der Atmosphäre und im Weltraum. Er wurde von den USA, von Großbritannien und der Sowjetunion gemeinsam vorgeschlagen. Vier Jahre später gelang es nach zahlreichen Resolutionen von Seiten der UNO-Generalversammlung den so genannten „Weltraumvertrag" abzuschließen. Er besagte, dass der Weltraum allen Staaten zur friedlichen Nutzung zur Verfügung stehen soll. Die Stationierung von Massenvernichtungswaffen im Weltraum wurde strikt verboten und jegliche militärischen Installationen auf allen Himmelskörpern untersagt. Der Weltraumvertrag ist völkerrechtlich das wichtigste Abkommen über die Begrenzung der militärischen Nutzung des Weltraums. Allerdings weist das Abkommen viele Löcher auf: Die Detonation von Atomwaffen im Weltraum, die Durchquerung des Alls mit waffentragenden Raketen aller Art, die Stationierung von konventionellen Waffen sowie von militärischen Aufklärungs-, Kommunikations- und Navigationssatelliten im Weltraum verbietet der Weltraumvertrag nicht.

Angesichts der technologischen Entwicklung besteht für die 2020er Jahre die Sorge, dass aktive Waffensysteme im Weltraum stationiert werden, etwa um von dort aus Satelliten oder Raketen oder sogar Objekte auf der Erde zu bedrohen. Daher fordert die UNO seit Jahren Verhandlungen, um eine Stationierung von aktiven Waffensystemen im Weltraum zu verhindern. Russland und China haben 2008 und abermals 2014 einen Entwurf für einen solchen Vertrag bei der UNO vorgelegt. Darin sollen sich die Teilnehmerstaaten verpflichten, keine Waffen tragenden Objekte im All oder auf anderen Planeten zu stationieren sowie einen umfassenden Gewaltverzicht gegenüber

Weltraumobjekten erklären. Die USA lehnten einen derart umfassenden und verbindlichen Rüstungskontrollvertrag für den Weltraum ab.[283] Immerhin waren sie bereit, über „Regeln zum Verhalten im Weltraum" zu verhandeln. Einen entsprechenden Vorschlag hat die Europäische Union erarbeitet. Er setzt auf freiwillige Informationsverpflichtungen sowie transparenz- und vertrauensbildende Maßnahmen für die friedliche Nutzung des Weltraums, ohne jedoch irgendwelche Verbote für Weltraumwaffen zu enthalten. Die Gespräche darüber haben bisher kein Ergebnis gebracht.[284] Es darf zudem bezweifelt werden, dass China bereit wäre, einer solchen Vereinbarung zuzustimmen.

Während die Anfänge der Menschheit im Weltraum nämlich vor allem von den Vereinigten Staaten von Amerika und der Sowjetunion bestimmt wurden, wird in den 2020ern mit Sicherheit China mitmischen wollen. Es hat geradezu symbolischen Charakter, dass die Volksrepublik China im ersten Jahr der neuen Dekade erstmals ihre Nationalflagge auf dem Mond hisste. Das nach der chinesischen Mondgöttin benannte Raumschiff „Chang'e 5" hat die zwei Meter breite und 90 Zentimeter hohe chinesische Fahne im Jahr 2020 im Rahmen einer unbemannten Mondlandung aufgestellt. [285]

Doch der Mond ist nicht genug, in den 2020ern fängt die Menschheit, nach dem Mars zu greifen – und auch dabei ist der Wettbewerb zwischen dem Westen und China unübersehbar. 2021 lies China mit dem Mars-Rover Zhurong die Oberfläche des roten Planeten erkunden.[286] Parallel dazu überflog Ingenuity, der Mars-Helikopter der NASA, die Ebenen und Krater des von der Sonne aus gezählt vierten Planet im Sonnensystem.[287] Der äußere Nachbar der Erde ist zwar mit knapp 6.800 Kilometern Durchmesser nur etwa halb so groß wie unser blauer Planet, zählt aber zu den erdähnlichen Planeten und ist untrennbar mit der Vision verbunden, eines Tages von der Menschheit besiedelt zu werden, wie es schon der Science Fiction-Autor Isaac Asimov in seiner 1955 veröffentlichten Novellensammlung „Wasser für den Mars“ beschrieb.[288] Mehr als 55 Jahre später verkündete Unternehmer-Tausendsassa Elon Musk seine „Mars Mission“, die den Aufbau einer Kolonie aus der Fiktion in die Realität überführen soll.[289]

Tatsächlich erhält die Idee der Eroberung des Weltraums in den 2020er Jahren offensichtlich Auftrieb von privatwirtschaftlicher Seite. Unternehmungen bekannter Milliardäre wie Virgin Galactic (Richard Branson), Blue Origin (Jeff Bezos) und SpaceX (Elon Musk) haben sich längst auf den Weg gemacht, den Weltraum zu kommerzialisieren. Sie wetteifern um das künftige Billionen-Geschäft mit Reisen ins All und möglicherweise irgendwann einmal mit einer Besiedlung fremder Himmelskörper.[290] Man darf unterstellen, dass es bei diesen zivilen Anstrengungen vor allem darum geht, die Gründer aus dem Stand der Milliardäre in die künftige Riege der Billionäre zu katapultieren. Aber ebenso wahrscheinlich werden die dabei gewonnenen Erkenntnisse und Fortschritte in die militärischen Pläne zur Eroberung des Weltraums einfließen. So steht uns für die 2020er Jahre und vermutlich weit darüber hinaus eine unheilige Allianz von unternehmerischer und staatlicher Seite ins Haus, mit der die Menschheit ins Weltall aufbrechen wird. Wer in seiner Jugend gerne „Star Trek“ (Raumschiff Enterprise) oder „Star Wars“ (Krieg der Sterne) gesehen hat, mag sich mental auf die damit verbundenen Szenarien vorbereitet fühlen. Zum 100-jährigen Jubiläum der Vereinten Nationen wird diese Zukunftsvision sicherlich noch nicht Realität sein, aber mit ebenso großer Sicherheit der Realität ein ganzes Stück nähergekommen sein. Es deutet auf jeden Fall alles darauf hin, dass das Wettrennen um den Weltraum so wenig friedlich verlaufen wird, wie wir die Menschheit heute auf der Erde erleben.

Wege zum Frieden

Die Geschwindigkeit, mit der der Frieden sich immer rascher aus der heutigen Welt verabschiedet, bereitet jedem vernünftigen und bewussten Menschen große Sorge. Der Mensch, der sich selbst als gebildet und zivilisiert betrachtet, fällt wieder zurück in die Zeit, als persönlicher Egoismus und falscher Stolz dazu führten, dass sich die Menschen gegenseitig an die Kehle gingen, und auf gemeinschaftlicher Grundlage Stämme und Dynastien dazu brachten, sich barbarischen Handlungen hinzugeben.

Wir müssen heute feststellen: Die Zeiten der Kriege sind nicht überwunden, sondern ganz im Gegenteil ist eine Aktualität zu beklagen, wie es sie selten zuvor gegeben hat. Wir müssen mit ansehen, dass dann, wenn Regierungen andere Regierungen herausfordern, um ihre politischen und wirtschaftlichen Ziele zu erreichen, es immer die Armen und friedliebenden Bürger dieser Länder sind, die während des anschließenden Tauziehens leiden müssen. Sie sind gefangen zwischen den Mühlsteinen von Hunger, Armut und Grausamkeit. Wo liegt die Schuld jener Kinder, die diese Auseinandersetzungen um die politische und wirtschaftliche Überlegenheit nicht einmal verstehen?

Kleiner Weltkrieg, neuer Weltkrieg, Kalter Krieg 2.0

Der „kleine Weltkrieg" in Syrien, der „neue Weltkrieg" in der Ukraine, das Debakel in Afghanistan und der schwelende „Kalte Krieg 2.0" zwischen China und den USA – es sind alles keine guten Vorboten für unsere Zukunft. Hinzu kommen immer stärkere Terrororganisationen, neue Formen der Kriegsführung und neue Kriegsschauplätze. Daher scheint es beinahe unausweichlich, dass unsere Zivilisation auf einen Dritten Weltkrieg zusteuert. Doch tatsächlich ist eine solche Katastrophe nicht unausweichlich.

Mit den Vereinten Nationen besteht seit 1945 eine supranationale Organisation, in der alle Staaten eine Stimme haben. Die UNO vertritt nach wie vor, eine phantastische Idee: Es ist die Vorstellung, dass es jenseits aller nationalen Interessen ein globales, quasi darüber liegendes Interesse aller Staaten, aller Bürger und Organisationen gibt, das man definieren und mithilfe aller Beteiligten umsetzen kann. Die Erfahrungen der vergangenen Jahrzehnte haben die Schwächen der UNO überdeutlich gemacht, wie an zahlreichen Stellen im vorliegenden Buch dargestellt. Das liegt an mehreren Dingen:

Erstens wurde die UNO durch das Vetorecht der Mächtigen von Anfang an mit einer inhärenten Fehlkonstruktion geboren. Es wäre in etwa so, als wenn vor einem unabhängigen Gericht der Staatsanwalt oder der Angeklagte dem Urteil einfach widersprechen und es dadurch unwirksam machen könnten – welche Macht hätte ein solches Gericht?

Zweitens haben sich die Vereinten Nationen leider zu einer Art Monsterbürokratie entwickelt, die sich scheinbar um wirklich alles kümmert, aber kaum etwas bewirken kann. Alle Versuche, diese Bürokratie durch Reformen zurückzudrängen oder zu minimieren, sind bislang gescheitert.

Drittens bahnen sich beinahe überall auf der Welt nationalistische Züge den Weg an die politische Macht. Der erstarkende Nationalismus würde eine staatenübergreifende Organisation wie die UNO wichtiger als je zuvor erscheinen lassen, aber in der Realität führt er gerade dazu, dass sich die Staaten eben nicht von einer supranationalen Institution wie der UNO vorschreiben lassen wollen, was sie zu tun haben.

Glücklicher Ort und Nichtort Utopia

Das hängt entscheidend damit zusammen, dass sich die Weltverbesserungsutopien der UNO sehr weit von den politischen Realitäten in den einzelnen Staaten und vom Alltag der Menschen entfernt haben. Die Nachhaltigkeitsziele von 2015 und der Migrationspakt von 2018 sowie das weitgehende Versagen der UNO-Weltgesundheitsorganisation WHO im Jahr 2020, als sie tatsächlich einmal einen substanziellen Beitrag zur Rettung der ganzen Welt hätte leisten können, stehen beispielhaft für diese Realitätsferne. Diese Geschehnisse erinnern an den 1516 von dem englischen Staatsmann Thomas Morus in lateinischer Sprache verfassten philosophischen Dialog „De optimo statu rei publicae deque nova insula Utopia" („Von der besten Verfassung des Staates und von der neuen Insel Utopia"), in dem er wohl in Anlehnung an Platons Dialog „Timaios" ein fiktives Inselreich mit einer „idealen" Gesellschaft schildert, das als Geburt der Sozialutopie gilt. Das griechische Wort „Utopia" lässt sich als „glücklicher Ort" oder als „Nichtort" übersetzen, je nachdem, ob man sich zu den Pessimisten oder den Optimisten zählt. Ähnlich liegt die Bewertung der Vereinten Nationen wohl eher im Auge des Betrachters als in der Realität.

Doch ein Think Thank wie das Diplomatic Council kann und will die Verantwortung für Friedensprozesse nicht allein den Vereinten Nationen abtreten. Es gibt Schüsselelemente zur Eindämmung von Konflikten, die – wenn sie Berücksichtigung finden – stets den Weg in Richtung Frieden lenken. Diese sind:

1. Legitimität sowohl aller Beteiligten als auch des Friedensprozesses sicherstellen;
2. Diplomatische Maßnahmen ergreifen, um ins Gespräch zu kommen bzw. im Gespräch zu blieben.
3. Hinwirkung auf Versöhnung, Schlichtung und Mediation;
4. Flexibilität und Kompromissbereitschaft um des Friedens Willen;
5. Grundsatz der Verhältnismäßigkeit bei allen Maßnahmen,
6. Gemeinsamkeiten suchen, betonen und verstärken;
7. Aggressionen jeder Art vollständig vermeiden;
8. Verhandlungen durch Dialog und gemeinsame Kooperation;
9. Verantwortung und Leidenschaft für die Lösung zeigen;
10. Jedwede Sensationsgier schadet dem Erfolg.

Eigentlich sollten die Vereinten Nationen diesen Schritt folgen. Doch es ist unsinnig, die UNO mit Schulnoten abzustrafen oder zu belobigen. Vielmehr geht es darum, die Wirksamkeit der Vereinten Nationen zu stärken. Die Pessimisten mögen die Unwirksamkeit beklagen und den Untergang der Vereinten Nationen voraussagen. Die Optimisten wird die Ohnmacht der UNO nicht daran hindern, an die Fortschritte auf dem Weg zu einer besseren Menschheit zu glauben. Die Autoren dieses Buches zählen sich zu den Optimisten aus der Erkenntnis heraus, dass die Vereinten Nationen zwar alles andere als perfekt sind, wie in diesem Buch an unzähligen Stellen nachgewiesen, aber sie sind das Beste, was wir haben. Verbessern wir die UNO lieber weiter als sie abzuschaffen – und geben wir die Hoffnung nicht auf, dass sie den Dritten Weltkrieg verhindern kann.

Über die Autoren

Hang Nguyen

Hang Nguyen ist als Flüchtlingskind aus dem Vietnamkrieg nach Deutschland gekommen. Sie hat hautnah das Elend eines Krieges erlebt, der nur ausbrach, weil die Weltmächte den Krieg gesucht und die Vereinten Nationen keinen Weg zum Frieden gefunden haben. Heute sagt sie über ihre Flucht: „Ich habe nur überlebt, weil sich wildfremde Menschen um mich gekümmert haben."

Aus dieser Erfahrung hat sie den starken Wunsch entwickelt, anderen Menschen zu helfen, wie einst ihr geholfen wurde. Als Generalsekretärin des Diplomatic Council ist sie das Gesicht und das Herz der Organisation, in dessen Verlag das vorliegende Werk erschienen ist.

Nichts wäre ihr lieber als eine UNO, die perfekt funktionieren und der Menschheit überall Frieden bescheren würde. Doch bei ihrer Tätigkeit im Diplomatic Council musste sie erfahren, dass die Vereinten Nationen noch weit davon entfernt sind. Dieses Buch ist ihre Mahnung an die größte supranationale Organisation der Welt, den Dritten Weltkrieg unter allen Umständen zu verhindern.

Jamal Qaiser

Jamal Qaiser ging seinen Weg vom jugendlichen Markthändler bis zum Investor und CEO seines Private Equity-Unternehmens. Im Jahr 2010 begann er den Studiengang Advanced Management Diploma (Post-Graduation) am Globe Business College in München. 2013 begann er das Studium „Owner / President Management“ an der renommierten Harvard Business School, das er 2016 erfolgreich abschloss. Dazwischen absolvierte er 2014 das Transition to Leadership Program der University of Oxford Said Business School.

Weit über sein erfolgreiches akademisches und geschäftliches Engagement hinaus ist Jamal Qaiser davon beseelt, einen Beitrag zum Weltfrieden zu leisten. Er berät hierzu Regierungen, Nicht-Regierungs-Organisationen, humanitäre Organisationen, internationale Konzerne und nicht zuletzt im Diplomatic Council (DC) als DC Commissioner for UN Affairs die Vereinten Nationen.

Das vorliegende Werk – die deutsche Ausgabe von „How to avoid World War III“ – ist sein viertes Buch über weltweite politische Entwicklungen. Seine Bücher haben internationale Preise gewonnen, unter anderem den renommierten getAbstract Book Award aus einer Auswahl von über 10.000 Sachbüchern.

In einem Beitrag aus dem Umfeld der Vereinten Nationen wurde er einmal wie folgt charakterisiert: „Jamal Qaiser ist ein überaus kluger Kopf mit einem klaren Sendungsbewusstsein für Gerechtigkeit und Menschlichkeit. Es macht ihm ersichtlich Freude, Menschen und Organisationen aktiv zu beraten, um eine positive Entwicklung herbeizuführen. Zielstrebigkeit gepaart mit den richtigen Zielen der internationalen Völkerverständigung ist seine Wesensart.“

Bücher im DC Verlag

Denken 4.0 – Welt im Umbruch. Was die klügsten Köpfe eines globalen Think Tank über unsere Zukunft denken. Buddhi K. Athauda, Thi Thai Hang Nguyen, Andreas Dripke, 332 Seiten, Hardcover, ISBN 978-3-947818-00-6

Mein Atomknopf ist größer – America vs. North Korea. Jamal Qaiser, 184 Seiten, Paperback, ISBN 978-3-947818-01-3

Stasi 2.0 – Wie wir durch den staatlich-industriellen Digitalkomplex zu gläsernen Bürgern werden und was das für unsere Zukunft bedeutet. 2. aktualisierte Auflage, Andreas Dripke, Markus Miksch, 444 Seiten, ISBN 978-3-947818-05-1

Rechtsruck – Wie das Wiedererstarken des Nationalismus Deutschland in die Katastrophe führt. Anonyme Autoren, 660 Seiten, Paperback, ISBN 978-3-947818-06-8

Pandemie – Die Welt im Corona-Krieg, 2. aktualisierte Auflage. Andreas Dripke, Markus Miksch, 148 Seiten, Paperback, ISBN 978-3-947818-13-6

Covid-19 Falsche Pandemie – Die fatalen Fehler der WHO und ihre verhängnisvollen Folgen. Jamal Qaiser, Markus Miksch, 234 Seiten, Paperback, ISNB 978-3-947818-15-0

75 Jahre UNO – Macht und Ohnmacht der Vereinten Nationen. Andreas Dripke, Hang Nguyen, 330 Seiten, Paperback, ISBN 978-3-947818-07-5

Die Dekade 2020-2030 – Das kommt auf uns zu!, Andreas Dripke, Hang Nguyen, 362 Seiten, ISBN 978-3-947818-17-4

Corona und Impfen, Andreas Dripke et al., 188 Seiten, ISBN 978-3-947818-18-1

Hacker – Angriff auf unsere Computer-Zivilisation, Anonyme Autoren, 432 Seiten, ISBN 978-3-947818-23-5

2045 – Das Jahr, in dem die Künstliche Intelligenz schlauer wird als der Mensch, Dr. Horst Walther, Andreas Dripke, 104 Seiten, Paperback, ISBN 978-3-947818-57-0

Migration nach Europa – Wir schaffen das und die Folgen, Anonyme Autoren, 510 Seiten, Paperback, ISBN 978-3-947818-32-7

Auto – Vom Diesel-Desaster bis zum selbstfahrenden E-Auto, Autorengemeinschaft Diplomatic Council, 572 Seiten, Paperback, ISBN 978-3-947818-09-9

Digitale Disruption – Alles wird anders, Andreas Dripke et al., 216 Seiten, Paperback, ISBN 978-3-947818-34-1

Welt ohne Bargeld – Bitcoin und andere Kryptowährungen, Andreas Dripke, Stephanie Stoerk, 176 Seiten, Paperback, ISBN 978-3-947818-41-9

Die biometrische Vermessung der Menschheit, Andreas Dripke et al., 212 Seiten, Paperback, ISBN 978-3-947818-39-6

Apple Car – Wie der iKonzern das Auto neu erfindet, Andreas Dripke et al., 284 Seiten, Paperback, ISBN 978-3-94-7818-43-3

Der Wahn mit dem Datenschutz, Marc Ruberg et al., 136 Seiten, Paperback, ISBN 978-3-947818-51-8

Interim Manager berichten aus der Praxis: Automotive, Reihe „Von Interim Managern lernen“, Jürgen Becker, Ulf Camehn, Ludek Cermak, Hanno Goffin, Ralf-Peter Hanrieder, Dr. Dr. Stefan Hohberger, Andreas Kälber, Dr. Gerhard Müller-Spanka, Frank P. Neuhaus, Christine Pfisterer, Christian Ritzer, Dr. Harald Schönfeld, Jane Enny van Lambalgen, 404 Seiten, ISBN 978-3-947818-29-7

Die Apple Agenda – Welche Märkte der iKonzern künftig revolutionieren wird, Andreas Dripke et al., 260 Seiten, Paperback, ISBN 978-3-947818-47-1

Hilfe, wir werden gechippt! – Vom Mikrochip unter der Haut bis zum Hirnschrittmacher, Andreas Dripke et al., 176 Seiten, Paperback, ISBN 978-3-947818-55 -6

Cyber War – Die digitale Bedrohung, Marc Ruberg et al., 244 Seiten, Paperback, ISBN 978-3-947818-45-7

Denken 5.0 – Was die klügsten Köpfe eines globalen Think Tank über unsere Zukunft denken; Andreas Dripke, Claude Piel, Detlef Schmuck, Dr. Harald Schönfeld, Helmut von Siedmogrodzki, Stephanie Stoerk, Dr. Horst Walther; 292 Seiten, Paperback, ISBN 978-3-94-7818-36-5

Hilfe, wir werden gechippt! – Vom Mikrochip unter der Haut bis zum Hirnschrittmacher, Andreas Dripke et al., 176 Seiten, Paperback, ISBN 978-3-947818-55 -6

China : USA – Der Wettkampf um die Weltspitze, Dr. Horst Walther et al., 216 Seiten, ISBN 978-3-947818-63-1

Interim Manager berichten aus der und Anlagenbau, Reihe „Von Interi Hrsg: Dr. Harald Schönfeld, Jürgen Becker, 300 Seiten, ISBN 978-3-947818-75-4

Digitale Identität – Unser Zwilling im Datennetz, Andreas Dripke et al. 164 Seiten, Paperback, ISBN 978-3-947818-53-2

Ewige Pandemie – Freiheit ade, Andreas Dripke, Markus Miksch, 204 Seiten, Paperback, ISBN 978-3-947818-59-4

Der digitale Euro – Computergeld statt Bares, Andreas Dripke, Stephanie Stoerk, 232 Seiten, Paperback, ISBN 978-3-947818-61-7

Europa am Scheideweg – Was Europa tun muss, um seine Zukunft zu retten, Andreas Dripke, Hang Nguyen, Dr. Horst Walther, Paperback, ISBN 978-3-947818-65-5

Simmering Kashmir, Jamal Qaiser, Sadaf Taimur, 110 Seiten, Paperback, ISBN 978-3-947818-11-2

Über das Diplomatic Council

Das vorliegende Werk ist im Verlag des Diplomatic Council (DC) erschienen: DC Publishing.

Das Diplomatic Council verknüpft einen globalen Think Tank, ein weltweites Business Network und eine Charity Foundation in einer einzigartigen Organisation mit Beraterstatus bei den Vereinten Nationen.

Unsere Mitglieder vertreten die feste Überzeugung, dass Wirtschaftsdiplomatie ein tragendes Fundament für die internationale Völkerverständigung und den friedlichen Umgang der Nationen darstellt. Aus dieser Erkenntnis heraus überträgt das Diplomatic Council das Ziel der globalen Völkerverständigung in ein ökonomisches Mandat. Die Methodik eines weltweiten Wirtschaftsnetzwerkes wird hierzu mit der diplomatischen Kommunikationsebene der Staaten dieser Erde untereinander verknüpft. Vor diesem Hintergrund sind im Diplomatic Council Persönlichkeiten aus Diplomatie, Wirtschaft und Gesellschaft engagiert, die mit Augenmaß ausgewählt werden und die sich durch eine hohe Akzeptanz, eine hohe Kompetenz und ein mit den Grundpfeilern des Diplomatic Council übereinstimmendes Wertesystem auszeichnen. Ebenso sind Unternehmen willkommen, für die Corporate Social Responsibility weit mehr als ein Schlagwort ist.

Weitere Informationen: www.diplomatic-council.org/application

Quellenangaben und Anmerkungen

[1] https://www.dhm.de/lemo/kapitel/erster-weltkrieg/kriegsverlauf/tod-und-verwundung.html

[2] https://www.welt.de/geschichte/zweiter-weltkrieg/article140814551/Pro-Stunde-starben-100-deutsche-Soldaten.html

[3] Zehnter Band der vom Militärgeschichtlichen Forschungsamt der Bundeswehr herausgegebenen Reihe „Das deutsche Reich und der Zweite Weltkrieg 2008"

[4] https://internationalepolitik.de/de/die-kriege-des-jahres-2016

[5] https://hiik.de

[6] https://hiik.de/wp-content/uploads/2021/05/ConflictBarometer_2020_2.pdf

[7] https://www.news.de/panorama/855219366/wie-viele-menschen-sterben-taeglich-in-deutschland-todesursachen-herzinfarkt-krieg-suizid/1/

[8] https://www.globalresearch.ca/u-s-regime-has-killed-20-30-million-people-since-world-war-ii/5633111

[9] Jost Dülffer: *Regeln gegen den Krieg? Die Haager Friedenskonferenzen 1899 und 1907 in der internationalen Politik.* Ullstein verlag, Frankfurt 1981

[10] https://www.zeit.de/zeit-geschichte/2019/01/pariser-friedenskonferenz-1919-erster-weltkrieg-friedensschluss-kartografie/seite-3

[11] https://unric.org/de/die-vereinten-nationen/geschichte-un/

[12] https://www.un.org/es/node/44721

[13] https://www.un.org/es/node/44721

[14] https://magazin-forum.de/de/node/19193

[15] https://www.diplomatic-council.org/de/node/848

[16] https://www.un.org/en/sections/history-united-nations-charter/1945-san-francisco-conference/index.html

[17]https://www.bundestag.de/resource/blob/484610/dc5a3c061feef095da5885a52b92134c/WD-2-147-07-pdf-data.pdf

[18] https://www.deutschlandfunk.de/rockefellers-geschenk.871.de.html

[19] https://unric.org/de/charta/

[20] https://www.bpb.de/politik/hintergrund-aktuell/208696/un-charta

[21] https://www.spiegel.de/politik/ausland/corona-krise-usa-stoppen-uno-resolution-zur-pandemie-a-675b25c8-4912-487f-8c14-3f5ab89bf686

[22] https://zeitschrift-vereinte-nationen.de/suche/zvn/artikel/zwangsmassnahmen-nach-kapitel-vii-un-charta/

[23] https://unric.org/de/charta/

[24] https://www. sueddeutsche.de/politik/krieg-in-syrien-das-brutale-versagen-der-vereinten-nationen-1.3877937

[25] https://www.un.org/ecosoc/en/home

[26] https://www.un.org/en/ecosoc/about/subsidiary.shtml

[27] https://www.un.org/en/ecosoc/docs/pdfs/ecosoc_brochure_en.pdf

[28] https://www.un.org/en/ecosoc/about/pdf/rules.pdf

[29] https://www.ipg-journal.de/rubriken/aussen-und-sicherheitspolitik/artikel/ban-ki-moon-nachfolge-629

[30] https://www.bbc.com/news/world-37566898

[31] https://unric.org/de/21062021guterres/

[32] https://www.nationsencyclopedia.com/United-Nations/The-International-Court-of-Justice-SOME-CASE-HISTORIES-OF-DISPUTES-SUBMITTED-TO-THE-COURT.html

[33] https://www.blaetter.de/ausgabe/2007/juli/fuer-eine-anerkennung-des-internationalen-gerichtshofes

[34]https://bundlaender.verdi.de/++file++53c62df8aa698e2c46000006/download/verdikt%202008_1%20mo.pdf

[35] https://www.amnesty.de/urgent-action/ua-178-2011-1/mexikaner-hingerichtet

[36] https://www.icc-cpi.int

[37] https://www.lpb-bw.de/nuernberger-prozesse

[38] https://www.handelsblatt.com/archiv/widerstand-der-usa-weg-fuer-internationalen-strafgerichtshof-ist-frei/2156664.html

[39] https://www.geschichte-menschenrechte.de

[40] https://www.bpb.de/nachschlagen/zahlen-und-fakten/globalisierung/52814/internationale-gerichtsbarkeit

[41] https://www.zeit.de/politik/ausland/2018-09/internationaler-strafgerichtshof-bolton-john-usa-sicherheitsberater-drohung

[42] https://www.faz.net/aktuell/politik/ausland/usa-verhaengt-sanktionen-gegen-chefanklaegerin-des-haager-strafgerichtshofs-16934780.html

[43] https://www.deutschlandfunk.de/detail-tag-fuer-tag.886.de.html?dram:article_id=219197%29

[44] https://zeitschrift-vereinte-nationen.de/suche/zvn/artikel/die-mitwirkung-der-uno-bei-der-entstehung-des-staates-israel/

[45] https://www.hentrichhentrich.de/buch-vereinte-nationen-gegen-israel.html

[46] https://www.un.org/depts/german/menschenrechte/aemr.pdf

[47] https://www.unhcr.org

[48] „Rechtsruck", Anonyme Autoren, DC Publishing, ISBN

[49] https://unric.org/de/migrationspakt/

[50] https://www.deutschlandfunk.de/teilung-koreas-1945-grundstein-eines-konflikts-der-bis.724.de.html?dram:article_id=483761

[51] https://www1.wdr.de/stichtag/stichtag-sowjetunion-erste-atombombe-100.html

[52] https://www.zeitklicks.de/nationalsozialismus/zeitklicks/zeit/2-weltkrieg/der-weg-in-den-krieg/was-ist-die-appeasementpolitik/

[53] https://www.welt.de/geschichte/zweiter-weltkrieg/gallery114766339/General-Douglas-MacArthur-1880-1964-Stationen.html

[54] https://www.fordlibrarymuseum.gov/library/document/0337/24468967.pdf

[55] Matray, Dictionary 1991, S. 496, Matray, James L. (Hrsg.): Historical Dictionary of the Korean War, Greenwood Publishing Group Inc, New York, Westport, London. 1991, Tag, Myong-Sig: Die US-Außenpolitik gegenüber 1942 – 1955 – unter besonderer Berücksichtigung der Teilung Koreas, des Koreakrieges und der Rolle der UNO, Dissertation, Heinrich-Heine-Universität Düsseldorf 1995

[56] Loth, Wilfried: Die Teilung der Welt – Geschichte des Kalten Krieges 1941 – 1955, S. 380, Deutscher Taschenbuch Verlag GmbH & Co. KG, München 2000

[57] https://www.un.org/en/sc/repertoire/otherdocs/GAres377A(v).pdf

[58] https://www.spiegel.de/spiegel/print/d-29193879.html

[59] https://digitallibrary.un.org/record/669433

[60] https://www.un.org/disarmament/wp-content/uploads/2017/02/A-2361-Add2.pdf

[61] Artikel in der New York Times 1966 von Drew Middleton: „U Thant Denounces Vietnam War; Proposes Three Steps to Peace"

[62] https://www.nybooks.com/articles/1966/11/17/u-thant-and-vietnam-the-untold-story/

[63] Zhai Qiang: China and the Geneva Conference of 1954. In: The China Quarterly. Nr. 129. Cambridge University Press, März 1992

[64] https://ihl-databases.icrc.org/applic/ihl/ihl.nsf/INTRO/280

[65] Tilman-Ulrich Pietz: *Zwischen Interessen und Illusionen. Die deutsche Außenpolitik und die Reform des Sicherheitsrats der Vereinten Nationen. Marburg 2007*

[66] Johannes Bullmann: *Der VN Sicherheitsrat und seine Reform – Zum scheitern verurteilt?* 2014

[67] https://www.spiegel.de/politik/ausland/donald-trump-und-wladimir-putin-pflegen-eine-maennerfreundschaft-a-1218782.html

[68] https://www.tagesschau.de/ausland/vereinte-nationen-jubilaeum-101.html

[69] https://www.kabeleinsdoku.de/themen/geschichte/die-vereinten-nationen-das-sind-die-wichtigsten-un-einsaetze

[70] https://www.dw.com/de/blauhelme-bieten-keinen-natürlichen-schutz-mehr/a-43950694

[71] https://www.deutschlandfunk.de/zukunft-der-un-friedensmissionen-blauhelme-sollen-kaempfen.799.de.html

[72] https://www.faz.net/aktuell/politik/ausland/vergehen-v sexueller-missbrauch-durch-un-soldaten-in-69-faellen-bes

[73] http://bos.sagepub.com/content/62/4/64

[74] https://www.deutschlandfunk.de/am-rande-der-katastrophe.871.de.html?dram:article_id=126035

[75] https://www.spiegel.de/spiegel/print/d-15433373.html

[76] https://portal.dnb.de/opac.htm?method=simpleSearch&query=4136402-8

[77] Henry A. Kissinger: *Memoiren 1973-1974*, Band 2, München 1982, ISBN 3-570-00710-3

[78] https://www.zeit.de/politik/ausland/2018-10/inf-vertrag-usa-donald-trump-russland-abruestungsvereinbarung-kuendigen

[79] https://de.nachrichten.yahoo.com/russland-legt-resolutionsentwurf-inf-abrüstungsabkommen-005537819.html

[80] https://www.spiegel.de/politik/ausland/nordkorea-besitzt-wahrscheinlich-atomwaffen-in-sprengkopfgroesse-uno-bericht-a-f580d767-f9f3-49a6-ada3-658c11ac481d

[81] https://www.iaea.org/about/statute#A1.2

[82] https://www.t-online.de/nachrichten/ausland/usa/id_45962710/al-baradei-geht-mit-bush-regierung-hart-ins-gericht-.html

[83] https://www.sueddeutsche.de/politik/irak-bushs-kriegsschuld-1.3068877

[84] https://www.atomwaffena-z.info/heute/die-atomwaffenfreie-welt

[85] https://www.spiegel.de/wirtschaft/unternehmen/iran-us-botschafter-richard-grenell-lobt-rueckzug-deutscher-firmen-a-1239755.html

[86] https://www.dailymail.co.uk/news/article-10024535/China-prepared-strike-using-nukes-diplomat-says.html

[87] https://www.dailymail.co.uk/news/article-10024535/China-prepared-strike-using-nukes-diplomat-says.html

[88] https://www.nzz.ch/international/uno-generalversammlung-china-schreibt-die-werte-der-uno-um-ld.1577845

[89] https://www.ipinst.org/wp-content/uploads/2016/09/ICM-Final-Report-rev.pdf

[90] https://www.stern.de/politik/ausland/frueherer-us-sicherheitsberater-bolton-warnt-vor-atomwaffen-im-besitz-der-taliban-30665932.html

[91] https://www.nzz.ch/international/die-usa-treten-aus-dem-uno-menschenrechtsrat-aus-ld.1396356?reduced=true

[92] https://www.t-online.de/nachrichten/ausland/internationale-politik/id_85133976/weltwirtschaftsforum-in-davos-angela-merkel-plaediert-fuer-neue-weltordnung.html

[93] https://www.tagesspiegel.de/politik/ein-massiver-politischer-erfolg-fuer-china-was-das-asiatische-freihandelsabkommen-fuer-eu-und-usa-bedeutet/26629946.html

[94] https://www.focus.de/politik/deutschland/was-spricht-dagegen-schroeder-erklaert-in-bizarrem-interview-warum-deutschland-sich-mit-china-verbuenden-muss_id_9929681.html

[95] https://www.spiegel.de/wirtschaft/unternehmen/russland-wladimir-putins-wirtschaftsbilanz-nach-18-jahren-a-1198313.html

[96] https://www.welt.de/politik/ausland/article208063073/Stimmungsbild-USA-oder-China-Die-Deutschen-sind-tief-gespalten.html

[97] https://www.zeit.de/politik/ausland/2018-08/idlib-baschar-al-assad-syrien-chemiewaffen-westmaechte-warnung

[98] https://www.heise.de/tp/features/Fast-die-Haelfte-der-US-Soldaten-erwartet-demnaechst-einen-groesseren-Krieg-4195444.html

[99] https://www.spiegel.de/politik/ausland/donald-trump-und-seine-militaerstrategie-vorsprung-des-us-militaers-schrumpft-a-1238449.html

[100] https://www.spiegel.de/politik/ausland/ex-general-richard-barrons-ueber-den-krieg-der-zukunft-kampfroboter-bekommen-keine-pension-a-058c61c5-e4c2-4845-9d0e-33f3a7a3e4cc

[101] https://www.heise.de/tp/news/China-Eskalation-im-Handelskrieg-mit-den-USA-4110409.html

[102] https://www.bloomberg.com/features/2020-future-after-coronavirus/

[103] https://www.spiegel.de/politik/ausland/uno-antonio-guterres-warnt-vor-kaltem-krieg-zwischen-den-usa-und-china-a-3b59429b-56d5-4a3a-9ae8-05f4a1d77968

[104] https://www.spiegel.de/ausland/folge-von-cyberangriff-us-praesident-joe-biden-warnt-vor-echtem-krieg-a-66f2acff-7baa-4af5-85b4-0a4c8d30de6b

[105] Stasi 2.0 – Wie wir durch den staatlich-industriellen Digitalkomplex zu gläsernen Bürgern werden und was das für unsere Zukunft bedeutet, Andreas Dripke, Markus Miksch, ISBN 978-3-947818-05-1

[106] https://www.msn.com/de-de/nachrichten/finance-top-stories/studie-schäden-durch-cyberkriminalität-übersteigen-eine-billion-dollar/ar-BB1bl2w8

[107] https://www.darkreading.com/operational-security/microsofts-brad-smith-2017-was-a-cybersecurity-wake-up-call/a/d-id/742337

[108] https://www.spiegel.de/politik/ausland/coronavirus-impfstoff-cyberangriff-auf-impfstoff-dokumente-von-biontech-a-2d1e2574-8ee6-4a52-999a-34bc0dacef7e

[109] https://www.tagesschau.de/ausland/un-sicherheitsrat-bioterror-101.html

[110] https://www.msn.com/de-de/nachrichten/coronavirus/coronavirus-im-labor-gezüchtet-us-militär-will-das-nicht-ausschließen/ar-BB12DdkT

[111] https://www.msn.com/de-de/nachrichten/coronavirus/ursprung-der-corona-pandemie-virologe-aus-wuhan-es-ist-unmöglich-dass-das-virus-aus-unserem-labor-kommt/ar-BB12RZYZ

[112] https://www.msn.com/de-de/nachrichten/panorama/in-wuhan-who-experten-suchen-nach-corona-auslöser---ihre-erkenntnis-ist-ernüchternd-/ar-BB1dx0zN

[113] https://www.tagesschau.de/ausland/asien/coro

[114] Pandemie – Die Welt im Corona-Krieg, Andreas Dripke, Markus Miksch, DC Publishing, ISBN 978-3-947818-13-6

[115] https://www.tagesschau.de/ausland/asien/corona-experten-in-wuhan-101.html

[116] https://www.ndr.de/nachrichten/hamburg/Hamburger-Forscher-Coronavirus-stammt-wohl-aus-Labor,corona6764.html

[117] https://www.presseportal.de/pm/137281/4407808

[118] https://www.military.com/daily-news/2020/03/12/chinese-official-says-us-army-may-have-brought-epidemic-wuhan.html

[119] https://www.globaltimes.cn/content/1180549.shtml

[120] https://www.heise.de/tp/features/Coronavirus-Made-in-China-oder-Made-in-the-USA-4682880.html

[121] https://www.cashkurs.com/beitrag/hiv-entdecker-sars-cov-2-ist-menschengemacht-us-ermittlungen-gegen-wuhan-labor-eingeleitet/

[122] https://www.faz.net/aktuell/politik/ausland/china-blockiert-einreise-der-who-zur-suche-nach-corona-ursprung-17132682.html

[123] https://www.focus.de/gesundheit/coronavirus/china-setzte-forscher-unter-druck-nach-who-untersuchung-patient-null-koennte-doch-aus-wuhan-labor-stammen_id_14104496.html

[124] https://www.welt.de/debatte/kommentare/article196988839/Bioterrorismus-Deutschland-muss-sich-besser-schuetzen.html

[125] https://sicherheitspolitik.bpb.de/m6/articles/bioterrorism-myth-or-real-danger

[126] https://www.fu-berlin.de/presse/publikationen/fundiert/archiv/2005_01/05-01_ulrichs/index.html

[127] https://www.aerzteblatt.de/archiv/168975/Gain-Of-Function-H5N1-Forschung-wieder-gestoppt

[128] https://www.spiegel.de/wissenschaft/medizin/forschung-pandoras-petrischale-a-00000000-0002-0001-0000-000170874380

[129] https://www.bpb.de/gesellschaft/medien/krieg-in-den-medien/130697/was-ist-propaganda

[130] https://www.deutschlandfunkkultur.de/der-krieg-beginnt-im-kopf.986.de.html

[131] http://www.spiegel.de/politik/ausland/sean-spicer-vergleicht-baschar-al-assad-mit-adolf-hitler-a-1142961.html

[132] June Hannam, Mitzi Auchterlonie, Katherine Holden: *International Encyclopedia of Women's Suffrage.* ABC-Clio, Santa Barbara, Denver, Oxford 2000, ISBN 1-57607-064-6

[133] Robin Morgan: *Sisterhood is Global: The International Women's Movement Anthology.* New York: Anchor Press/Doubleday, 1984

[134] Nadine A. Brügger: *Helvetias Töchter.* mbassador GmbH, 2021, ISBN 978-3-907238-17-2

[135] http://www.spiegel.de/politik/ausland/sean-spicer-vergleicht-baschar-al-assad-mit-adolf-hitler-a-1142961.html

[136] https://de.wikipedia.org/wiki/Achse_des_Bösen

[137] https://www.heise.de/tp/features/Coronavirus-Das-Versagen-der-alternativen-Medien-4695112.html

[138] https://www.nzz.ch/feuilleton/covid-der-virus-stuerzt-westliche-demokratien-in-den-abgrund-ld.1554390

[139] https://www.humanresourcesmanager.de/news/dunning-kruger-effekt-was-ist-das.html

[140] https://lexikon.stangl.eu/1500/dunning-kruger-effekt/

[141] https://www.businessinsider.com/nearly-half-of-reopen-america-twitter-accounts-are-bots-report-2020-5

[142] https://futurezone.at/digital-life/deepfake-barack-obama-schimpft-in-video-ueber-donald-trump/400023301

[143] https://www.forbes.com/sites/robtoews/2020/05/25/deepfakes-are-going-to-wreak-havoc-on-society-we-are-not-prepared/

[144] https://www.nytimes.com/2012/11/16/opinion/the-worlds-next-genocide.html

[145] https://www.reuters.com/article/us-syria-ceasefire/text-of-annans-six-point-peace-plan-for-syria-idUSBRE8330HJ20120404

[146] https://www.securitycouncilreport.org/atf/cf/%7B65BFCF9B-6D27-4E9C-8CD3-CF6E4FF96FF9%7D/Syria%20SRES%202043.pdf

[147] https://www.nytimes.com/2013/09/17/world/europe/syria-united-nations.html

[148] https://www.dailyrecord.co.uk/news/uk-world-news/its-time-use-force-syria-2210357

[149] https://www.reuters.com/article/us-syria-crisis-chemicalweapons-exclusiv/exclusive-tests-link-syrian-government-stockpile-to-largest-sarin-attack-sources-idUSKBN1FJ0MG

[150] https://www.defense.gov/Explore/News/Article/Article/603271/

[151]https://web.archive.org/web/20170201172657/https:/www.defensie.nl/english/topics/iraq/contents/dutch-military-contribution

[152] https://www.faz.net/aktuell/politik/ausland/un-bericht-syrien-fuer-giftgas-angriff-verantwortlich-15265570.html

[153] https://www.spiegel.de/politik/ausland/wladimir-putin-wirft-petro-poroschenko-provokation-in-kertsch-vor-a-1244752.html

[154] https://menschenrechte-durchsetzen.dgvn.de/meldung/humanitaere-hilfe-in-syrien-vereinte-nationen-im-aid-dilemma/

[155] https://www.rferl.org/a/ukraine-un-report-dire-situation-fighting/28912171.html

[156] https://www.tagesschau.de/ausland/ukraine114.html

[157] https://www.businessinsider.de/politik/welt/so-brutal-agiert-putins-wagner-group/

https://web.archive.org/web/20100422121915/http:/ec.europa.eu/external_relations/ukraine/index_en.htm

[158] https://www.kyivpost.com/article/content/euromaidan/back-to-the-middle-ages-on-the-way-to-europe-beaten-kyiv-protesters-take-refuge-in-ancient-church-yard-332719.html

[159] https://www.zeit.de/politik/ausland/2014-09/russland-soldaten-ukraine-staatsfernsehen

[160] https://www.cbc.ca/news/world/pro-russian-rebels-officially-labelled-terrorists-by-ukraine-government-1.2933845

[161] https://www.ohchr.org/documents/countries/ua/hrmmureport15june2014.pdf

[162] https://www.ohchr.org/EN/NewsEvents/Pages/DisplayNews.aspx

[163] https://www.faz.net/aktuell/politik/ausland/europa/ukrainekonflikt-von-wegen-waffenruhe-13511725.html

[164] https://www.tagesanzeiger.ch/ausland/europa/die-gewalt-kann-jederzeit-gestoppt-werden/story/13734340

[165] https://www.nzz.ch/meinung/debatte/der-krim-konflikt-und-das-voelkerrecht-1.18265005

[166] https://www.zeit.de/politik/ausland/2015-03/putin-krim-annexion

[167] https://www.un.org/en/ga/search/view_doc.asp?symbol=A/RES/68/262

[168] https://archive.ph/20090205190134/http://www.atomicmuseum.com/tour/decision.cfm

[169] https://de.statista.com/statistik/daten/studie/1086264/umfrage/geschaetzte-zivile-todesopfer-und-verletzte-in-hiroshima-und-nagasaki/

[170] https://de.wikipedia.org/wiki/Kapitulation_Japans

[171] https://de.wikipedia.org/wiki/Nordkorea

[172] https://de.wikipedia.org/wiki/Geschichte_Koreas

[173] https://de.wikipedia.org/wiki/Potsdamer_Erklärung

[174] https://de.wikipedia.org/wiki/Geschichte_Koreas#Kolonialzeit

[175] https://www.welt.de/geschichte/article168439497/Diese-Waffen-praegten-den-ersten-Koreakrieg.html

[176] https://de.statista.com/statistik/daten/studie/199596/umfrage/lebenserwartung-in--europa-nach-geschlecht-und-region/

[177] https://web.archive.org/web/20090324043456/http://english.chosun.com/w21data/html/news/200902/200902160016.html

[178] https://www.kultura-extra.de/extra/feull/bildungssystem_nordkorea.html

[179] https://de.wikipedia.org/wiki/Liste_von_Staaten_nach_Alphabetisierungsquote

[180] https://www.tagesspiegel.de/politik/duerre-in-nordkorea-viele-raketen-und-noch-mehr-hunger/20093370.html

[181] https://de.wikipedia.org/wiki/Wirtschaft_Nordkoreas
[182] https://de.wikipedia.org/wiki/Tourismus_in_Nordkorea
[183] https://www.focus.de/reisen/service/wo-urlaub-besonders-gefaehrlich-ist-reisesicherheit_id_1879104.html
[184] https://www.berliner-zeitung.de/ratgeber/reise/hohe-mordraten-das-sind-die-gefaehrlichsten-staedte-der-welt-29863454
[185] https://de.wikipedia.org/wiki/Nordkoreanisches_Kernwaffenprogramm
[186] https://www.bild.de/politik/ausland/atombombe/laender-mit-atomwaffen-52332330.bild.html
[187] https://www.nzz.ch/international/amerika-und-nordkoreas-atomprogramm-das-wichtigste-im-ueberblick-ld.1399947
[188] https://www.visionofhumanity.org/maps/#/
[189] https://twitter.com/realdonaldtrump/status/851767718248361986
[190] https://www.morgenpost.de/politik/article211534613/USA-gegen-Nordkorea-Der-gefaehrlichste-Konflikt-der-Welt.html
[191] https://twitter.com/i/moments/895005799927250944
[192] https://www.spiegel.de/politik/ausland/nordkorea-kim-jong-un-nennt-donald-trump-geistig-umnachtet-und-erwaegt-test-von-wasserstoffbombe-a-1169228.html
[193] http://www.spiegel.de/politik/ausland/usa-schickt-us-bomber-vor-kueste-von-nordkorea-a-1169521.html
[194] http://www.spiegel.de/politik/ausland/donald-trump-gegen-nordkorea-sie-werden-nicht-mehr-lange-da-sein-a-1169533.html
[195] http://www.spiegel.de/politik/ausland/nordkorea-wertet-donald-trumps-worte-als-kriegserklaerung-a-1169841.html
[196] http://www.spiegel.de/politik/ausland/nordkorea-und-der-atomkonflikt-eu-weitet-sanktionen-aus-a-1172292.html
[197] http://www.spiegel.de/politik/ausland/ranghoher-uno-diplomat-jeffrey-feltman-reist-nach-nordkorea-a-1181735.html
[198] http://www.spiegel.de/politik/ausland/nordkorea-kim-jong-un-droht-in-neujahrsansprache-mit-atomwaffen-knopf-a-1185744.html
[199] http://www.spiegel.de/politik/ausland/nordkorea-kim-jong-un-schwester-kim-yo-jong-faehrt-zu-olympia-a-1192157.html
[200] http://www.spiegel.de/politik/ausland/kim-jong-uns-neujahrsansprache-diplomatische-offensive-aus-pjoengjang-a-1185781.html
[201] http://www.spiegel.de/politik/ausland/donald-trump-reagiert-auf-kim-jong-un-mein-atomknopf-ist-groesser-als-seiner-a-1185950.html
[202] http://www.spiegel.de/politik/ausland/nordkorea-donald-trump-wuerde-mit-kim-jong-un-telefonieren-a-1186580.html
[203] http://www.spiegel.de/politik/ausland/nordkorea-us-vizepraesident-mike-pence-kuendigt-neue-sanktionen-an-a-1192246.html

[204] https://www.gegenfrage.com/obama-us-regierung/

[205] https://www.giga-hamburg.de/de/system/files/publications/gf_global_1011.pdf

[206] https://de.wikipedia.org/wiki/Friedensvertrag_von_Versailles

[207] https://www.br.de/alphalernen/faecher/wirtschaft-und-arbeit/wirtschaftskrise-crash-depression-104.html

[208] https://de.wikipedia.org/wiki/Tote_des_Zweiten_Weltkrieges

[209] https://de.wikipedia.org/wiki/Angriff_auf_Pearl_Harbor

[210] https://www.welt.de/debatte/kommentare/article9783521/Der-vergessene-Krieg-gegen-Iraks-Zivilbevoelkerung.html

[211] https://www.welt.de/print/welt_kompakt/print_politik/article139790147/Wie-der-Islamische-Staat-entstand.html

[212] https://www.9-11commission.gov/report/911Report.pdf

[213] https://web.archive.org/web/20070314213824/http://www.un.org/sc/committees/1267/consolist.shtml

[214] Garang Akok, Thomas Lado, Melha Rout Biel: *Terrorismus im Namen des Islam und das Horn von Afrika. Der vergessene Konflikt im Sudan und die Rolle Osama bin Ladens.* Tectum, Marburg 2002, ISBN 3-8288-8434-2

[215] Neamatollah Nojumi: *The Rise of the Taliban in Afghanistan: Mass Mobilization, Civil War, and the Future of the Region.* 1st Auflage. Palgrave, New York 2002

[216] https://www.swp-berlin.org/publications/products/arbeitspapiere/DiskP2003_02_skr_sicher.pdf

[217] https://www.usnews.com/news/articles/2013/05/23/obama-global-war-on-terror-is-over

[218] https://web.archive.org/web/20160331081812/http://www.hss.de/uploads/tx_ddceventsbrowser/Berichte_und_Studien_89t.pdf

[219] https://www.bpb.de/politik/hintergrund-aktuell/68722/10-jahre-9-11-weitere-angebote

[220] https://www.bpb.de/shop/zeitschriften/apuz/29560/folter-und-rechtsstaat

[221] https://web.archive.org/web/20051217122637/http://www.lpb.bwue.de/aktuell/terrorusa/bush2109.htm

[222] https://www.ippnw.de/commonFiles/pdfs/Frieden/BodyCount_internationale_Auflage_deutsch_2015.pdf

[223] https://www.spiegel.de/politik/deutschland/bin-ladens-ende-die-spur-zum-kurier-des-todes-a-760391.html

[224] https://www.whitehouse.gov/briefing-room/speeches-remarks/2021/08/16/remarks-by-president-biden-on-afghanistan/

[225] https://www.bild.de/politik/inland/politik-inland/deutsche-bangen-in-afghanistan-um-ihr-leben-und-merkel-lacht-im-kino-77405038.bild.html
[226] https://de.wikipedia.org/wiki/Petersberg-Prozess
[227] https://www.msn.com/de-de/nachrichten/politics/chronik-zu-afghanistan-der-fatale-irrtum-der-deutschen-politik/ar-AANnJ0b
[228] http://www.balladen.de/web/sites/balladen_gedichte/autoren.php?b05=8&b16=709
[229] https://www.msn.com/de-de/nachrichten/politics/chronik-zu-afghanistan-der-fatale-irrtum-der-deutschen-politik/ar-AANnJ0b
[230] https://www.spiegel.de/ausland/afghanistan-us-generalinspekteur-rechnet-mit-amerikanischer-politik-ab-a-2872e2d6-0d79-4730-b4f5-4c1949fecc3c
[231] https://www.t-online.de/nachrichten/ausland/krisen/id_90622056/taliban-marsch-auf-kabul-der-fall-afghanistan-zeigt-die-schwaeche-des-westens-.html
[232] https://www.heise.de/tp/features/Anhaltender-Krieg-in-Afghanistan-verursacht-schwere-Umweltschaeden-3414967.html
[233] Joseph J. Collins: *Understanding War in Afghanistan*. National Defense University Press, Washington, D.C. 2011. ISBN 978-1-78039-924-9
[234] https://de.wikipedia.org/wiki/Sowjetische_Intervention_in_Afghanistan#cite_note-18
[235] https://www.tagesschau.de/ausland/asien/afghanistan-taliban-behoerden-101.html
[236] https://www.spiegel.de/ausland/9-11-jubilaeum-al-quaida-veroeffentlicht-neues-video-von-anfuehrer-al-sawahiri-a-b21ffda2-2dac-4779-85e2-d36279f50f54
[237] https://www.n-tv.de/politik/05-35-Tschechiens-Praesident-warnt-vor-Terrorbasis--article22743909.html
[238] https://www.focus.de/politik/ausland/panzer-hubschrauber-drohnen-flotte-taliban-und-ihre-deutschen-waffen-was-haben-sie-mit-marder-und-eagle-vor_id_16411229.html
[239] https://www.stern.de/politik/ausland/frueherer-us-sicherheitsberater-bolton-warnt-vor-atomwaffen-im-besitz-der-taliban-30665932.html?utm_campaign=politik&utm_medium=rssfeed&utm_source=flipboard
[240] https://www.tagesschau.de/ausland/moskau-afghanistan-101.html
[241] https://www.spiegel.de/ausland/afghanistan-russland-warnt-die-usa-vor-truppenstationierung-in-zentralasien-a-ca0af8e7-30c3-4be6-a65d-0a5bca9d5973#ref=rss
[242] https://www.tagesschau.de/ausland/china-afghanistan-105.html
[243] https://www.handelsblatt.com/politik/international/geopolitics-das-grosse-wettrennen-um-afghanistans-rohstoffe-hat-begonnen/27521122.html

[244] https://www.tagesschau.de/wirtschaft/weltwirtschaft/afghanistan-rohstoffe-bodenschaetze-china-101.html

[245] https://www.dw.com/de/afghanistan-der-billionenschatz-der-taliban/a-58897871

[246] https://www.n-tv.de/politik/Putin-rechnet-mit-Afghanistan-Erbe-des-Westens-ab-article22762549.html

[247] https://www.spiegel.de/ausland/angela-merkel-erwartet-steigende-zahl-von-fluechtlingen-aus-afghanistan-a-df6db898-c32b-45ae-ae34-640115338877

[248] Stockholm International Peace Research Institute SIPRI Yearbook 2018, Oxford University Press, ISBN 978-0-19-882155-7

[249] https://www.heise.de/tp/features/Gefahr-eines-Krieges-mit-Russland-und-China-4221421.html

[250] https://www.washingtonpost.com/news/josh-rogin/wp/2018/11/13/pence-its-up-to-china-to-avoid-a-cold-war/

[251] https://www.stern.de/politik/ausland/russland--wladimir-putin-warnt-vor-atomkrieg-und-gibt-usa-die-schuld-8500618.html

[252] https://www.nzz.ch/international/china-und-usa-auf-konfrontationskurs-kommt-der-grosse-krieg-ld.1554202

[253] https://www.spiegel.de/ausland/china-xi-jinping-ruft-zur-wiedervereinigung-mit-taiwan-auf-a-3ebf8642-dee2-40f2-960b-4c5e3f10a760

[254] https://www.spiegel.de/ausland/taiwans-regierungschefin-bringt-sich-gegen-china-in-stellung-a-63b730ea-1a6a-43c2-9f27-bab0ed788a2a

[255] https://www.spiegel.de/ausland/usa-spezialeinheit-der-marines-offenbar-heimlich-auf-taiwan-stationiert-a-1aa66dd8-4396-443a-9874-d8071305b3c6

[256] https://www.swp-berlin.org/10.18449/2020S01/

[257] https://www.tagesspiegel.de/politik/forderung-nach-europaeischer-armee-sehr-beleidigend-trump-kritisiert-macron/23617156.html

[258] https://www.spiegel.de/ausland/frankreich-ruft-botschafter-aus-usa-und-australien-zu-konsultationen-zurueck-a-d2ffaa77-da5f-4983-bf94-4a41cca3cafa

[259] https://www.n-tv.de/politik/Ruestungswettlauf-ist-in-vollem-Gange-article20690888.html

[260] https://www.bpb.de/apuz/26873/funktionen-militaerischer-konfliktregelung-durch-die-nato?p=all

[261] https://www.handelsblatt.com/politik/international/verteidigungsunion-der-weg-zur-eu-armee-ist-steinig-kommt-stattdessen-die-armee-der-willigen/23790020.html?ticket=ST-2485103-rSTFNhtgUhR1DroqifLk-ap4

[262] https://www.handelsblatt.com/politik/international/reaktion-auf-russland-nato-schliesst-diskussion-ueber-atomare-nachruestung-nicht-mehr-aus/23827392.html

[263] https://www.bmvg.de/de/themen/dossiers/europaeische-sicherheit-und-verteidigung/pesco

[264] https://www.wienerzeitung.at/nachrichten/politik/europa/963138-Hintergrund-Die-Militaerkooperation-PESCO.html

[265] https://www.tagesschau.de/ausland/europa/weber-cyberarmee-101.html

[266] https://www.theguardian.com/world/2011/jun/29/saudi-build-nuclear-weapons-iran

[267]https://eudocs.lib.byu.edu/index.php/Neville_Chamberlain's_%22Peace_For_Our_Time%22_speech

[268] https://www.nzz.ch/wirtschaft/donald-trump-setzt-mit-iran-sanktionen-weltweit-firmen-unter-druck-ld.1386168

[269] https://www.welt.de/politik/ausland/article207508767/Atomprogramm-im-Iran-Eine-Bombe-im-Schatten-von-Corona.html

[270] https://www.spiegel.de/politik/ausland/israel-benjamin-netanyahu-nennt-entscheidung-des-uno-sicherheitsrats-skandaloes-a-6effabb6-b399-4031-a087-ce72e6a9a2e6

[271] https://www.spiegel.de/politik/ausland/iran-mohsen-fakhrizadeh-chef-des-iranischen-atomprogramms-bei-attentat-getoetet-a-60e708c0-1ef6-4674-9dc5-f840aed3d469

[272] https://www.zeit.de/gesellschaft/zeitgeschehen/2018-12/time-magazine-jamal-khashoggi-saudi-arabien

[273] https://www.zeit.de/politik/ausland/2019-04/sipri-bericht-weltweite-militaerausgaben-neuer-hoechststand

[274] https://www.dw.com/de/studie-militärausgaben-steigen-weltweit/a-52382220

[275] https://www.faz.net/aktuell/politik/ausland/globale-militaerausgaben-auf-hoechststand-deutschland-belegt-rang-7-17215576.html

[276] https://de.statista.com/statistik/daten/studie/157935/umfrage/laender-mit-den-hoechsten-militaerausgaben/

[277] https://www.spiegel.de/politik/ausland/atomwaffen-sipri-forscher-warnen-vor-neuem-wettruesten-a-53280e50-8488-480b-a723-6509022097a6

[278] https://www.welt.de/politik/ausland/plus220132704/Kampfmaschinen-Flash-War-nennen-Experten-dieses-Szenario.html?

[279] https://www.auswaertiges-amt.de/de/aussenpolitik/themen/abruestung-ruestungskontrolle/autonome-waffen/2241938

[280] https://www.fr.de/meinung/gastbeitraege/autonome-waffen-regulieren-90029652.html

[281] https://www.swissinfo.ch/ger/politik/autonome-waffensysteme_was-bringen-uno-gespraeche-ueber-killerroboter-/44032132

[282] https://www.swissinfo.ch/ger/politik/autonome-waffensysteme_was-bringen-uno-gespraeche-ueber-killerroboter-/4403213

[283] https://www.deutschlandfunk.de/ruestungskontrolle-im-weltraum-gefaehrliches-wettruesten.676.de.html?dram:article_id=444997

[284] https://sicherheitspolitik.bpb.de/m7/articles/m7-04

[285] https://www.zeit.de/gesellschaft/zeitgeschehen/2020-12/chang-e-5-china-mondmission-flagge-mond

[286] https://www.futurezone.de/science/article233278681/Mars-Mission-Jetzt-kontert-China-mit-spektakulaerem-Bild-der-Oberflaeche.html

[287] https://www.futurezone.de/science/article233069801/NASA-Ingenuity-zeigt-grossartige-Bilder-der-Mars-Oberflaeche.html

[288] https://en.wikipedia.org/wiki/The_Martian_Way_and_Other_Stories

[289] https://www.tagesschau.de/wirtschaft/technologie/elon-musk-mars-spacex-101.html

[290] https://www.ingenieur.de/technik/fachbereiche/raumfahrt/kommerzialisierung-im-all-die-private-raumfahrt-holt-auf/